U1004599

战国至魏晋时期的边疆治理与文化认同研究

张　晋／著

上海社会科学院出版社
SHANGHAI ACADEMY OF SOCIAL SCIENCES PRESS

本书受太原科技大学博士科研启动基金项目(项目号:W20212004)、
来晋工作优秀博士科研奖励资金项目(项目号:W20222005)、
山西省中国特色社会主义理论体系研究中心太原科技大学基地、
“1331工程”重点马克思主义学院建设项目研究丛书资助

总序

GENERAL PREFACE

马克思主义是照亮我们党航行的灯塔，而马克思主义学院则是守护灯塔的主阵地。加强马克思主义学院建设，对增强与巩固社会主义意识形态的凝聚力和引领力，进一步丰富与发展当代中国马克思主义，打造马克思主义理论教学、研究、宣传和人才培养的坚强阵地意义非凡。2015 年，中宣部、教育部印发了《关于加强马克思主义学院建设的意见》(中宣发〔2015〕26 号)。根据中宣部、教育部《关于加强马克思主义学院建设的意见》和山西省人民政府《关于实施“1331 工程”统筹推进“双一流”建设的意见》(晋政发〔2017〕4 号)的精神，中共山西省委宣传部、中共山西省委教育工委结合山西省实际，研究制定了《山西省建设重点马克思主义学院实施方案》，并于 2017 年 7 月 17 日联合下发了《关于印发〈山西省建设重点马克思主义学院实施方案〉的通知》。

2017 年 10 月，经中共山西省委宣传部、中共山西省委教育工委组织专家评审，太原科技大学马克思主义学院与山西大学、太原理工大学、山西财经大学、山西师范大学等其他四所高校的马克思主义学院被评为山西省重点马克思主义学院，并列入山西省“1331 工程”予以重点建设。

近年来，在校党委的高度重视与领导下，太原科技大学马克思主义学院得到了较快发展。学院现有专任教师 68 人，其中教授 9 人、副教授 18 人、博士 24 人。教师中“全国模范教师”1 人、教育部“全国高校优秀中青年思想政治理论课教师择优资助计划”1 人、山西省学术技术带头人 1 人、山西省高等学校“1331 工程”领军人才 1 人、山西省优秀中青年拔尖创新人才 1 人、山西省宣传部宣传文化系统“四个一批”人才 2 人、“三晋英才”拔尖骨干人才 1 人，形成了一支基础扎实、教风严谨、结构合理、充满活力的师资队伍。

学院现有马克思主义理论一级学科硕士点、6 个研究生社会实践基地；拥有山西省中国特色社会主义理论研究中心太原科技大学基地、山西省思想政治理论课名师工作室、哲学研究所、山西红色文化研究中心（校级）以及“马克思主义基本原理”“毛泽东思想和中国特色社会主义理论体系概论”“中国近现代史纲要”“思想道德与法治”“形势与政策”5 个教研室。

学院坚持教学与科研并重，教研相长。近年来，学院教师在《哲学研究》《自然辩证法研究》《自然辩证法通讯》《科学技术哲学研究》《复旦学报》《科学与社会》《光明日报》《华中师范大学学报》《思想理论教育导刊》《社会科学辑刊》等国家和省部级刊物上发表学术论文 200 余篇，出版学术专著 20 余部。获山西省社会科学研究优秀成果奖二等奖 3 项，第二届全国高校思想政治理论课教学展示暨优秀课程观摩活动一等奖 2 项，省级教学竞赛思政课组二等奖 1 项。承担纵横向科研项目 110 余项，总经费达 265.1 万元，其中国家社会科学基金项目 3 项，教育部人文社会科学项目 6 项。

学院一向注重加强和扩大教师国内外学术交流。近年来学院教师参加全国性学术会议达 30 余次，两名教师赴美国丹佛大学（University of Denver）、得克萨斯州大学奥斯汀分校（University of Texas at Austin）访学；学院曾邀请北京大学、复旦大学、中国人民大学、中国政法大学、中央财经大学、北京理工大学等高校知名专家学者来校讲学。

回溯过往，在校党委的坚强领导下，太原科技大学马克思主义学院在诸方面取得了长足进步；展望未来，太原科技大学马克思主义学院发展仍任重道远。为进一步推进马克思主义学院的建设与发展，学院从重点马克思主义学院建设经费中拨出部分经费用于资助学院教师在教学研究与学科建设方面研究成果的出版，以期助力学院马克思主义理论学科的高质量发展。

太原科技大学马克思主义学院

2022 年 4 月

序言

FOREWORD

本书以区域社会史为研究视角，尝试运用历史人类学整体史观的研究方法，将战国至魏晋时期的长城地带及其辐射区域与三国时期的西南区域作为主要研究对象，力图通过历史情境中诸侯国、王朝国家具体实施的边疆治理策略，以及“胡服骑射”“始皇筑长城”“汉武击匈奴”“乌桓南迁”“七擒孟获”“刘渊建汉国”等一系列具有典型性的事件，来探讨这些历史发生的背景、过程，理解身处历史现场中的古代中国人践行华夏文化认同的历史事实，进而寻求走进古代中国历史现场、还原历史事实的可行性路径。

本书的结构主要分两大部分。第一部分是由笔者的硕士学位论文《战国、秦汉时期中原骑兵、长城、边郡互为支撑的防御体系述论》修改而成。具体研究思路是：传统中国时代，历朝历代修筑长城，基本上都是在农牧交错带一线。中外学界围绕长城地带进行研究的论著浩如烟海，其中经典佳作数量亦然甚众。研究大多以族群、长城等为中心，进而可以细化分为以骑兵、长城、边郡等重要概念为具体研究对象。笔者力求有所创新突破，以详尽的史料为支撑，在前辈先贤、著名学人论著的基础上，以骑兵、长城、边郡三者为研究对象，在整体史观的视域下把三者整合为一，试图从“骑兵、长城、边郡”互为支撑的整体性防御体系的角度来还原、呈现当时情境中的历史事实。

第二部分由《赵武灵王“胡服骑射”历史情境的考察》《封王戍边与西汉前期的政治秩序》《乌桓三次南迁的历史情境探讨》《汉代儒家信仰体系下士人的行为逻辑》《蜀汉建立的历史机遇与政治文化》《王朝控制边疆视域下的诸葛亮七擒孟获》《刘渊汉国建立发展过程中的骑兵因素探究》《刘渊宗汉立国的历史意义》等八篇论文组成。这八篇论文实际上均是围绕华夏文化认同这一主旨而作。中华民族共同体是在古代中国的历史发展过程中形成的，而中华民族共同体的形成与华夏文化的认同密不可分。华夏文化本身是动态化的文明，是不断充实发展的。赵武灵王“胡服骑射”即是华夏文化发展的面相之一，之后“骑射”成为王朝国家边疆治理中秩序安定的重要因素。王朝国家需要精通骑射技艺的将士来安边戍疆，这也促成了乌桓南迁，认同华夏文化的史实。王朝国家代表了传统中国时代的华夏文化，在汉代，士人们以精通儒家经典而成为王朝国家执行政令的官员群体。他们不仅仅担任皇帝治理天下的辅助者，也是规劝皇帝行天意、安万民的监督者。因此，他们是当时华夏文化非常重要的部分——政治文化中正统性的坚定维护者。东汉末年，刘备能够在群雄逐鹿中脱颖而出，拥有三分天下之一，根基即在于他拥有重建政治秩序正统性的合理性。此后，刘渊起兵也是以兴刘氏之汉朝作为其获得政权合理的正统性。这些历史上风云人物建政立国的行为，在当时的历史情境中无疑是对华夏文化重要组成部分即政治文化的认同表现。

本书两部分主体内容内在的联系是，从战国至魏晋时期，边疆治理的历史与华夏文化认同的历史是互相交织在一起的。这些史实构成了中华民族共同体的发展形成。

学无止境，学海无涯。本书的研究和论述尚有诸多不足之处，谨望读者不吝批评指正。笔者当以本书的出版为新起点，继续脚踏实地，认真地做学问，争取在今后的学术研究中更上一层楼，取得更大的成绩。

张晋
2022 年 10 月

目录

CONTENTS

导论　战国至魏晋时期的历史与中华民族共同体 / 1

一、华夏:中华民族共同体的同义词 / 1

二、王朝:古代中国的政治制度 / 2

三、边疆:农业民族与游牧民族融合的场域 / 8

边疆治理篇

第一章　战国、秦汉时期中原诸侯国、王朝的边疆防御体系 / 17

第一节　战国时期中原诸侯国的骑兵 / 17

一、秦国的骑兵 / 18

二、赵国的骑兵 / 20

三、燕国的骑兵 / 22

第二节　战国时期中原诸侯国修筑的长城 / 23

一、中原诸侯国之间修筑的长城 / 24

二、秦、赵、燕三国在北部边疆修筑的长城 / 25

第三节　战国时期中原诸侯国设置的边郡 / 25

第四节　骑兵、长城、边郡一体防御体系的出现 / 27

一、秦、赵、燕三国时期 / 27

二、秦朝时期 / 28

第二章　秦末汉初的北疆危机及其应对之策 / 31
第一节　西汉初期的封王戍边策略 / 31
一、封王戍边策略在燕国的实施 / 32
二、封王戍边策略在代国的实施 / 34
第二节　西汉初期的和亲弭兵策略 / 36
一、和亲策略的提出 / 36
二、和亲弭兵策略的辅助措施 / 38

第三章　骑兵、长城、边郡一体防御体系的重构 / 40

第四章　骑兵、长城、边郡一体防御体系与族群间的文化交融 / 44

第五章　骑兵、长城、边郡一体防御体系与北方民族的关系 / 49
第一节　中原王朝的游牧骑兵 / 49
一、两汉时期的乌桓骑兵 / 50
二、东汉时期的游牧骑兵 / 54
第二节　中原王朝管理内附游牧部落的职官 / 55
第三节　匈奴单于庭迁徙至西河郡 / 57
第四节　骑兵、长城、边郡一体防御体系对民族融合的促进 / 61

文化认同篇

第六章　赵武灵王“胡服骑射”历史情境的考察 / 67
第一节　执政困境与“胡服骑射” / 68
第二节　“胡服骑射”与简襄伟业 / 74
第三节　“胡服骑射”与君主权威 / 77

第七章　封王戍边与西汉前期的政治秩序 / 83
第一节　楚汉相争:政治秩序的重构与演变 / 83
第二节　封王戍边:西汉初期异姓诸侯王最后的机会 / 91
第三节　代地与封王戍边 / 95
第四节　代地封王戍边的困境 / 97

第八章　乌桓三次南迁的历史情境探讨 / 100
第一节　双赢的第一次南迁 / 101
第二节　融入王朝边疆管理体系中的第二次南迁 / 104
第三节　介入军阀混战的第三次南迁 / 107

第九章　汉代儒家信仰体系下士人的行为逻辑 / 114
第一节　异象、儒学与两汉王朝 / 114
第二节　士人群体的职责:规范与治理 / 119
第三节　党锢之祸:士人群体的抗争与荣耀 / 122

第十章　蜀汉建立的历史机遇与政治文化 / 128
第一节　东汉末年权力争夺乱象中孕育着机遇 / 128
第二节　善于把握机遇的成功者 / 133
一、刘备的个人杰出才能 / 134
二、刘备的社会关系网络 / 137
第三节　刘氏称帝正当性的政治文化 / 141

第十一章　王朝控制边疆视域下的诸葛亮七擒孟获 / 145
第一节　蜀汉政权的王朝合法性 / 146
第二节　刘备去世后蜀汉的危机及其化解 / 150
第三节　七擒孟获的历史事实与历史书写 / 153

第十二章　刘渊汉国建立发展过程中的骑兵因素探究 / 160
第一节　刘渊起兵决策中的骑兵因素 / 161
第二节　刘渊政治联盟中的骑兵因素 / 163
第三节　汉国政权发展中的骑兵因素 / 167

第十三章　刘渊宗汉立国的历史意义 / 171
第一节　超凡魅力型首领的多重政治身份 / 172
第二节　支配权力角逐下的移民骑兵 / 176
第三节　重构政治秩序的正当性 / 181

参考文献 / 186

导论　战国至魏晋时期的历史与中华民族共同体

一、华夏：中华民族共同体的同义词

在历史长河、历史现场、历史语境下，华夏、中国抑或中华[①]是一个变化发展的概念，直到中华民族的形成、出现、发展、成熟。费孝通在1988年发表的《中华民族的多元一体格局》一文中，对中华民族的“多元”与“一体”的辩证运动及中华民族的结构特点，作了高层次的概括。[②] 在中华民族多元一体格局中，中华民族概念本身是一体，中华民族形成的过程无疑是多元化融合的结果。简言之，中华民族多元一体格局的形成经过，就是传统中国历史发展的清晰脉络。其中，身份认同与文化认同是历史脉络中的主线。自“秦汉以后的中国，传统的国家认同不仅表现为对某一君主的认同，对某个具体朝代的认同，还开始表现为对超越朝代的具有历史文化延续性的通称——‘中国’或‘中华’之认同（同时甚至伴随着某种自称‘黄帝子孙’或‘炎黄子孙’的泛血缘认同）。自称‘中国’‘中华’，或被后一朝代认同为‘中国’‘中华’者，不仅是那些汉人主导的政权，也包括众多少数民族建立的政权。认同自己为炎黄子孙的，也不仅是汉人，还有众多少数民族的统治者。如鲜卑

---

① 参见许倬云《说中国：一个不断变化的复杂共同体》（广西师范大学出版社2015年版）、葛兆光《宅兹中国：重建有关“中国”的历史论述》（中华书局2011年版）等相关论著。

② 费孝通主编：《中华民族多元一体格局》，中央民族大学出版社1999年版，第332页。

人建立的北魏，契丹人建立的辽，女真人建立的金，蒙古人建立的元，满人建立的清，等等，莫不如此。”①因此，在传统中国的历史发展脉络中，“王朝认同是表象，文明认同是内核，王朝认同是有条件的，文明认同是绝对的。在王朝认同背后，是对其所代表的天下价值观的肯定。王朝只有代表了天下，才是一个在士大夫心目当中拥有合法性的正统王朝。”②

上述内容中的“文明认同”或“文化认同”，笔者认为在历史实践中等同于“华夏化”。这里需要明确“华夏”是什么。华夏是政治体抑或是文明体。胡鸿认为，“华夏作为一个人们共同体的符号，形成于春秋战国时代。在秦汉魏晋时期帝国政治体的长期存在，使得华夏被转化为秦汉式帝国政治体成员的自称，这一政治体因此可以被称为华夏帝国。简言之，一个人群的华夏化首先是融入或建立具有秦汉魏晋式政治文化的帝国政治体的过程。”③古代中国的人们常常会提及“天下”。如果我们要理解对古代中国人来说，“天下”意味着什么，我们就需要尽力进入当时的历史情境之中。

二、王朝：古代中国的政治制度

朝贡是王朝秩序时代，中原王朝处理与周边诸政治军事共同体及国家关系的一种方式。传统中国王朝帝制时代的“中国根本就不是一个‘国’（如果按照‘国’的惯常含义），而是初创时期的文明管理者；皇帝也不是列国中的一国之统治者，而是天与地之间的调人、宇宙中的重要坐标、文明的顶峰、天下独一无二的人。换言之，皇帝不仅仅是现世的政治统治者，而且是宇宙空间中的一个角色。他所行之礼或者人们向他所行之礼，不是特例，而是具

---

① 黄兴涛：《重塑中华：近代中国“中华民族”观念研究》，北京师范大学出版社 2017 年版，第 11 页。

② 许纪霖：《家国天下：现代中国的个人、国家与世界认同》，上海人民出版社 2016 年版，第 27 页。

③ 胡鸿：《能夏则大与渐慕华风——政治体视角下的华夏与华夏化》，北京师范大学出版社 2017 年版，第 19 页。

有普世性的意义。”[①]在这样的历史情境下，“向皇帝进贡是承认世界秩序的适当礼仪。朝贡承认的不仅仅是(甚至不一定是)中国的优越文明，而是文明本身，它的顶峰是皇帝，他作为天子，是人类社会与宇宙之间的结合点。”[②]在历史事实中，常常并非如此，由于朝贡往往是“薄来厚往”，来朝贡的使团常常会超出规定的人数许多。也先与明廷的纠纷就是因此而起。朝贡体系的确可以塑造皇帝独一无二的超凡形象。

长城从秦王朝开始，就是天下王朝秩序的象征，秦始皇统一六国后，北逐匈奴，夺河南地而筑长城。“华夏帝国的形成及其强力维护北方资源界线，迫使长城以北各人群全面游牧化”[③]，正如汉文帝对匈奴单于所言，“长城以北，引弓之国”，而“长城以内，冠带之室”，由此，在当时的政治秩序下，长城就成为文明与“野蛮”的分界线。明朝修长城加强边防，应该也是此意。在长城以北生活的游牧族群，几乎全民皆兵，人人都善骑马射箭，这也是内亚性的传统。冷兵器时代，游牧族群对中原王朝具有的威胁性正在于此。

蒙古人退居草原后，其主要的生产方式回归于游牧，“‘游牧’，从最基本的层面来说，是人类利用农业资源匮乏之边缘环境的一种经济生产方式。利用草食动物之食性与它们卓越的移动力，将广大地区人类无法直接消化、利用的植物资源，转换为人们的肉类、乳类等食物以及其他生活所需。然而相对于农业生产来说，这是一种单位土地产值相当低的生产方式。在中国农业精华地区，不到一亩地便能养活一个五口之家。在较贫瘠的山地，如川西羌族地区，约要 6—10 余亩地才能养活这样的家庭。然而在当前内蒙古的新巴尔虎右旗，20 亩地才能养一只羊，至少要 300—400 头羊才能供养一个五口之家；因此一个牧民家庭至少需要 6 000—8 000 亩地。”[④]而“古代游

---

① ［美］费正清编：《中国的世界秩序：传统中国的对外关系》，杜继东译，中国社会科学出版社 2010 年版，第 58—59 页。

② ［美］费正清编：《中国的世界秩序：传统中国的对外关系》，杜继东译，中国社会科学出版社 2010 年版，第 59 页。

③④ 王明珂：《游牧者的抉择：面对汉帝国的北亚游牧部族》，广西师范大学出版社 2008 年版，第 3 页。

牧经济几乎只是消极地利用大自然提供的地面水草资源”①。所以当时蒙古草原上的游牧经济具有天生的脆弱性，遇到自然灾害发生时，会遭受严重打击。公元前104年冬天，据《史记·孙叔通列传》记载：“其冬，匈奴大雨雪，畜多饥寒死。”②因而从中原获得手工业制品对从事游牧经济的蒙古人来说，是至关重要的。在饥荒时间，也需要粮食来生存。不管通过什么方式获得，能生存下去才是关键。“游牧民的危险性来自于他们的社会性质与中原社会性质的不同……中原地区基本上自给自足，的确对游牧民没有多少需求，但游牧民对中原地区却并不是这样。”③在草原上，蒙古族群中的普通牧民与部落首领，是保护人与被保护人的关系，“保护人总是被期待着保护被保护人，并保障其物质需要，而被保护人则以其劳动和忠心报答保护人。”④这里被保护人需要付出的“劳动”则是跟随保护人南下劫掠物资。对于首领而言，仅次于生存需求之后的是如何巩固、维持其已经掌握的支配权力。因此，草原上的游牧族群的首领需要战争，“靠分配土地和财物来取得士兵的效忠”⑤。

中国历史悠久，可研究的领域及相关问题非常之多。学术界有关中国历史的各种问题中，为什么中国的“封建社会”可以长期延续达两三千年之久，可能是最引人注目的问题之一。这一论题与近代西方学术界长期以来盛行中国社会停滞论不无关系。金观涛、刘青峰对此论题进行了回应，认为：“‘中国封建社会长期延续’这个问题本身提得不够妥帖，它含混不清。但是它的被提出，以及它在社会上激起的热烈的回响却不是偶然的，它代表着时代的反思精神。大凡时代的反思总带有强烈的情绪色彩，它往往用一个看来不那么科学的含混思考方向包含了一大群问题，它就是当代思想家常说的‘问题星座’。我们认为有价值的问题的科学分析的目的，并不应因

① 曹永年：《蒙古民族通史》第三卷，内蒙古大学出版社2012年版，第219页。

② 〔汉〕司马迁：《史记》，中华书局1963年版，第2915页。

③ [美]石约翰：《中国革命的历史透视》，王国良译，中国人民大学出版社2011年版，第65页。

④ [美]詹姆斯·C.斯科特：《农民的道义经济学：东南亚的反叛与生存》，程立显、刘建等译，译林出版社2013年版，第217页。

⑤ [英]伯特兰·罗素：《权力论》，吴友三译，商务印书馆2012年版，第15页。

为它不精确而取消它，而应把那些由感情和直觉提出的不严格的问题变换成一个科学命题。”①金观涛、刘青峰进一步论述：“我们能完成这种转化吗？表面上看，这十分困难，它是如此之大而且包含的命题太多了。狭义地讲，它需要研究者回答为何中国近代落后，传统对现代化之阻力为何如此之大。广义地看，它要求在研究中国历史的同时，回答为何近代工业文明在西方兴起，以及历史和文明演化有无规律可循之类十分重大的方法论和理论问题。这远不是一本著作所能够胜任的。但是我们发现在这个意向性问题中可以找到一个核心，它是可以用较严格的科学语言来把握的。众所周知，中国古代从秦汉到清王朝，国家的基本形态是大一统的皇帝统治的中央集权政体，社会形态属于前工业化农业社会。这样，我们就可以问，为何中国自秦汉建立大一统帝国后，这种社会结构能延续两千年之久？”②

在金、刘书中，面对中国“封建社会”长期存在的问题，作者以中国封建社会结构两千年的基本保持不变即中国封建社会的停滞性为主要研究内容，提出了当时的中国社会结构由政治结构、经济结构、意识形态结构三个子结构组成的研究结论，并提出了理论建构“超稳定系统假说”。作者指出，构成社会结构的“这三个系统的耦合意味着它们的互相影响、调节和适应。一旦我们给中国封建社会结构这样一种明晰的定义，马上就会发现中国封建社会结构从秦汉一直到清朝保持了两千多年之久。也就是说，社会结构的停滞性是中国封建社会的最基本的特点”③。在古代，中国社会结构处于停滞状态的时期，往往伴随着大一统价值观的盛行。王铭铭认为，“与近代社会学的‘文明’概念之所指最接近的中国古代概念，是‘大一统’”④。“大一统”的天下观一定程度造成了中国“封建社会”的停滞和长期存在。金、刘书中，“为了描述中国封建社会利用儒生来组织官僚机构及基层社会，实现统一的独特历史现象”⑤，作者引入了一个重要概念——“政治结构和意识形态

①② 金观涛、刘青峰：《兴盛与危机：论中国社会超稳定结构》，法律出版社 2010 年版，第 9 页。
③ 金观涛、刘青峰：《兴盛与危机：论中国社会超稳定结构》，法律出版社 2010 年版，第 12 页。
④ 王铭铭：《超社会体系：文明与中国》，生活·读书·新知三联书店 2015 年版，第 227 页。
⑤ 金观涛、刘青峰：《兴盛与危机：论中国社会超稳定结构》，法律出版社 2010 年版，第 31 页。

结构的一体化,简称‘一体化’”[①]。作者提出:“统一的信仰和国家学说是通过意识形态认同把人们组织起来的巨大力量,而官僚机构是政治结构中的组织力量。由于中国封建社会主要是通过儒生来组成官僚机构的,这便使政治和文化两种组织能力结合起来,实现了一体化结构。”[②]为什么一体化结构具有把小农经济的封建社会组成稳定大国的组织能力呢?对于这一问题,作者指出以下两点:第一,国家利用具有认同统一意识形态的知识分子建立官僚机构,来执行管理国家的功能。[③] 第二,组成国家官僚机构主干的官员人数毕竟是有限的,往往只占总人口的 0.5%左右,因此,官僚机构的末端只可能达到县一级。而对一个幅员辽阔的大国的统一来说,还必须实现对县以下基层社会的有效管理,是以一体化的另一个重要方面是国家凭借着大量官僚体系之外,但认同这种意识形态的知识分子来实现自治。[④] 这就出现了中国知识分子在古代社会中的一个普遍存在现象,“官于朝,绅于乡”。金观涛、刘青峰进一步指出:“一个社会要利用一体化来组织一个稳定的封建大国。在其意识形态结构和政治结构中就必须具备以下一些条件:1. 社会上存在着一个强大的可以执行联系功能的阶层;2. 这一阶层必须认同某一种统一的意识形态,而且这种意识形态具有入世的统一的国家学说;3. 必须在全国范围实行官僚管理的郡县制;4. 利用具有统一意识形态的知识阶层组织官僚机构,并由这一阶层充当县以下社会组织中的地方领袖角色,对全国实现统一的行政管理。在乡自治下,由一些识字能算的下层知识分子充当各类事务的管理人员。”[⑤]

这里涉及了中国古代异常重要的一个群体——士人群体,即建构意识形态结构的群体。

刘邦建立汉朝后,儒生孙叔通制定朝规礼仪。儒家思想开始成为帝制

①② 金观涛、刘青峰:《兴盛与危机:论中国社会超稳定结构》,法律出版社 2010 年版,第 31 页。

③ 金观涛、刘青峰:《兴盛与危机:论中国社会超稳定结构》,法律出版社 2010 年版,第 31—32 页。

④ 金观涛、刘青峰:《兴盛与危机:论中国社会超稳定结构》,法律出版社 2010 年版,第 33 页。

⑤ 金观涛、刘青峰:《兴盛与危机:论中国社会超稳定结构》,法律出版社 2010 年版,第 33—34 页。

中国的主流思想。在《中国现代思想的起源：超稳定结构与中国政治文化的演变》一书中，金观涛、刘青峰对一体化中意识形态结构的建构进行了论述，指出："传统一体化结构要求信仰统一意识形态的社会阶层作为社会整合的基本力量，当儒生已成为士阶层的主体时，选用儒学作为实现一体化结构的意识形态，似乎是不可避免的结果。而'道德价值一元论'这种思维模式，也随着儒学成为中国文化大传统而普及起来，成为两千年乃至今天仍主导着中国人道德推演的思维模式。"①而儒学为主的"道德价值一元论"能成功推广到普通民众中，离不开郡县制的实行。传统中国的"士人作为精英群体的存在，依赖于统一帝国的理想的维持；他们的活动，则与官僚行政机构密切相关"②。如前所述，金观涛、刘青峰也认为，郡县制的实行是意识形态结构与政治结构结合的必要条件之一。

郡县中，有一种设置于边疆地带，有别于内地郡县，称为边郡边县。郡县的官吏"掌管着教化、劝农、开垦农地、建设道路等事项"③，边疆地带的郡县应该也具有上述功能。南匈奴单于庭南迁西河郡后，匈奴上层贵族几乎都喜爱精通以儒学为主的中原文化。南单于后裔刘渊"幼好学，师事上党崔游，习毛诗、京氏易、马氏尚书，尤好春秋左氏传、孙吴兵法，略皆诵之，史、汉、诸子，无不综览"④。左贤王刘宣勤奋好学，精通《诗经》《左传》。鲜卑慕容部南迁居辽西郡后，慕容氏族人大多好儒学。迁居代郡的鲜卑拓跋氏，其族人也大多知学好儒。由此可知，内亚游牧族群入居边郡后，变得知诗书、通晓礼仪。

金观涛、刘青峰认为，魏晋南北朝时，"超稳定系统结构"运转失调，出现了"亚稳定结构"。金、刘书中"亚稳定结构"是指"一种缓慢过渡的状态，最

① 金观涛、刘青峰：《中国现代思想的起源：超稳定结构与中国政治文化的演变》，法律出版社2015年版，第23页。

② ［以］S. N. 艾森斯塔得：《帝国的政治体系》，阎步克译，贵州人民出版社1992年版，第334页。

③ ［日］纸屋正和：《汉代郡县制的展开》，朱海滨译，复旦大学出版社2017年版，第21页。

④ 〔唐〕房玄龄等：《晋书》，中华书局1974年版，第2645页。

终还是通过排除干扰，重建一体化，回到超稳定系统结构的”[1]。而重建一体化的关键之处在于重新建立一体化结构的意识形态。作者认为，要作为一体化结构意识形态的内核——儒学复兴，才能重新建立一体化结构的意识形态。重新出现天下大一统的超稳定结构则需再有一个条件——民族间的融合基本完成。南迁中原的游牧族群，在接受了以儒学为主的中原文化之后，会变得与中原民众的价值观相近，有益于民族间的融合。而边郡则是游牧族群接受中原文化并与中原民众融合的“场域”。因此，战国、秦汉至魏晋边疆地带的郡县化是中原民众与草原民众之间文化交汇融合与重新建立一体化结构意识形态的“场域”。综上，战国至魏晋时期边疆郡县化下族群间的互动是极具研究价值的。这一历史事实是否是华夏文化所具有的向心力、包容性所致，是一个值得深入探究的问题。

三、边疆：农业民族与游牧民族融合的场域

本书的具体内容显然脱离不了对中国古代王朝边疆治理的研究，而研究边疆治理不能脱离历史地理学的方法。目前学界的历史地理学脱胎于我国古代传统的沿革地理学，疆域与政区的研究是传统沿革地理研究的主体。我国学术界具有研究历代疆域的优良传统。自清道光、咸丰朝以来，舆地学者便从不同视角研究了中国疆域的变迁，系统地阐述了历史上历朝历代的疆域划分，为如今的疆域与行政区划研究及边疆史地研究打下了扎实的基础。近年来，随着学术繁荣，边疆学呼之欲出，尽管边疆学涵盖范围甚广，但边疆史地研究依然是其研究的基础与主体。

在学术研究思想极大开阔的今天，我们需要以一种新的视角来重新审视历史文献资料中关于游牧部落与民族的记载。我国是具有五千年璀璨文明的国家，辉煌的历史是由众多民族共同谱写的。北方的古代历史主要由农耕民族与游牧民族来书写。农耕文化与游牧文化交织、融汇共同描绘了

---

① 金观涛、刘青峰：《兴盛与危机：论中国社会超稳定结构》，法律出版社 2010 年版，第 228 页。

我国古代北方灿烂厚重的文化。中原秦汉王朝与北方匈奴游牧政权的相继崛起，使得两种文化的融合、碰撞进入了快速发展期。战国、秦汉时期的中原边疆地带正是农耕、游牧两种文化交流、碰撞、融汇的区域。在两种文化交汇时期，双方的战争是两种文化加速融合的催化剂。中原诸侯国先后发展、武装了车兵、步兵。为了应对北方草原的游牧骑兵，中原诸侯国借鉴游牧骑兵，组建了骑兵部队。黄朴民在《先秦两汉兵学文化研究》一书中提出，“晋国军队中配属有少量零散的骑兵”[①]，这可能是中国历史上春秋时期最早的骑兵部队。晋国与戎狄比邻而居。随着中原骑兵的出现，中原诸侯国与北方游牧部落之间的互动进入了频繁期。战国、秦汉时期的北疆成为中原农耕民族与北方游牧民族的互动区域。

战国、秦汉时期是中华民族形成过程中必不可少的阶段。因此，研究这一时期北部边疆地带中原诸侯国、王朝与北方游牧政权之间的互动关系是很有历史意义的。战国、秦汉时期的北部边防地带是以不同生产方式为生存手段的不同民族之间进行交流、碰撞、融合的区域。中原诸侯国、王朝用来抵御北方游牧政权的边防线就是中原农耕民族与北方游牧民族之间直接互动的接触面。彼此之间的战争与攻防措施是中原诸侯国、王朝与北方游牧政权之间交流、碰撞、融合时不可避谈的问题。而骑兵、长城、边郡互为支撑的防御体系正是双方互动、攻伐时最主要的活动平台之一。

研究战国、秦汉时期骑兵、长城、边郡的学术论著，为数亦不少。但几乎都是对骑兵、长城、边郡三要素中的一个要素作单一研究，甚少有论及其中两方面者，更鲜有结合三者而论著者。事实上，骑兵、长城、边郡三者是相互联系、密不可分的。中原诸侯国组建骑兵部队，使用骑兵作战正是因为吸收借鉴了北方的游牧文化。而修筑长城是为了有效地防御北方游牧部落的骑兵。设置边郡则是为了充分发挥骑兵与长城的攻防功能，并且也是中原政权管理文化向北方的扩展。因此，笔者认为，骑兵、长城、边郡三者的有机结合，也就是骑兵、长城、边郡互为支撑防御体系的出现、形成，方促成战国、秦

① 黄朴民：《先秦两汉兵学文化研究》，中国人民大学出版社2010年版，第116页。

汉时期完备的北疆边防体系。同时,对中原农耕文化与北方游牧文化来说,骑兵、长城、边郡互为支撑的防御体系也是这两种文化进行交流、碰撞、融合的平台。

本书前半部分为“边疆治理篇”,主要探讨战国、秦汉时期中原骑兵、长城、边郡互为支撑的防御体系的建构,拟就这一问题作如下分析探讨。在骑兵、长城、边郡互为支撑的防御体系中,骑兵因素是最活跃、最具动态的因子,也是受游牧文化影响最深、最直接的因素。其产生的使命即是应对具有超强机动性的游牧骑兵。但是,由于中原诸国组建骑兵部队不可能完全照抄照搬游牧骑兵,当骑兵部队组建之后,中原诸国需要推出其他的辅助边防措施来与骑兵构成一个完整的防御体系。这样,骑兵、长城、边郡互为支撑的防御体系开始出现了。

战国时期,中原诸侯国的争霸战争越演越烈,各国纷纷寻求富国强兵之策,以便在逐鹿中原的战争中成为号令四方的真正王者。战国七雄中的秦、赵、燕三国无一例外地都采取了拓展北疆的策略,以此来强加国力。

中原的秦王朝兴起后,十分重视北疆边防。秦王朝北击匈奴,使其退却七百里后,连接战国时期秦、赵、燕三国长城,修筑了横贯万里的秦长城防线,另外,正如王明珂在《游牧者的抉择:面对汉帝国的北亚游牧部族》一书中提出的,“华夏帝国的形成及其强力维护北方资源界线,迫使长城以北各人群全面游牧化”[①]。面对困境,各游牧部族为了生存不得不联合起来。秦亡汉兴之际,北方的匈奴部族乘势崛起,建立了横贯蒙古高原的强大游牧政权。匈奴的冒顿单于是马克斯·韦伯笔下卡里斯马型(即超凡魅力型)的领导者,在他的带领下,匈奴向东打败东胡,向西击溃月氏,并南下中原劫掠。巴菲尔德在《危险的边疆:游牧帝国与中国》一书中指出,“通过从草原外部攫取资源,匈奴国家获得了其他政权所未曾获得过的稳定性”[②]。面对北方

① 王明珂:《游牧者的抉择:面对汉帝国的北亚游牧部族》,广西师范大学出版社 2008 年版,第 148 页。

② [美]巴菲尔德:《危险的边疆:游牧帝国与中国》,袁剑译,江苏人民出版社 2011 年版,第 57 页。

如此强大的邻居，西汉王朝初期实行封王戍边与和亲弭兵的边防策略来应对边疆危机。汉武帝时期，在国富民强再加上武帝本人的雄才大略的条件下，西汉王朝试图打垮匈奴政权，进而获得北疆的长久安定。汉武帝在边疆地带广设郡县，这一措施使得中原王朝与北方游牧政权之间的攻防变得异常猛烈，使得中原文化与草原文化进入了加速融合的阶段，使得中原农耕民众与北方游牧族群之间的交流、碰撞、融合进入了一个新时期，使得边疆地带成为不同生产方式文化之间融合的区域。

密集边疆郡县的出现，或许可以短暂地阻碍游牧部落与中原王朝的大规模接触，但从长远来看，则会促进双方的交流互动。年鉴学派代表人物布罗代尔在其所著的《文明史纲》中，曾这样描述文明之间的相互学习与借鉴："各种文明都在不停地借鉴它们所邻近的文明"①。根据布罗代尔的描述，我们是否可以这样认为，人类历史上没有一种文明会独立发展而不与周边文明发生交集。这便是当今学界非常流行并被许多学者认同的"文明互动说"理论。在中国大地上，从远古传说中的炎黄时代起，中国的历史即是从事不同生产方式部落之间不断碰撞融合的历史。夏商周、春秋战国、秦汉莫不如此。苏秉琦在《中国文明起源新探》一书中提出，"对燕山南北长城地带进行区系类型分析，使我们掌握了解开这一地区古代文化发展脉络的手段，从而找到了连接中国中原与欧亚大陆北部广大草原地区的中间环节，认识到以燕山南北长城地带为重心的北方地区在中国古文明缔造史上的特殊地位和作用。中国统一多民族国家形成的一连串问题，似乎最集中地反映在这里"②。

正是因为战国、秦汉时期中原文化与游牧文化的交流、碰撞、融合，才孕育了魏晋南北朝时期绚丽多彩的文化鼎盛期。同样，正是因为战国、秦汉时期中原民众与北方游牧族群、部落之间的交流、碰撞、融合，才有了魏晋南北朝时期民族的大迁徙与大融合。刘渊与石勒等南迁中原的游牧族群、部落

---

① [法]布罗代尔：《文明史纲》，肖昶等译，广西师范大学出版社 2003 年版，第 49 页。
② 苏秉琦：《中国文明起源新探》，辽宁人民出版社 2009 年版，第 41 页。

的后裔，在建立政权时，都采用了中原儒学文化为主导的政权形式。刘渊起兵自立时，宣称西晋王朝的统治者司马氏无德，不足以配享天子的尊号，"此天厌晋德，授之于我"①。其也认为，此天赐良机是"顾惟德所授耳"②。石勒建立独立政权时，以赵为国号，这一行为正是效仿刘邦建立政权时以汉为国号的往事。刘邦曾受封为汉王，石勒曾受封为赵王。同时，在群臣劝进加尊号时，石勒以古时的贤明君主周文王与齐桓公为榜样推却之。石勒言于群臣，"昔周文以三分之重，犹服事殷朝；小白居一匡之盛，而尊崇周室"③。可见，当时南迁的游牧族群和部落的首领建立政权时，中原文化中华夏正统的观念已经成为主导思想。大一统天下观已经成为其政权的奋斗目标。

北魏王朝建立后设置六镇并修筑长城来拱卫京师平城。北魏六镇驻守有大量的精锐骑兵，在此基础上诞生了一个著名的军事政治贵族集团——关陇贵族集团。王仲荦在《隋唐五代史》一书中指出，"北周、隋和唐，虽是前后三个王朝，但是这三个王朝的创建者，都属于关陇贵族地主统治集团这个阶层"④。关陇贵族集团具有中原农业文化与大漠游牧文化的双重基因，这使他们拥有开阔的视野、博大的胸襟。中国历史上强大的唐王朝的出现，正是中原农业文化与大漠游牧文化互动、融合的结果。苏秉琦在《中国文明起源新探》一书中指出："北方草原民族文化是极富生气和极其活跃的，它为中华民族注入新的活力与生命，它还带来欧亚大陆北方草原民族文化的各种信息，为中西文化交流作出重要贡献。大唐盛世的诸多业绩都源于北朝。"⑤

中原诸侯国和王朝无疑是中原文化的实践者，同样出现于蒙古草原的游牧政权则是游牧文化的实践者。中原文化与游牧文化之间的交流是以中原诸侯国、王朝与北方游牧政权为载体来进行的。中原王朝与游牧政权并立于古代中国，双方不可避免地会有交集。无论通过和平方式还是战争形式，双方之间的交流、碰撞、交融是需要在一定的场域中进行的。王朝国家

① 〔唐〕房玄龄等：《晋书》，中华书局 1974 年版，第 2648 页。

② 〔唐〕房玄龄等：《晋书》，中华书局 1974 年版，第 2649 页。

③ 〔唐〕房玄龄等：《晋书》，中华书局 1974 年版，第 2730 页。

④ 王仲荦：《隋唐五代史》，上海人民出版社 2003 年版，第 3 页。

⑤ 苏秉琦：《中国文明起源新探》，辽宁人民出版社 2009 年版，第 139 页。

的边疆郡县就是这一场域。同时，这一场域也是民族融合的重点地区。

本书后半部分为“文化认同篇”，旨在探讨从战国至魏晋时期，华夏文化认同形成中的历史事实。赵武灵王实行“胡服骑射”，从表面上看，是中原诸侯国之一的赵国为了在战国时代的兼并战争中获得生存发展的机会。但是，在实质层面，这何尝不是华夏文化兼容并蓄特质的体现？这一举措也使得这一区域围绕长城地带出现了特点鲜明的地域文化，骑射技艺与农业生产并行交融。该区域的文化特色，为长城以北的人群通过长城地带融入中原提供了平台。秦朝建立后，秦王变成了皇帝，分封诸侯的国家行政治理机制变成了中央集权郡县制的国家行政治理机制，此后帝制成为王朝国家政治文化的符号。皇帝统治国家的正当性来源于“天授”，因此皇帝以天子自居。西汉王朝建立后，儒学逐渐成为王朝国家治理天下的正统意识形态，儒学也成为华夏文化的主要组成部分。掌握儒学经典要义的读书人，成为王朝国家官员群体的重要来源。他们肩负着辅佐皇帝治理天下的重任，也肩负着维护朝纲的责任。东汉时期的“党锢之祸”就是儒学之士试图清除宦官专权这一“异常”现象的正义行动，实质上是使华夏文化主导下的王朝国家的政治文化健康发展的自救行动。他们的出发点是维护良性运行的政治文化，以强化王朝国家治下各阶层群体对华夏文化的认同。东汉末年的刘备之所以能获得三分天下之一，一定程度上就是得益于他一直宣扬的出身。而这背后离不开士人对华夏文化作为王朝国家意识形态的建设。

边疆治理篇

第一章　战国、秦汉时期中原诸侯国、王朝的边疆防御体系

中国古代最早的骑兵约出现于春秋时代。长城最早的修建，便是诸侯国为了抵御对手的攻击。据《左传》记载，春秋时期的晋国已经有郡的设置。到了战国时代，诸侯国之间的竞争日渐激烈。中原诸侯国中的秦、赵、燕三国由于地理环境的因素，加大了发展骑兵的力度，同时，在边疆地带修筑长城，并设置边郡进行治理。由此，骑兵、长城与边郡互为支撑的边防体系出现在了王朝国家的边疆治理史实中。

第一节　战国时期中原诸侯国的骑兵

我国古代的骑兵大约始于春秋战国时期，到战国中后期时，参与争霸中原的诸侯国大多设置了骑兵部队。当时，秦国有“骑万匹”[①]，楚国有“骑万匹”[②]，燕国有“骑六千匹”[③]，赵国有“骑万匹”[④]，魏国有“骑五千匹”[⑤]。组建骑兵离不开马，而马则与游牧文化有着不可分割的联系。这个时期，衡量国力的强弱常常用“千乘之国”“万乘之国”来表述。千乘之国是拥有“戎马四

① 何建章:《战国策注释》，中华书局 1990 年版，第 514 页。
② 何建章:《战国策注释》，中华书局 1990 年版，第 508 页。
③ 何建章:《战国策注释》，中华书局 1990 年版，第 1081 页。
④ 何建章:《战国策注释》，中华书局 1990 年版，第 658 页。
⑤ 何建章:《战国策注释》，中华书局 1990 年版，第 819 页。

千匹，兵车千乘"[①]者；万乘之国是拥有"戎马四万匹，兵车万乘"[②]者。这里提到"戎马"，可见马是游牧文化的重要组成部分。因为当时的"戎与狄都是游牧民族"[③]。马是游牧文化的一部分，因此，骑兵的出现离不开游牧文化的影响。中原骑兵最早出现、应用于与北方游牧民族毗邻的秦、赵、燕三国，其主要职责是抵御游牧骑兵。

一、秦国的骑兵

秦人东来说，几乎是学界的共识。林剑鸣认为，秦人源于东方，其先祖是以游牧、狩猎为主要谋生手段的。[④] 舜帝时期，秦人先祖大费（亦称伯益）以擅长驯鸟兽而闻名，"调训鸟兽，鸟兽多驯服"[⑤]。周孝王时期，秦人先祖非子居住于犬丘，因其"好马及畜，善养息之"[⑥]，受到周孝王的任用。非子担任养马官后，周朝"马大蕃息"[⑦]。孝王大喜，遂赐姓为嬴，诏予其后世子孙"亦为朕息马"[⑧]。由此可见，秦人自古便善于养马。

周平王东迁之后，诸侯国势力逐渐强盛，周天子的势力逐渐趋微。自此，礼崩乐坏，征伐自诸侯出。在这样战争频繁的时期，车兵不足以胜任所有的战争。步兵、骑兵的记载开始见诸史册。有的学者认为，秦国的骑兵是中国历史上最早的骑兵。[⑨] 秦国最早的骑兵在史料中的记载为秦穆公时期的畴骑。秦穆公派兵护送重耳即晋国国君位时，秦国护送重耳的一众队伍中有"畴骑二千"[⑩]。

---

①② 〔唐〕房玄龄等:《晋书》，中华书局 1974 年版，第 413 页。

③ 马大正、华立:《古代中国的北部边疆》，内蒙古人民出版社 1993 年版，第 12 页。

④ 林剑鸣:《秦史稿》，中国人民大学出版社 2009 年版，第 14 页。

⑤ 〔汉〕司马迁:《史记》，中华书局 2014 年版，第 223 页。

⑥ 〔汉〕司马迁:《史记》，中华书局 2014 年版，第 227 页。

⑦⑧ 〔汉〕司马迁:《史记》，中华书局 2014 年版，第 228 页。

⑨ 王晓天:《畴骑——中国历史上最早的骑兵》，《湖南师范大学学报（哲学社会科学版）》1985 年第 5 期。

⑩ 〔清〕王先慎:《韩非子集解》，中华书局 2013 年版，第 77 页。

秦国的骑兵出现在秦穆公时期，应该与当时的天下局势有着十分紧密的联系。秦国地处西陲，如果要东进中原争霸就不得不面对强大的晋国。因此，秦穆公选择了向西发展，即征服广大的西戎部落。当时，居住于北方草原一带的游牧民族“已组成可观的骑兵部队，称为骑寇，常常骚扰中原各国的边境”①。秦国与戎狄彼此相邻杂处，故不可避免地受其生活习俗的影响，同时谋求向戎狄居住的地域发展，因而秦国先于中原诸国建立、发展骑兵也就顺理成章了。由此，秦国在秦穆公的带领下“开地千里，遂霸西戎”②。秦国的疆域包括今天甘肃的东部和陕西的中部一带。当时，这些地区居住着大量的戎狄部落，秦国与这些戎狄部落比邻而居。也因此，秦国在中原诸国的眼中与戎狄部落无异，“秦僻在雍州，不与中国诸侯之会盟，夷翟遇之”③。

战国时期，与秦国交集颇多的游牧部落有緜诸、义渠、翟、獂、大荔等。其中义渠、大荔的势力最为强大，“筑城数十，皆自称王”④。秦国欲战胜这些游牧政权，在加强军力时，大力发展骑兵部队是很必要的。骑兵的优势在于超强的机动性，游牧部落正是利用骑兵的这一优势不断骚扰中原诸国。秦国宗室身上具有的游牧文化痕迹与秦国所处的区域，这些因素可以使秦国很容易地组织、建立骑兵部队。秦国的骑兵部队使得其有能力向北扩张疆土，进而占有了大片产良马的区域，“北有胡貉、代马之用”⑤。这样一来，秦国的骑兵部队更是日益壮大。同时，秦国广泛招揽游牧部落的勇士为己所用，“秦马之良，戎兵之众”⑥。可见，秦国在游牧文化的影响下，率先组建了骑兵部队，并使用游牧部落的勇士作为骑兵。在拥有了强大的骑兵之后，秦国拓展疆土千余里。

① 顾德融、朱顺龙：《春秋史》，上海人民出版社1993年版，第317页。

② 〔汉〕司马迁：《史记》，中华书局2014年版，第247页。

③ 〔汉〕司马迁：《史记》，中华书局2014年版，第255页。

④ 〔南朝宋〕范晔：《后汉书》，中华书局1974年版，第2310页。

⑤ 何建章：《战国策注释》，中华书局1990年版，第74页。

⑥ 何建章：《战国策注释》，中华书局1990年版，第974页。

二、赵国的骑兵

最早建立骑兵部队的国家可能是秦国，但大规模成建制建立骑兵部队的国家则应该是赵国。我国历史上最有名的大规模建立骑兵部队事件被称为“胡服骑射”改革。据太史公在《史记》中的记载，赵国宗室本“与秦共祖”[①]。因此，赵氏先祖也应该属于游牧部落。周穆王时期，赵人先祖造父凭借超强的驾车本领，受到周穆王的赏识。周穆王西巡正酣时，突闻徐偃王作乱，欲急归。凭借造父极为优异的驾车技术，周穆王“长驱归周，一日千里以救乱”[②]。事后，周穆王大悦，“乃赐造父以赵城，由此为赵氏”[③]。

赵氏绵延多代之后的赵衰是赵氏发展史上一位极其重要的人物。赵衰追随晋公子重耳在外流亡十九年。重耳成为晋国国君后，赵衰受到重用。赵衰娶的游牧部落的妻子所生的赵盾成为他的法定继承人。由上可知，赵氏一脉在发展过程中一直与游牧文化相伴。游牧文化可能影响到了赵氏制定的北进战略。白国红认为，赵氏制定北进战略的原因有二：一是在扩大地盘发展势力时，不愿意与晋国的其他大夫诸卿发生争斗；二是对晋国自立国以来，不断向周边戎狄区域开疆拓土策略的继承。[④] 笔者在借鉴前人研究成果与钻研文献资料之后，认为赵国在制定北进战略的过程中，赵氏一族身上与生俱来的游牧文化起到了一定的作用。因为赵氏在向戎狄区域扩张时，会“每每与狄族之人联姻”[⑤]。如赵衰娶狄女，赵简子娶“狄婢”，赵襄子的姐姐嫁与戎狄首领代王为夫人。

赵简子的葬礼完毕，赵襄子“未除服，北登夏屋，请代王”[⑥]，并于酒宴之上设计，谋杀代王，“遂兴兵平代地”[⑦]。赵国夺得代地，对其发展骑兵极为有

---

①③〔汉〕司马迁：《史记》，中华书局 2014 年版，第 2147 页。

② 〔汉〕司马迁：《史记》，中华书局 2014 年版，第 225 页。

④ 白国红：《春秋晋国赵氏研究》，中华书局 2007 年版，第 133 页。

⑤ 沈长云等：《赵国史稿》，中华书局 2000 年版，第 107 页。

⑥⑦〔汉〕司马迁：《史记》，中华书局 2014 年版，第 2162 页。

利，因为代地盛产良马，“赵、代良马”[①]。

赵武灵王实施“胡服骑射”改革是中原诸侯国充分吸收游牧文化、组建游牧式骑兵的典型事件。赵武灵王初立时期，赵国国力衰弱，被秦、魏、齐三国多次打败。赵武灵王曾叹息曰：“今中山在我腹心，北有燕，东有胡，西有林胡、楼烦、秦、韩之边，而无强兵之救，是亡社稷，奈何？”[②]面对赵国如此的困境，赵武灵王突破困境的方法竟是“吾欲胡服”[③]。对于赵武灵王这一大胆的决定，大臣楼缓、肥义均持赞同的态度。有楼缓、肥义二人的大力支持，赵武灵王心中略感欣慰。赵武灵王的“吾欲胡服”是力度很大的改革，可以说是前所未有之改革。赵武灵王欲“将胡服骑射以教百姓”[④]，可见赵武灵王实行“胡服骑射”这一改革涉及范围之广。而且，赵武灵王认为“胡服骑射”会帮助赵国开疆拓土，“胡地、中山，吾必有之”[⑤]。但是，在赵国大范围推行“胡服骑射”必定会遭到很多人的强烈反对，其中不乏赵氏贵族。赵武灵王欲穿胡服临朝听政时，遭到其叔父公子成的反对，公子成认为，服饰关乎“华夷”之别，岂可轻易着“夷”装！赵武灵王只得亲自去公子成府上游说。赵武灵王对公子成说明当时赵国所处的困境，指出“变服骑射”[⑥]是用来防备“燕、三胡、秦、韩之边”[⑦]，报中山国凭借齐国势力数次犯赵掠地围城之仇；同时提到了昔日赵国有作为的两位君主——赵简子与赵襄子的往事，特别是赵襄子“并戎取代以攘诸胡”[⑧]的伟业。在简、襄两位前贤君主的光辉事迹前，公子成顿首信服。于是，赵武灵王正式颁布“胡服令”。赵简子、赵襄子的事迹正说明了赵国的发展深受游牧文化的影响。

在公子成、楼缓、肥义等人的鼎力支持下，赵武灵王“遂胡服招骑射”[⑨]。赵国组建强大的骑兵部队后，赵武灵王首先进攻由北狄族建立的中山国。经过数年苦战后，“中山之地方五百里”[⑩]，全部为赵国所有。段连勤认为，赵

① 何建章：《战国策注释》，中华书局 1990 年版，第 508 页。

②③ 〔汉〕司马迁：《史记》，中华书局 2014 年版，第 2176 页。

④⑤ 〔汉〕司马迁：《史记》，中华书局 2014 年版，第 2177 页。

⑥⑦⑧ 〔汉〕司马迁：《史记》，中华书局 2014 年版，第 2179 页。

⑨ 〔汉〕司马迁：《史记》，中华书局 2014 年版，第 2181 页。

⑩ 何建章：《战国策注释》，中华书局 1990 年版，第 171 页。

国吞并中山国后，赵国国力大增，使得赵国于战国中晚期有了与秦国激烈争斗的资本。[①] 赵武灵王充分利用赵国周边的游牧部落，进行招兵买马，扩充军队。“林胡王献马……主胡，致其兵”[②]。由此，赵国在攻取中山国的同时也向北扩张疆域，“攘地北至燕、代”[③]。

赵武灵王实行“胡服骑射”后，赵国国力迅速增强，进而具备了与秦国一较高下的实力。赵武灵王曾想从云中、九原南下突袭秦国，可见赵国骑兵之精锐、剽悍。在游牧文化影响下建立的赵国骑兵很可能是战国时期最骁勇善战的骑兵之一。

三、燕国的骑兵

燕国自立国之始，便与北方游牧部落相邻，“燕北有东胡、山戎”[④]，彼此间的冲突、摩擦时有发生。燕庄公二十七年（前 664 年），山戎大举进犯燕国，燕国不敌，向齐国求援。齐桓公行义举，率领兵马救燕御敌。山戎不仅时常侵扰燕国，而且曾经不止一次越过燕国，进攻齐国。《左传》记载有“北戎伐齐”[⑤]与“北戎病齐”[⑥]两条史料。《史记·匈奴列传》也记载有“山戎越燕而伐齐”[⑦]。《左传》中记述攻击齐国的“北戎”就是《史记·匈奴列传》中记载“越燕而伐齐”的“山戎”。齐桓公率领军队助燕国抗击山戎，自然是以燕国为战略补给地而与山戎交战的。山戎越过燕国攻伐齐国，千里奔袭，中途并没有战备物质补给地。这样长途作战而无军事物资补给，步兵是无法完成的，只可能由骑兵来完成。如果北方游牧部落在春秋时期就已经大规模使用骑兵作战，那么，与之毗邻的中原诸侯国不可能不受其影响。

---

① 段连勤：《北狄族与中山国》，广西师范大学出版社 2007 年版，第 135 页。
② 〔汉〕司马迁：《史记》，中华书局 2014 年版，第 2181 页。
③ 〔汉〕司马迁：《史记》，中华书局 2014 年版，第 2182 页。
④ 〔汉〕司马迁：《史记》，中华书局 2014 年版，第 3488 页。
⑤ 〔东周〕左丘明：《左传》，中华书局 2012 年版，第 133 页。
⑥ 〔东周〕左丘明：《左传》，中华书局 2012 年版，第 151 页。
⑦ 〔汉〕司马迁：《史记》，中华书局 2014 年版，第 3485 页。

燕国与游牧诸部落相邻，游牧文化对燕国有着不少影响。燕国良将秦开在与燕国相邻的"胡"做人质时，与"胡"部上下相处融洽，"胡"部上下人等都很信任秦开。秦开能深得游牧部落族人的信任，可能是他来游牧部落之前，就已经熟识游牧部落的生活习俗，并精于骑射之故。这里的"胡"部落据《史记·匈奴列传》记载，以及从其与燕国相邻的地理位置来判断，应该是东胡而非匈奴。后来，秦开"归而袭破走东胡，东胡却千余里"①。秦开归燕，率领燕军袭东胡，则更加证明了秦开做人质的"胡"即东胡无疑。

司马迁在描述这场战争时用了"袭破"二字，据此可以推论，秦开所率袭击东胡的部队应该是骑兵。因为在当时的条件下，如果没有机动性优良的骑兵部队，是很难做到成功袭击以游牧为生业的东胡部落的。秦开在东胡居住多年，从东胡处学习到了组建和训练骑兵的方法，转而用此法在燕国组织、建立骑兵部队，而后能够大破东胡，使得东胡向北退却千余里。如果是这样的话，正说明了燕国的骑兵部队是在游牧文化影响下建立的。而当苏秦为组建合纵联盟游说燕文侯时，也曾提到燕国有"骑六千匹"②。

综上所述，秦、赵、燕三国的骑兵部队都是在要应对游牧骑兵以及保障北部边境安危的历史环境下建立的。

第二节　战国时期中原诸侯国修筑的长城

战国时期的长城最初是用于防范中原诸侯国之间彼此进攻，进行防御的。随着中原争霸战争进入白热化阶段，与北方游牧部落毗邻的中原诸侯国多选择了向北发展的战略，这一战略可以使诸侯国的疆域得到拓展，同时可以获得机动性超强的骑兵部队。秦、赵、燕三国为了巩固北进战略的成果与抵御北方的游牧骑兵，开始在己国的北部边疆修筑长城，实施以墙制骑的防御策略。

---

① 〔汉〕司马迁：《史记》，中华书局 2014 年版，第 3490 页。

② 何建章：《战国策注释》，中华书局 1990 年版，第 1081 页。

一、中原诸侯国之间修筑的长城

景爱在其所著的《中国长城史》一书中，对中国历朝历代修筑长城的历史进行了详尽的论述。景爱认为，战国时代最早修筑长城的国家为齐国。因此，齐国长城也是中国历史上最早修筑的长城。齐国首开修筑长城的先河后，其他诸侯国纷纷效仿之。

《战国策·秦策一》《战国策·燕策一》与《史记·苏秦列传》均记载有“长城、钜防，足以为塞”。这里的长城正是指齐国修筑的长城。景爱认为，战国时期齐长城大致作东西走向①，其主要目的是防御齐国南边的诸侯国，其次才是防御中原的诸侯国。据《水经注》记载，楚国也修筑有长城，“云郦县有故城一面，未详里数，号为长城”②。魏国地处中原，与其相邻的诸侯国大多是强国。因此，修筑长城以作防御很有必要。出于历史原因与地理位置的关系，魏国与秦国之间的战争较为频繁。据《史记·正义》记载：“魏西与秦相接……皆筑长城以界秦境”③。魏惠王时期，魏国四处征战，意图挽救魏国即将陨落的霸业。魏惠王十九年(前 351 年)，魏国败于各诸侯国的联合进攻之下，不得已“筑长城，塞固阳”④，凭借长城来防御诸国。

赵国与魏国虽然均出自晋国，但彼此间的争斗几乎从未休止。赵肃侯十七年(前 333 年)，赵魏大战，赵不敌魏，不得已于赵国南部边界漳河北岸，“筑长城”⑤，以防御魏国的进攻。燕国南边修筑的长城主要是用来防御齐国与赵国。燕国修筑的这段长城位于易水河北岸，史料记载为“长城之南，易水之北”⑥。游牧部落北狄建立的中山国也修筑有保卫国土的长城。

---

① 景爱:《中国长城史》，上海人民出版社 2006 年版，第 74 页。
② 陈桥驿等译注:《水经注全译》，贵州人民出版社 2008 年版，第 791 页。
③ 〔汉〕司马迁:《史记》，中华书局 2014 年版，第 256 页。
④ 〔汉〕司马迁:《史记》，中华书局 2014 年版，第 2230 页。
⑤ 〔汉〕司马迁:《史记》:中华书局 2014 年版，第 2172 页。
⑥ 〔汉〕司马迁:《史记》，中华书局 2014 年版，第 3068 页。

二、秦、赵、燕三国在北部边疆修筑的长城

战国时期，秦、赵、燕三国的北部边疆均与游牧部落相邻，因此，三国在北疆均修筑有长城，用来防御游牧部落的骑兵。

秦国的长城修筑于秦昭襄王时期。王国维认为，秦人源于西戎。但不论秦人东来说，还是秦人源于西戎说，都说明了一点，秦人身上有着很深厚的游牧文化传统。秦昭襄王时期，秦国凭借计谋与精良的骑兵战胜了北方的义渠部落。秦在义渠故地设置三郡，进而“筑长城以拒胡”①。秦国修筑长城来防御游牧骑兵的主要目的自然是巩固成果，保护新拓展的疆土。

赵国在赵武灵王实行“胡服骑射”之后，挥师向北拓地，大破林胡、楼烦诸游牧部落，北部边疆得到大力扩展。同样，为了巩固、保护新入版图的领土，赵国在北部边疆修筑了长城，“筑长城，自代并阴山下，至高阙为塞”②。成书于北魏年间的《水经注》里也多处提及赵武灵王修筑的长城，如“赵武侯自五原河曲筑长城”③等。

景爱推断，燕国长城应该修筑于燕昭王时期，也就是说燕国大将秦开北逐东胡千余里的史实很可能发生在燕昭王时期。燕国大败东胡，拓地千余里后，国力大增。为保障北部边疆的安危，燕国也于边境之上修筑长城以抵御游牧骑兵，“燕亦筑长城，自造阳至襄平”④。

综上所述，秦、赵、燕三国于北疆修筑长城主要是用来防御北方游牧骑兵，保护北进战略的成果。

第三节　战国时期中原诸侯国设置的边郡

春秋时代可能已经有了郡的建置，但是由于缺乏文献史料记载，详情不

---

①②④〔汉〕司马迁：《史记》，中华书局2014年版，第3490页。

③　陈桥驿等译注：《水经注全译》，贵州人民出版社2008年版，第59页。

得而知。关于郡为数不多的记载，可知春秋晚期，晋国已经有郡的设置。据《左传·哀公二年》记载："克敌者……下大夫受郡"①。当时，晋国的郡大都设置在边疆一带，设置郡的目的主要是防御北方的游牧部落。到战国时期，设置郡的国家有所增多，尤其是与游牧部落比邻的诸侯国。秦、赵、燕三国在北部边疆设置行政机构郡的主要目的也是防御北方的游牧部落，巩固边防。这一目的是延续自春秋时代的。

秦昭襄王时期，秦灭义渠而尽得其地，为了巩固取得的成果，同时为了防范北方的其他游牧部落，秦国在义渠故地设置了陇西、北地、上郡。同样，赵武灵王在赵国北部设置云中、雁门、代郡也是为了防御与赵国相邻的游牧部落。此时，匈奴之名已经见于史册。燕国北逐东胡千余里后，设置上谷、渔阳、右北平、辽西、辽东五郡，自然是为了防止东胡反扑，夺其失去的这千余里土地。

虽然战国时期设置郡与春秋时期设置郡的目的大致相同，但是，战国时期，秦、赵、燕三国在北部边疆设置的郡有了一些新的特点。秦、赵、燕三国设置于边疆的郡可以称为边郡。顾颉刚认为，边郡即是设置于边境地带的军区。② 周振鹤也认为，郡一级行政机构的长官称郡守，其主要的责任自然是以军事为中心。③ 由此，边郡应该是具备进攻与防御的双重职能。骑兵部队因超强的机动性自然是担任进攻任务，长城从中原修筑到边疆依然是以担任防御任务为主。边郡因其具有管辖骑兵与长城的功能，使得骑兵、长城、边郡三者之间有了紧密的联系。这意味着在秦、赵、燕三国北部边疆，骑兵、长城、边郡互动支撑防御体系开始出现。这一防御体系的出现，使中原诸侯国防御北方游牧部落的侵扰进入了新时期；同时，由于这一防御体系深受游牧文化的影响，其出现也意味着中原农耕民族与北方游牧民族之间的交流、碰撞、融合进入了新阶段。

---

① 杨伯峻编著：《春秋左传注》，中华书局 2009 年版，第 1614 页。
② 顾颉刚：《顾颉刚学术文化随笔》，"郡与县"，中国青年出版社 1998 年版。
③ 周振鹤：《中国地方行政制度史》，上海人民出版社 2014 年版。

第四节　骑兵、长城、边郡一体防御体系的出现

骑兵、长城、边郡互为支撑的防御体系最早出现于战国时期的秦、赵、燕三国。这一防御体系是中原诸侯国在应对游牧骑兵以及实行北进战略的历史环境下出现的。秦始皇统一六国后，中原王朝第一次在漫长的北部边疆构建了相对完备的骑兵、长城、边郡互为支撑的防御体系。本节将从秦、赵、燕三国时期与秦统一六国建立大一统王朝后两个阶段，来对中原诸侯国、王朝的这一防御体系展开论述。

一、秦、赵、燕三国时期

骑马文化是游牧文化非常重要的组成部分。最早的骑马文化出现于公元前 900 年至公元前 800 年之间。① 游牧民族被称为马背上的民族，正是因他们既利用马进行放牧又利用马"乘骑作战"②而得名。农耕民族如果想与游牧民族争雄，必须像游牧民族一样熟悉、精通骑射的技艺。

赵武灵王实行"胡服骑射"改革的目的是重新振兴"简、襄之伟业"，使得赵国变成强国，进而在中原诸侯国之间的争霸战中占到上风。赵武灵王不仅在赵国实行"胡服令"，让国内的精壮男子学习骑射技艺，"王破原阳，以为骑邑……以奉骑射"③——赵国的原阳故城址经考古发掘基本确定为今呼和浩特市南郊八拜村古城，而且多次招募游牧部落的骑兵为赵国所用，赵国灭中山国的战役中，便有来自游牧部落的骑兵，"赵希并将胡、代"④。这样，赵国骑兵部队中就有了农耕生活习俗与游牧生活习俗的交融。长城是为了扼制游牧骑兵，同时为了对中原骑兵起到支撑作用而产生的。赵国组建的骑

---

① [美]巴菲尔德：《危险的边疆：游牧帝国与中国》，袁剑译，江苏人民出版社 2011 年版，第 38 页。

② [美]拉铁摩尔：《中国的亚洲内陆边疆》，唐晓峰译，江苏人民出版社 2010 年版，第 42 页。

③ 何建章：《战国策注释》，中华书局 1990 年版，第 705 页。

④ 〔汉〕司马迁：《史记》，中华书局 2014 年版，第 2182 页。

兵部队虽然充分吸收、借鉴游牧文化，但毕竟不同于游牧部落的骑兵。另外设置边郡这一行政机构，就可以看出中原骑兵与游牧骑兵的不同。游牧部落“逐水草迁徙，毋城郭”[①]，因此，游牧骑兵无需后勤补济基地。而中原诸侯国即使组建了以机动性为主的骑兵部队，依然离不开后勤补济基地。后勤补济的需要应该是设置边郡的因素之一。

秦国在灭义渠拓疆后及燕国在秦开北逐东胡后均于新扩展的北疆领土上“修长城，置郡，移民屯兵戍边”[②]，同样是为了给骑兵提供进攻、休整的军事基地。

游牧民族天性彪悍粗犷，生存能力强，可以在条件艰苦的区域内生存繁衍。但其经济的单一性、脆弱性，决定了游牧部落需要从农耕地区获得一定数量的农副产品作为其经济的补充。秦、赵、燕三国北进战略的实施，骑兵、长城、边郡互为支撑的防御体系的出现，使得游牧部落如果要南下获取农副产品补充经济，就必须突破上述的防御体系。由此，骑兵、长城、边郡互为支撑的防御体系便成了中原农耕文化与北方游牧文化之间互动的新型平台。

赵武灵王首开着“胡服”之风气后，与游牧部落毗邻的诸侯国纷纷效仿。进而“冲淡了当时盛行的华优夷劣观，推动了民族融合的过程”[③]。可见，在战国晚期，骑兵、长城、边郡互为支撑的防御体系初次出现时，就成为增进以不同生产方式为生存手段的民族之间相互融合的媒介或是平台。

二、秦朝时期

公元前 221 年，秦王嬴政灭六国，一统天下，建立了大秦王朝。秦王朝进一步实行北进战略。秦始皇亲自至上郡巡视北疆边防，而后派大将蒙恬统率三十万大军，北上攻击匈奴，并“略取河南地”[④]。三十万秦军中应该有

---

① 〔汉〕司马迁：《史记》，中华书局 2014 年版，第 3483 页。
② 张久和主编：《内蒙古通史》第一卷，人民出版社 2011 年版，第 91 页。
③ 沈长云等：《赵国史稿》，中华书局 2000 年版，第 167 页。
④ 〔汉〕司马迁：《史记》，中华书局 2014 年版，第 323 页。

为数不少骑兵部队，因为秦曾“大量征用少数民族及半少数民族”①，而这些人群素以骑射著称。秦军接着“西北斥逐匈奴。自榆中并河以东，属之阴山”②。秦朝于当地设置三十四县（另一说为四十四县），并在这些设置的县中迁移农业人口，从事农业生产。秦朝后又连接秦、赵、燕三国昔日修筑的长城并进行扩建，秦长城号称万里长城。

战国时期至秦朝修筑的长城基本上位于古代农业与牧业生产方式的分界线上。因此，长城可以被认为是骑兵、长城、边郡防御体系中不变的因素，即“静态因子”。之所以称长城为“静态因子”，是因为以长城为主的防御线包括许多战略位置十分重要的要塞，这些要塞的地理位置是不变的。如高阙塞（今内蒙古乌拉特前旗大坝沟口，另一说是乌拉特中旗石兰计山口）、阳山（今内蒙古巴彦淖尔市临河区西北狼山）、北假（约当今乌加河与阴山夹山带河地带）。秦军在这些战略要地上“筑亭障以逐戎人”③。

当时“‘河南地’的生态环境远比现在要好”④，比现在更加适合进行农业生产。秦始皇曾于公元前211年，迁徙三万户百姓于北河（今乌加河）、榆中（今内蒙古鄂尔多斯市伊金霍洛旗以北）进行农业生产。在边郡地区进行农业生产，自然是为了给戍边的军队提供粮食。在军队兵种配置方面，“秦代仍有车兵。至于骑兵，则是不可或缺的兵种”⑤，那么，戍边的军队中应该具有一定数量的骑兵。骑兵的特点即是迅速、快捷。秦始皇为了沟通京师与北方边郡的联系，下令修建直道，“除道，道九原抵云阳，斩山堙谷，直通之”⑥。这样一来，无论运兵与运粮都变得极为方便。

由此，秦朝建立后，在与游牧民族相邻的地区精心构建起了骑兵、长城、边郡互为支撑的完整防御体系。这一防御体系的形成，对中原王朝与北方游牧部落都有着十分重大的历史意义。对于中原王朝而言，形势上似乎变

---

① ［美］拉铁摩尔：《中国的亚洲内陆边疆》，唐晓峰译，江苏人民出版社 2010 年版，第 278 页。
②③ 〔汉〕司马迁：《史记》，中华书局 2014 年版，第 323 页。
④ 张久和主编：《内蒙古通史》第一卷，人民出版社 2011 年版，第 117 页。
⑤ 柳剑鸣：《秦汉史》，上海人民出版社 2003 年版，第 119 页。
⑥ 〔汉〕司马迁：《史记》，中华书局 2014 年版，第 326 页。

得安全了。对于北方的游牧部落来说，意味着在气候恶劣的困境下似乎更加难以获取中原的农副产品了。

骑兵、长城、边郡互为支撑防御体系的形成，使北方游牧部落变得“愈武装化，移动化、畜业化”[①]。半农耕半游牧的“戎狄部落”变成了单纯游牧的匈奴与东胡。正如王明珂所说的，“北方人群的游牧化，或说走向专化游牧，也在于他们与华夏帝国间的互动”[②]。

因此，用深受游牧文化影响建构的骑兵、长城、边郡三者合一互为支撑的防御体系来防御游牧民族的骑兵，或许只是给游牧民族南下提供了一个新平台而已。这一防御体系形成后，中原农耕文化与北方游牧文化之间的交融并没有被隔绝，反而有加强的趋势。匈奴政权的出现，正是诸戎狄部落政权合并的结果。匈奴是北狄诸部合并而来。当代的北方民族史学家马长寿、林幹、杨建新等均认同，游牧民族匈奴在其形成的过程中，吸收、融合了许多戎、狄部落。这样，中原诸国统一于一国，北方诸游牧部落政权也合并为匈奴政权。秦汉帝国与匈奴政权的出现，有利于中原农耕民族与北方游牧民族的大范围接触，进而有利于中原农耕文化与北方游牧文化之间的交流、碰撞、融合。

秦王朝仅仅传二世即灭亡。随着秦王朝的崩溃，中原大地刀兵四起，战火纷飞。昔日的六国贵族纷纷拥兵割据，中原重现分裂混战的局面。北方游牧诸部落合而为一，组成了强大的匈奴游牧帝国。西汉建立后，面对强大的匈奴政权，北部边疆陷入了巨大的危机之中。西汉王朝经过几代人的休养生息之后，为了解决北疆边患重新构建了骑兵、长城、边郡三者互相支撑的整体性防御体系。

① 王明珂：《华夏边缘：历史记忆与族群认同》，浙江人民出版社 2013 年版，第 124 页。

② 王明珂：《游牧者的抉择：面对汉帝国的北亚游牧部族》，广西师范大学出版社 2008 年版，第 78 页。

第二章　秦末汉初的北疆危机及其应对之策

秦末，“中国扰乱，诸秦所徙适戍边者皆复去，于是匈奴得宽，复稍度河南与中国界于故塞”[①]，而后冒顿单于乘“汉兵与项羽相距”[②]之时，“遂侵燕、代……得自强”[③]。当西汉王朝建立之始，北方的匈奴已经是拥有“控弦之士三十余万”[④]的强大政权。西汉从建立之日起，就不得不面对来自北方强邻的巨大压力。因此，西汉王朝的建立者采取了一系列的边防策略来应对北方强邻匈奴政权。西汉初期应对匈奴的边防策略可以分为封王戍边与和亲弭兵两项。这两项策略是相继、并列而行的，以白登之围为分段点。白登之围前，只有封王戍边；白登之围后，封王戍边与和亲弭兵并行。

第一节　西汉初期的封王戍边策略

西汉初期，面对北方强邻匈奴，汉王朝采取了一系列策略来加强北疆边防。西汉北疆的中东部区域为燕国与代国，“自雁门、太原以东至辽阳，为燕、代国”[⑤]。因此，燕、代之国便成为西汉实行封王戍边策略来抵御匈奴的前沿阵地。当时受封为燕、代之王的诸侯王中，既有异姓王，又有同姓王。

---

① 〔汉〕司马迁：《史记》，中华书局 2014 年版，第 2887—2888 页。

②③④ 〔汉〕司马迁：《史记》，中华书局 2014 年版，第 2890 页。

⑤ 〔汉〕司马迁：《史记》，中华书局 2014 年版，第 801—802 页。

这一现象说明了西汉初期封王戍边策略存在着严重的困境。西汉建立之初，刘邦分封异姓王本是不得已之举，在与项羽争夺天下时，“刘邦为争取同盟军，笼络一些有实力的将领，共同击灭项羽，曾被迫或自愿地分封了几个王”[①]。随着天下局势渐趋于安定，刘邦必然将对异姓王势力进行清除，但清除异姓王的行动会引起所有异姓王的不安，不论这些异姓王是刘邦被迫分封的还是自愿分封的。西汉初年，刘邦从多种原因考虑，分封异姓王于代、燕之国。这些受封的异姓王军事经验丰富，又有相当大的自主权。如果他们忠心于汉室，的确可以起到戍守边疆、安定边郡的作用。而如果他们投降匈奴，对西汉边疆一带造成的危害也是巨大的。刘邦废逐异姓王而改封同姓王，正是为了扭转这一困境。下文将从燕、代两国的异姓王受封与同姓王受封两方面来探讨分析西汉初期为抵御匈奴而实行的封王戍边策略。

一、封王戍边策略在燕国的实施

公元前 202 年，刘邦在诸大臣、将军的不断劝进下，“乃即皇帝位汜水之阳”[②]，而后论功行赏分封诸王，其中项羽时受封为燕王的臧荼仍为燕王[③]。项羽自立为西楚霸王后分封天下，以燕将军臧荼曾有“从楚救赵，因从入关”[④]之功为由，遂改封燕王韩广为辽东王，分封臧荼为燕王，国都为蓟。当时，匈奴“诸左方王将居东方，直上谷以往者”[⑤]。这样，燕国就直面匈奴左贤王与其他贵族的部落，处在西汉北疆东部防御匈奴的前沿阵线。正是因为燕国在当时处于如此重要的防御战线之上，所以刘邦在平灭臧荼的叛乱之后，派出了与自己从小一起长大的卢绾继任燕王位。在西汉开国的诸位大

---

① 林剑鸣：《秦汉史》，上海人民出版社 2003 年版，第 254 页。

② 〔汉〕司马迁：《史记》，中华书局 2014 年版，第 379 页。

③ 西汉前期燕国的疆域辖郡，参见周振鹤：《中国地方行政制度史》，上海人民出版社 2005 年版，第 43—44 页。

④ 〔汉〕司马迁：《史记》，中华书局 2014 年版，第 316 页。

⑤ 〔汉〕司马迁：《史记》，中华书局 2014 年版，第 2891 页。

臣中,“至其亲幸,莫及卢绾”[①]。卢绾受封燕王后,“诸侯王得幸莫如燕王”[②]。

臧荼因何反叛西汉,因史料记载欠缺,不得其实。可以肯定的是燕王卢绾的反叛与西汉初期实行封王戍边的策略相关。西汉初期刘邦分封异姓诸侯王,实在是不得已之举,随着国内局势渐趋稳定,其必然会逐一减灭异姓诸侯王。地处边疆的异姓王是否在清除之列,不得而知。不过,刘邦实行封王戍边策略,自然是希望边塞之地的诸侯王能靖边卫国,使边界安宁。但是随着刘邦在内地逐一减灭诸侯王行动的升级,这必然会引起代、燕之地诸侯王的警觉,进而演变为叛乱行为。因为西汉初期的异姓王“都是被刘邦的政策逼上绝路而死灭或逃亡的”[③]。

卢绾作为燕王,执行刘邦的封王戍边策略应该是成功的,从“公所以重于燕,以习胡事也”[④],可见卢绾熟悉匈奴骑兵的战法,戍守边疆有方。当时异姓王的权力诱人,卢绾在当燕王之后,心中有了欲“得长王燕”[⑤]的想法。这可能是后来卢绾被逼叛乱的主要原因。在西汉开国的诸位功臣中,“卢绾原与刘邦情同手足”[⑥]。汉高祖十二年(前195年),高祖诏令卢绾进京面圣。卢绾以身体不适为由推却,而后与身边亲近的大臣说,“非刘氏为王者,独我与长沙耳……今上病,属任吕后。吕后妇人,专欲以事诛异姓王者及大功臣”[⑦]。卢绾的这一说法中透露出其对可能失去燕王之位的忧虑,进而担忧有性命不保之患。通过后来卢绾病逝,“卢绾妻子亡降汉”[⑧],吕后欲亲自接见,只是因为“会高后病,不能见”[⑨]来看,吕后应该对卢绾及其家人有一定的感情,因此是否卢绾进京就会被诛杀是有疑问的。卢绾毕竟不同于其他异姓王,虽然他不肯全力助刘邦平陈豨之乱,但是也不会轻易叛汉,“燕王绾悉将其宫人家属骑数千居长城下,候伺,幸上病愈,自入谢”[⑩]。西汉初期的燕

①② 〔汉〕司马迁:《史记》,中华书局2014年版,第2637页。

③ 孟祥才:《先秦秦汉史论》,山东大学出版社2011年版,第263页。

④⑤⑦ 〔汉〕司马迁:《史记》,中华书局2014年版,第2638页。

⑥ 林剑鸣:《秦汉史》,上海人民出版社2003年版,第261页。

⑧⑨⑩ 〔汉〕司马迁:《史记》,中华书局2014年版,第2639页。

王卢绾尾大不掉及其叛逃事件，说明了封王成边策略存在着严重的困境。卢绾叛逃后，皇子刘建被封为新燕王。封王成边策略中的王由异姓王变为同姓王是否就能逆转困境了呢？

二、封王成边策略在代国的实施

刘邦在称帝的第二年（前 201 年），下诏“徙韩王信王太原以北”①，这样韩国就由颍川郡搬到了太原郡。迁徙韩国的正当理由是“上以韩信材武”②，所以“徙信以备胡”③。真正的原因是刘邦“以为信壮武”④且韩王信“所王北近巩、洛，南迫宛、叶，东有淮阳，皆天下劲兵处”⑤。迁徙韩国之初，定晋阳为韩国都城，但韩王信上书要求改都于马邑，此举正是为了执行西汉王朝的“封王成边”策略，“国被边，匈奴数入，晋阳去塞远，请治马邑”⑥。

公元前 201 年秋，冒顿单于率匈奴骑兵南下，围困韩王信于马邑，韩王信多次派使臣赴冒顿单于的军营中求和。西汉朝廷听闻匈奴骑兵大肆进犯，围困马邑，遂发兵救援。同时，因为韩王信的私人使者数次往返于马邑与匈奴军营之间，刘邦怀疑韩王信有反叛之心，于是派使臣下诏书痛斥韩王信，“专死不勇，专生不任，寇攻马邑，君王力不足以坚守乎？安危存亡之地，此二者朕所以责于君王”⑦。韩王信接诏书后，心怀恐惧，恐遭诛杀，索性与冒顿单于连兵，献马邑，邀冒顿共同攻略汉地。韩王信以前的封地要远远好于迁徙后的封地，其心中本已有怨言，在刘邦严厉的训斥下，韩王信难免想起被刘邦诛杀的异姓王，便一不做二不休，叛汉归降匈奴。冒顿单于得到韩王信的帮助，一路势如破竹，匈奴骑兵南下越过句注山，攻入太原郡，兵锋直至晋阳城下。韩王信叛逃事件，同样说明汉初封王成边策略存在着严重的困境。

韩王信叛汉与匈奴连兵劫掠西汉郡县，后来西汉方面击退韩王信，平定

---

①②⑤⑥ 〔汉〕司马迁：《史记》，中华书局 2014 年版，第 2633 页。

③④ 〔汉〕班固：《汉书》，中华书局 1962 年版，第 1853 页。

⑦ 〔汉〕班固：《汉书》，中华书局 1962 年版，第 1854 页。

代国一带。刘邦分封次兄刘仲[1]为代王，“以云中、雁门、代郡五十三县立兄宜信侯喜为代王”[2]。刘仲无领兵御敌之才，在匈奴骑兵进攻代国时，丢城弃地，狂奔至洛阳。刘邦念及兄弟之情，赦免其罪，废去代王改封为合阳侯。刘邦称帝后，宠爱戚夫人，遂封其子刘如意为代王。

西汉逐渐收复代地后，济阴郡宛句县人陈豨被封为列侯，“以赵相国将监赵、代边，边兵皆属焉”[3]。此时的陈豨虽然无代王之名，却有代王之实。贾谊在奏疏中便将陈豨与卢绾并列：“卢绾王燕，陈豨在代”[4]。陈豨从少年时期起便奉战国四公子之一的信陵君为榜样，领重兵戍守边疆时，“招致宾客而下士，名声过实”[5]。当时的赵国相周昌见陈豨出行相随的宾客乘车达千余乘，遂上书刘邦，“具言豨客盛甚，擅兵于外数岁，恐有变”[6]。刘邦派人彻查陈豨宾客“居代者财物诸不法事”[7]，这些事多牵扯到陈豨。而后，刘邦下诏召陈豨入京，陈豨称病推脱不往。恰逢韩王信派心腹前来游说，“信令王黄等说误陈豨”[8]，陈豨遂起兵反汉，自立为代王。陈豨的叛逃事件再次说明此时的封王戍边策略存在着严重的困境。陈豨被诛杀后，西汉虽然重新收复代国之地，但边境仍然常常遭受刀兵之灾。平灭陈豨之乱后，刘邦“立子恒以为代王，都晋阳”[9]。但此时的代国辖境大幅向南收缩，“代地居常山之北，与夷狄边……远，数有胡寇，难以为国。颇取山南太原之地益属代……则代受边寇益少矣”[10]。

分封异姓王实行戍边策略有着很大的困境，换作分封同姓王来戍边依然存在困境，如代王刘仲遇战弃国。由此，作为西汉的开创者，刘邦心中可

---

① 据荀悦《汉纪》记载：刘邦次兄，曰喜，字仲。见该书中华书局 2002 年版，第 40 页。
② 〔汉〕班固：《汉书》，中华书局 1962 年版，第 61 页。
③ 〔汉〕司马迁：《史记》，中华书局 2014 年版，第 3182 页。
④ 〔汉〕班固：《汉书》，中华书局 1962 年版，第 2233 页。
⑤ 〔汉〕司马迁：《史记》，中华书局 2014 年版，第 3185 页。
⑥ 〔汉〕司马迁：《史记》，中华书局 2014 年版，第 3182—3183 页。
⑦ 〔汉〕司马迁：《史记》，中华书局 2014 年版，第 3183 页。
⑧ 〔汉〕司马迁：《史记》，中华书局 2014 年版，第 3177 页。
⑨ 〔汉〕司马迁：《史记》，中华书局 2014 年版，第 484 页。
⑩ 〔汉〕班固：《汉书》，中华书局 1962 年版，第 70 页。

能已经在思索其他行之有效的戍边策略来代替封王戍边策略。

第二节　西汉初期的和亲弭兵策略

白登之围事件可以说是西汉初期实行何种北疆边防策略的转折点。此后，白登之围前实行的封王戍边策略由主变次，作为和亲弭兵策略的辅助策略而存在。白登之围事件后，西汉以刘氏宗亲之女假公主之名远嫁匈奴与冒顿单于和亲。双方和亲后，罢刀兵而开互市。由此，和亲弭兵策略成为西汉初期北疆边防抵御匈奴的主要策略。和亲弭兵的策略是在什么样的情况下提出的？除了和亲弭兵的策略之外，西汉又为北疆的长治久安提出了哪些良策？这是本节重点讨论的问题。

一、和亲策略的提出

中国古代的和亲[①]，班固认为始于汉初刘敬给汉高祖的建议，“和亲之论，发于刘敬”[②]。战国时期，赵简子嫁女为代王夫人，后来即位的赵襄子乘代王来吊唁赵简子之机，设局将代王谋杀，而后夺其国。这或许是中国古代和亲的开始，以和亲之名，谋夺他人之国。中国古代的和亲大致分为三类：一、以和亲之名，谋夺人之国；二、通过和亲来结盟；三、通过和亲来避免战争，进行和平交往。

西汉与匈奴和亲之后的相当一段时间内，双方基本上没有发生过大的军事冲突。关于西汉方面出台和亲政策的来龙去脉是很值得探究的。白登

① 崔明德认为，中国古代的和亲在先秦时期已经出现，名实相符的和亲则是从西汉时期开始。崔明德按功能和性质分和亲为七种：安边型、结交军事同盟型、分化瓦解少数民族政权型、借兵及酬恩报德型、发展关系型、巩固盟好型、政治联盟型。详见崔明德：《中国古代和亲通史》，人民出版社2007年版，第6—12页。

② 〔汉〕班固：《汉书》，中华书局1962年版，第3830页。

之围时，高祖刘邦“为匈奴所围，七日，用陈平秘计得出”[①]。这里的秘计，有的学者认为可能是汉朝对匈奴许下要和亲的意愿。[②] 秘计中是否包含和亲的成分姑且不论，汉高祖时期对匈奴的和亲与白登之围确有紧密的联系。“是时天下初定，新遭平城之难，故从其言，约结和亲，赂遗单于，冀以救安边境。”[③]由这则史料可知，高祖对匈奴实行和亲策略的缘由，既有天下初定，“民亡盖臧”[④]的窘境，又有对和匈奴开战的恐惧，因为白登之围期间，刘邦几乎做了匈奴的俘虏。白登之围后，西汉王朝统治集团意识到，当下西汉暂时无力与匈奴进行大规模的战争。当代很多学者均赞同此观点。[⑤] 对匈奴实行和亲策略可能还有一个重要原因，即封王戍边策略存在着严重的困境。这种困境进一步演变为了严重的边疆危机。北方强邻匈奴“一度和西汉王朝内部诸侯王的反叛形成了联合的趋势”[⑥]，因此西汉王朝必须推出一项行之有效的策略来突破封王戍边策略产生的困局。

当时的西汉可以说是内忧外患并存，在均衡考量多种原因之后，西汉王朝面对“数苦北边”[⑦]的匈奴不能打，只能和。要和只能是和亲，唯有“以公主嫁与匈奴单于才被认为是‘和亲’，只有实现‘和亲’，才可弭兵”[⑧]。和亲策略在当时来说是一种约束双方的盟约，“高帝乃使刘敬奉宗室女公主为单于阏氏，岁奉匈奴絮缯酒米食物各有数，约为昆弟以和亲，冒顿乃少止”[⑨]。汉匈双方实现和亲对农耕民族与游牧民族之间的交流、融合有着积极的意义。“双方均愿意维护‘兄弟之国’与‘和亲’关系，均希望通过两方的努力及和好关系的维持能够促使各自国内社会的安定和经济的发展，由此能使人

---

① 〔汉〕班固：《汉书》，中华书局 1962 年版，第 63 页。

② 参见武沐：《匈奴史研究》，民族出版社 2009 年版，第 118 页。

③ 〔汉〕班固：《汉书》，中华书局 1962 年版，第 3830—3831 页。

④ 〔汉〕班固：《汉书》，中华书局 1962 年版，第 1127 页。

⑤ 参见林剑鸣：《秦汉史》，上海人民出版社 2003 年版，第 285 页；张久和主编：《内蒙古通史》第一卷，人民出版社 2011 年版，125 页。

⑥ 武沐：《匈奴史研究》，民族出版社 2009 年版，第 25 页。

⑦ 〔汉〕司马迁：《史记》，中华书局 2014 年版，第 2719 页。

⑧ 武沐：《匈奴史研究》，民族出版社 2009 年版，第 118 页。

⑨ 〔汉〕司马迁：《史记》，中华书局 2014 年版，第 2895 页。

民安居乐业”[①]。如此，汉匈之间通过和亲基本上实现了双方之间和平交往，也就是说和亲实现了弭兵，同时，这也证明了和亲弭兵策略的可行性。

二、和亲弭兵策略的辅助措施

西汉王朝在对匈奴政权实行和亲的同时，并未放弃此前实行的封王戍边策略。汉高祖十一年（前 196 年），封皇子刘恒为代王；十二年（前 195 年），封皇子刘建为燕王。

在西汉王朝内部，关于对匈奴战还是和，一直都处在激烈的争论中。赞成和亲者认为和亲对双方均有利，可以互市，“交有无，自单于以下，皆亲汉内附，往来长城之下”[②]。反对者认为和亲可能导致“恐民之愉佚而亡戒难”[③]，并主张加固边城，训练军队，以武力卫国。“故兵革者国之用，城垒者国之固也；而欲罢之，是去表见里，示匈奴心腹也。匈奴轻举潜进，以袭空虚，是犹不介而当矢石之蹊，祸必不振。此边境之所惧，而有司之所忧也。”[④]在西汉朝堂之上不乏主战者，如贾谊曾上书：“行臣之计，请必系单于之颈而制其命”[⑤]。

因此，西汉王朝在实行和亲弭兵为主，封王戍边为辅的边防策略之时，亦着手加强武备，大力扶持养马业，“如淳曰：‘汉仪注太仆牧师诸苑三十六所，分布北边、西边。以郎为苑监，官奴婢三万人，养马三十万匹’”[⑥]，开始组建强大的骑兵队伍。汉文帝十四年（前 166 年）冬，匈奴骑兵南下侵汉。汉文帝组织军队予以反击，其中“车千乘，骑卒十万人”[⑦]。同时汉文帝决定御驾亲征，“上亲劳军，勒兵，申教令，赐吏卒。自欲征匈奴”[⑧]。早在汉文帝三年（前 177 年），汉文帝巡行太原，便欲亲自率军北击匈奴，“帝之代，

---

① 张久和主编：《内蒙古通史》第一卷，人民出版社 2011 年版，第 101 页。

②③④ 北京钢铁学院冶金系工农兵学员译注：《盐铁论译注》，冶金工业出版社 1975 年版，第 392 页。

⑤ 〔汉〕班固：《汉书》，中华书局 1962 年版，第 2242 页。

⑥ 〔汉〕班固：《汉书》，中华书局 1962 年版，第 150 页。

⑦ 〔汉〕班固：《汉书》，中华书局 1962 年版，第 125 页。

⑧ 〔汉〕班固：《汉书》，中华书局 1962 年版，第 125—126 页。

欲自击匈奴”①。汉文帝数次欲亲率大军北上抗击匈奴，应该与其曾为代王有关。因为“代地，是高帝时西汉王朝与匈奴作战的主战场，又长期承担着抗御匈奴主力的边防重任”②。可见，此时西汉王朝已经有相当数量的骑兵。

但总的来说，和亲弭兵还是这一时期西汉执行的主要边防策略。从汉高祖九年（前 198 年），西汉王朝第一次嫁公主与匈奴单于和亲到马邑之谋前，西汉共有六位“公主”远嫁匈奴。③

西汉王朝建立之初，即处在北方强邻匈奴政权的威胁之下。西汉北疆边防是汉朝防务的重中之重。西汉初建，高祖刘邦不得不分封一批异姓王。此时，迁徙异姓王到边地戍守，未尝不失为一种“良策”，因其可一举两得。但也可能适得其反。熟知西汉军事的韩王信与卢绾的背叛，给汉朝边疆地区带来的影响是巨大的。新分封的刘氏宗亲根本无法阻挡匈奴与熟知汉军作战方式将领的联合进攻。因此，修正封王戍边策略是必要的。在汉朝君臣的审时度势之下，影响中国历史两千年的和亲政策出台了。和亲策略对依靠不同生产方式生存的民族之间的交流与融合有着积极的历史意义。

游牧经济有着不可避免的脆弱性，匈奴政权以游牧经济为主，而“其游牧经济中必要的牲畜与人力均经常不足”④，所以在全民皆兵的匈奴，即使是在汉匈双方实行和亲弭兵，以和平交流为主的时期，一些部落为了生存，依然会时不时骑马南下劫掠。西汉王朝面对这一现象，决定用发展骑兵来应对。由此，西汉在以和亲弭兵边防策略为主的同时，继续以实行封王戍边策略再加发展骑兵的策略为辅。

---

① 〔汉〕班固：《汉书》，中华书局 1962 年版，第 120 页。

② 王子今：《秦汉边疆与民族问题》，中国人民大学出版社 2011 年版，第 65 页。

③ 详情参阅李大龙：《汉代中国边疆史》，黑龙江教育出版社 2014 年版，第 28 页。

④ 王明珂：《游牧者的抉择：面对汉帝国的北亚游牧部族》，广西师范大学出版社 2008 年版，第 141 页。

第三章　骑兵、长城、边郡一体防御体系的重构

西汉经过七十多年的休养生息之后，国强民富。汉武帝本人又是一位雄才大略的皇帝。于是，对匈奴用兵便提上了议事日程。对匈奴用兵，骑兵是首选军种。汉武帝时期，骑兵发展迅猛，已经成为汉军中的第一主力兵种。① 此时，西汉骑兵装备精良，战斗力得到极大的增强。② 西汉建立之初，严重缺马，汉天子尚"不能具钧驷"③。而到武帝时期，西汉官方与民间的养马业都极度繁荣，"众庶街巷有马，阡陌之间成群"④。汉武帝出于大规模反击匈奴的需要，继续鼓励发展养马业，"天子为伐胡，盛养马"⑤。长沙马王堆三号汉墓出土的《相马经》，正说明了当时西汉朝野上下对养马业的重视。

这一时期，西汉的骑兵部队多次主动北击匈奴。如：元光五年（前 130 年）车骑将军卫青从上谷郡北击匈奴；轻车将军太仆公孙贺从云中郡北击匈奴；骑将军大中大夫公孙敖从代郡北击匈奴；骁骑将军卫尉李广从雁门郡北击匈奴。这四路各为精骑一万。元朔元年（前 128 年），车骑将军卫青率领三万骑兵出雁门郡北击匈奴。元朔五年（前 124 年），车骑将军卫青从高阙塞北击匈奴，率领精骑三万。元狩二年（前 121 年），骠骑将军冠军侯霍去病率领一万骑兵出陇西郡攻击匈奴。元狩四年（前 119 年），大将军卫青与骠

---

① 黄朴民：《先秦两汉兵学文化研究》，中国人民大学出版社 2010 年版，第 261 页。
② 黄朴民：《先秦两汉兵学文化研究》，中国人民大学出版社 2010 年版，第 262 页。
③ 〔汉〕司马迁：《史记》，中华书局 2014 年版，第 1711 页。
④ 〔汉〕司马迁：《史记》，中华书局 2014 年版，第 1714 页。
⑤ 〔汉〕司马迁：《史记》，中华书局 2014 年版，第 1719 页。

骑将军霍去病分别率领五万骑兵，深入大漠追击匈奴首领单于。元狩四年的这次大战，说明西汉的骑兵部队已经是一支装备精良、作战剽悍、骑射技艺高超的军队，已经具备了与“草原上‘天然’的骑士相抗衡”的实力。[①]

西汉骑兵部队在战场上取得的胜利，暂时扼制了匈奴骑兵的南下。汉武帝开始着手修缮、建造长城，同时增设边郡。元朔二年(前 127 年)，汉匈之间爆发了争夺河南地的大战，汉军获胜后，在河南地一带筑城设置了朔方郡。著名的要塞鸡鹿塞(故址在今内蒙古杭锦后旗西[②])就属朔方郡管辖。朔方郡的设置，迫使匈奴完全放弃了河南地，撤兵至阴山以北。西汉修缮、加固了秦朝修筑的长城，用来防御匈奴骑兵。同时，出于战略考虑，西汉方面“弃上谷之什僻县造阳地以予胡”[③]。西汉王朝于上谷郡造阳县东边新修筑了一段长城，“这道长城一般被称作汉长城，有人为了区别于其他的汉长城，也称之为汉武帝长城”[④]。后晓荣认为，造阳即上谷郡治沮阳(今河北怀来县大古城遗址)，燕国与秦代为上谷郡造阳，汉代则是上谷郡沮阳。[⑤] 景爱认为，汉代于长城附近多修建烽燧，这是前代王朝没有的。[⑥] 随着西汉对匈奴打击力度的加强，西汉边防线不断向北推移。太初二年(前 103 年)，赵破奴率领两万骑兵，兵出朔方郡，北至两千余里的地方。由此可见武帝时期汉军北上攻击匈奴之力度。太初三年(前 102 年)，汉光禄卿徐自为奉皇命于五原塞北边数百里或千余里处，“筑城障列亭，至庐朐”[⑦](庐朐位于今蒙古国翁金河流域)。徐自为奉命修筑长城的史实不仅见载于《汉书·匈奴传》，而且见载于《汉书·武帝纪》中。这段长城，被我国的考古学家称为汉代外长城之北长城。太初三年(前 102 年)秋，匈奴骑兵大举南下，“行坏光禄所筑亭障”[⑧]。西汉王朝在徐自为修筑长城的南边修筑了另一条长城，即被考古

① [美]拉铁摩尔：《中国的亚洲内陆边疆》，唐晓峰译，江苏人民出版社 2010 年版，第 47 页。
② 林斡：《匈奴史》，内蒙古人民出版社 2007 年版，第 61 页。
③ 〔汉〕司马迁：《史记》，中华书局 2014 年版，第 3512 页。
④ 张久和主编：《内蒙古通史》第一卷，人民出版社 2011 年版，第 478 页。
⑤ 后晓荣：《秦代政区地理》，社会科学文献出版社 2009 年版，第 374 页。
⑥ 景爱：《中国长城史》，上海人民出版社 2006 年版，第 183—184 页。
⑦ 〔汉〕班固：《汉书》，中华书局 1974 年版，第 3241 页。
⑧ 〔汉〕班固：《汉书》，中华书局 1974 年版，第 3242 页。

学界称为汉外长城之南长城的一段长城。汉外长城之南长城的西端至居延塞。汉外长城南、北两段长城“之间相距 2.5—50 公里”①。

汉武帝在大规模修筑长城的同时,也增设边郡,用来加强西汉军队进攻与反击的能力。汉武帝在河南地大捷后设置朔方郡,自然是为了加强西汉边防的防御力。因为河南地对于西汉王朝与匈奴政权的任一方都是十分重要的。邱树森认为,初期,聚合诸游牧部落于匈奴政权之下时的单于王庭就应该位于河南地一带。② 河南地与秦汉京师长城相距不远,匈奴若占据此地,会对长安造成极大的威胁。驻扎于河南地的匈奴骑兵“去长安近者七百里”③。武帝设置朔方郡,即是为了缩小郡的面积,增加边防部署的军队。从军事防御层面来看,朔方郡的设置有利于西汉王朝加强边防的横向防御力。朔方郡设置后,匈奴骑兵仍多次大规模南下。西汉于元朔四年(前 125 年)设置西河郡。西河郡辖境东西窄而南北长。这样的形状有利于西河王朝加强北部防线的纵向防御力。另外,西汉还在朔方、西河等进行大规模移民屯田,“徙贫民……充朔方以南新秦中,七十余万口”④。《孙子兵法·军争篇》云:“军无粮则亡”。西汉在朔方、西河一带,开渠引河水灌溉农田以保障粮食生产,“朔方、西河……引河水及川谷以溉田”⑤。西汉在河南地一带的农业生产,为戍边将士提供了军粮保障。

汉武帝时期,西汉通过军事进攻与军事工程相结合的一系列军事行为,重新建立了骑兵、长城、边郡互为支撑的边防体系。元封元年(前 110 年),汉武帝从长安至云阳,向北巡视上郡、西河、五原诸郡,出长城关隘,到朔方郡,于北河岸,率领十八万精锐骑兵,“旌旗径千余里”⑥,西汉强大的骑兵部队对匈奴起到巨大的威慑作用。

骑兵、长城、边郡相互支撑的防御体系,融进攻与防御为一体。这一体

---

① 张久和主编:《内蒙古通史》第一卷,人民出版社 2011 年版,第 480 页。
② 邱树森:《两汉匈奴单于庭、龙城今地考》,《社会科学战线》1984 年第 2 期,第 145—146 页。
③ 〔汉〕司马迁:《史记》,中华书局 2014 年版,第 3293 页。
④ 〔汉〕司马迁:《史记》,中华书局 2014 年版,第 1720 页。
⑤ 〔汉〕司马迁:《史记》,中华书局 2014 年版,第 1705 页。
⑥ 〔汉〕班固:《汉书》,中华书局 1974 年版,第 164 页。

系应用于北部边疆防御是非常有效的。但是，骑兵、长城、边郡互为支撑的防御体系，对国力的耗损也是巨大的，“功费愈甚，天下虚耗”①。河南地战役中，西汉“费数十百巨万”②，以至于“府库益虚”③。西汉对匈奴主动发起的战争中，战马的耗损巨大，如元狩四年（前 119 年），大将军卫青与骠骑将军霍去病分兵北击匈奴时，马匹消耗巨大，“汉军马死者十余万匹”④。同时，大司农上奏汉武帝，“赋税既竭，不足以奉战士”⑤。为了弥补边防费用的不足，汉武帝时期实行了盐铁专营制度，“边用度不足，故兴盐铁，设酒榷，置均输，蕃货长财，以佐助边费”⑥。关于盐铁由官府专营，反对者不少，“立盐铁，始张利官以给之，非长策也。故以罢之为便也”⑦。

骑兵、长城、边郡互为支撑的防御体系对北方的游牧政权匈奴而言，伤害也是巨大的。“匈奴民众死伤而去者，及畜产远移死亡不可胜数”⑧。王明珂认为，匈奴方面因为得不到中原的物资补充迅速衰落。因此，匈奴方面迫切地需要突破西汉王朝构筑的骑兵、长城、边郡互为支撑的防御体系，这一防御体系即是阻碍匈奴获取中原物资的封锁线。无论采取南下掠夺还是归降汉朝或是与汉朝和亲，对于匈奴方面来说，“无论是匈奴国家或个别部落、个人，都有此迫切需求”⑨。

---

① 〔汉〕班固：《汉书》，中华书局 1974 年版，第 1042 页。

②③ 〔汉〕司马迁：《史记》，中华书局 2014 年版，第 1716 页。

④ 〔汉〕司马迁：《史记》，中华书局 2014 年版，第 1723 页。

⑤ 〔汉〕班固：《汉书》，中华书局 1974 年版，第 1059 页。

⑥ 北京钢铁学院冶金系工农兵学员译注：《盐铁论译注》，冶金工业出版社 1975 年版，第 2 页。

⑦ 北京钢铁学院冶金系工农兵学员译注：《盐铁论译注》，冶金工业出版社 1975 年版，第 4 页。

⑧ 〔汉〕班固：《汉书》，中华书局 1974 年版，第 3250 页。

⑨ 王明珂：《游牧者的抉择：面对汉帝国的北亚游牧部族》，广西师范大学出版社 2008 年版，第 153 页。

第四章 骑兵、长城、边郡一体防御体系与族群间的文化交融

骑兵、长城、边郡互为支撑的防御体系中，骑兵是最早出现的因子，也是最机动、活动范围最大的因子，因此可以认为是这一体系中的动态因子。长城对游牧骑兵的防御作用是明显的。“当遇到游牧民族骑兵大兵团进攻时，长城可以起到消耗、迟滞敌人，争取防御部署时间的作用”①。自战国至秦汉时期，长城的修筑基本依农业与牧业的分界线而行。因此，在骑兵、长城、边郡的防御体系中，长城的变化是最小的，可以认为是这一体系中的静态因子。与长城相比，边郡的辖境变化要大于长城的位置变化。而与骑兵相比，边郡就可以认为是近于静止不动的。因此，边郡可以被认为是骑兵、长城、边郡互为支撑防御体系中半动态半静态的因子。事实证明，边郡的静态大于动态。

骑马是游牧文化的一部分，并且是游牧文化中的精华部分。因而骑兵首先出于游牧部落中。骑兵在那个时代具有来去如风的机动性。即使是训练有素的战车兵与步兵，面对骑兵也几乎无能为力。游牧部落赖以生存的游牧生产方式受自然地理环境的限制甚大。因此，每当游牧区域出现自然灾害时，全民皆可谓骑士的游牧部落在生存压力下便会倾全力南下，掠夺农耕世界。即使没有生存压力，游牧部落为了生活所需的物品，也会挥鞭南下。由于游牧骑兵具有超强的机动性，农耕世界已经具有的作战兵种根本

---

① 董耀会：《长城的崛起》，北京大学出版社 2012 年版，第 76 页。

无法与之抗衡。为了应对游牧世界骑兵出现之后，北方游牧部落对中原诸侯国、王朝的极具震撼的冲击力，农耕世界只能效仿游牧世界，吸收、借鉴、利用游牧文化中的精髓——“骑马”文化，以骑兵来抗衡骑兵。中原诸侯国、王朝的骑兵部队是在充分吸收游牧文化之后组建的。赵国“胡服骑射”改革，开启了中原诸侯国组建成建制骑兵部队的先河。但是，北方游牧政权的骑兵在与中原王朝的骑兵作战时，依然有着中原骑兵无法比拟的优势。《盐铁论》中记载有匈奴骑兵的优势，“匈奴之地广大，而戎马之足轻利，其势易骚动也。利则虎曳，病则鸟折，辟锋锐而攻罢极”①。面对匈奴骑兵的优势，汉朝北击匈奴时，出动骑兵数量少则不能达到有效打击的目的；出动骑兵数量多时，则百姓承担的赋役太重。同样，中原骑兵也有着游牧骑兵无法比拟的优势，即拥有可以阻挡、减缓游牧骑兵南下中原的长城与进可攻退可守的军事基地(边郡)。因此，游牧骑兵“可以在草原上击败汉军”②，却很难突破中原王朝花费巨大人力、物力组建的骑兵、长城、边郡互为支撑的防御体系。无法获得中原的物资，在发生自然灾害时，匈奴政权内部就会产生巨大的离心力。

西汉构建骑兵、长城、边郡互为支撑的防御体系，意在隔绝北方游牧世界对中原王朝的骚扰、劫掠。但是，骑兵、长城、边郡互为支撑的防御体系本身就是在游牧文化影响下出现的。这一体系的形成，或许可以短暂地阻碍游牧部落与中原王朝的大规模交流、碰撞，但从长远来看，则会促进双方的交融。布罗代尔在其所著的《文明史纲》中，这样描述文明之间的相互学习与借鉴：“各种文明都在不停地借鉴它们所邻近的文明”③。根据他的描述，人类历史上没有一种文明会独立发展而不与周边文明发生交集。这就是时下学界中非常著名的“文明互动说”理论。在中国大地上，从远古传说中的炎黄时代起，中国的历史就是由从事不同生产方式的部落之间不断融合的

---

① 北京钢铁学院冶金系工农兵学员译注：《盐铁论译注》，冶金工业出版社 1975 年版，第 328 页。

② [美]巴菲尔德：《危险的边疆：游牧帝国与中国》，袁剑译，江苏人民出版社 2011 年版，第 74 页。

③ [法]布罗代尔：《文明史纲》，肖昶等译，广西师范大学出版社 2003 年版，第 49 页。

历史。夏商周、春秋战国、秦汉莫不如此。

作为骑兵、长城、边郡互为支撑防御体系中最活跃的因子，骑兵因其产生于游牧文化影响之下，也即天然具有优势，可以成为游牧部落依附中原王朝的媒介。

呼韩邪单于在与郅支单于争夺对匈奴的控制权中落败后，左伊秩訾王向其献策，劝其归附汉朝，获得汉室的支持，以达到掌控匈奴的目的。呼韩邪单于部下反对者人数众多，皆曰，汉朝虽然强大，但并不能制服兼并匈奴；如果依附汉朝，会有损先代单于们的威名，即使靠汉朝的力量夺得了匈奴政权，又“何以复长百蛮”[①]！左伊秩訾王淡然曰，此一时彼一时，现在汉朝正是强盛之时，西域诸国皆成为汉朝的藩属。况且匈奴自且鞮侯单于以来，国力日衰，已经不能和昔日相提并论。现在的形势是附汉就可以生存，不附汉就会灭亡，还计较什么先代单于们的威名以及能否统领其他游牧部落。在经过匈奴“诸大人相难久之”[②]后，呼韩邪听从左伊秩訾王的建议，依附西汉，以汉朝为后援来对抗郅支单于。呼韩邪单于并不是匈奴政权中归附汉朝最早的匈奴贵族。骠骑将军冠军侯霍去病曾招降浑邪王与休屠王部下四万部众。西汉迁徙这些匈奴部众于五边郡塞外，这五边郡为陇西、北地、上郡、朔方、云中五郡。[③] 西汉王朝对他们十分优待，“因其故俗，为属国”[④]。这些生长于草原上天然骑马战士的到来，对西汉的边防极为有利。因为这些匈奴骑兵的归附，西汉王朝减少了部署在边郡的士兵，减免了天下百姓的徭役、赋税。

因此，当被许多匈奴部众支持的呼韩邪单于来归附时，西汉上下甚是欢悦。汉朝皇帝对呼韩邪单于“宠以殊礼”[⑤]，呼韩邪在汉朝的地位高过了刘氏宗亲的诸侯王。受到如此优待，呼韩邪单于遂向汉皇上书，表示愿意居住在光禄塞外，为西汉戍边。西汉方面派长乐卫尉高昌侯董忠率领万余骑兵，留在呼韩邪身边，护卫南单于，并帮助其征讨不服从呼韩邪单于的匈奴贵

---

①②⑤ 〔汉〕班固：《汉书》，中华书局 1974 年版，第 3259 页。

③ 林幹：《匈奴史》，人民出版社 2009 年版，第 51 页。

④ 〔汉〕司马迁：《史记》，中华书局 2014 年版，第 3551 页。

族。由此,呼韩邪单于及其部下归附西汉并成为西汉精心构建的骑兵、长城、边郡互为支撑防御体系的一部分。

在骑兵、长城、边郡互为支撑的防御体系建立前后,中原诸侯国、王朝与游牧政权之间的交往可以分为三个阶段。骑兵源于游牧文化,中原骑兵的建置始于"胡服骑射"。因此,在这一体系建立之前和建立之初,中原诸侯国、王朝与游牧部落处于交流阶段。中原诸侯国、王朝学习游牧部落的骑射技艺;中原的传统文化也流传到了游牧部落地区。例如陈序经认为,汉朝皇帝自称天子,匈奴单于也自称天子,很可能匈奴是受到汉朝的影响所致。该防御体系建立后,双方处于碰撞阶段。碰撞是中原王朝力图避免的情况。由此,和亲弭兵与和亲结盟也作为辅助手段加入了骑兵、长城与边郡互为支撑的防御体系中。

西汉建立初期,汉高祖为了应对北方强大的匈奴政权,在没有大量骑兵的形势下,贸然举兵迎击匈奴,结果一败涂地。封王戍边策略无论由异姓王还是同姓王来执行,都不能杜绝匈奴骑兵的大规模南下。在综合考虑后,刘邦采用了刘敬的和亲建议。和亲不只是和亲,和亲之后,汉匈双方间进行贸易往来,"往者通关梁,交有无,自单于以下,皆亲汉内附,往来长城之下"①。西汉初期,对匈奴和亲后,汉朝与匈奴进行物资交流,互通有无,在一定程度上避免了战争。因此,可以称这一时期西汉与匈奴的和亲政策为弭兵型和亲。西汉与匈奴之间的"经济、文化联系通过'和亲''互市'始终未断"②。经济的交流会对生活方式产生影响,文化交流则会影响人的思想及价值观。杨建新认为,西汉与匈奴之间的经济、文化联系,对后来的南北匈奴分立有一定的影响。西汉与乌孙的和亲,则是为了争取在与匈奴的战争中,乌孙站在西汉这一边并助其一臂之力。因此,西汉与乌孙的和亲,可以称为结盟型和亲。

即使是在倾全力对匈奴用兵时期,汉武帝也是想早日结束征战,实现天

---

① 北京钢铁学院冶金系工农兵学员译注:《盐铁论译注》,冶金工业出版社 1975 年版,第 392 页。

② 杨建新:《中国西北少数民族史》,民族出版社 2009 年版,第 42 页。

下一统、四海升平的盛世气象。于是，武帝总是试图打垮匈奴，一劳永逸地解决北方游牧政权对汉北疆的威胁。但是，面对长城以北广袤的草原与万里无生灵的大戈壁，西汉王朝不能把在中原地区行之有效的管理体系照搬于此。同时，北方游牧政权在与中原王朝的战争中有着巨大的“地理上的优势”[①]。使得中原骑兵不可能达到汉朝统治者的意愿，消灭或打垮游牧政权。所以这是一个悖论，当骑兵、长城、边郡互为支撑的防御体系构建完成之后，中原王朝与北方游牧政权之间处于激烈的碰撞时期。而这一时期西汉王朝所做的一切只是想早点消灭匈奴，早日息兵。但是，这是不可能实现的。骑兵、长城、边郡互为支撑防御体系是在充分吸收、借鉴游牧文化成分的情况下建立而成的。因此，这一体系只能削弱匈奴政权，绝无彻底消灭匈奴政权的可能。若要消除匈奴政权对西汉的威胁，前提是必须在骑兵、长城、边郡互为支撑的防御体系中加入纯正的游牧文化成分。也就是说，这一体系不可能消灭游牧政权，但它可以吸收、融合游牧政权。呼韩邪单于的归降，使得为骑兵、长城、边郡互为支撑的防御体系注入纯正的游牧文化成为可能。

由此，骑兵、长城、边郡互为支撑的防御体系，就进入中原文化与北方游牧文化相互融合的新阶段。这也意味着骑兵、长城、边郡互为支撑的防御体系的真正形成。这一体系真正形成之后，变为了中原文化与游牧文化融合的平台，故而西汉王朝“北边自宣帝以来，数世不见烟火之警，人民炽盛，牛马布野”[②]。据上述史料可以看出，呼韩邪单于的归附，对中原王朝与游牧政权的意义都十分重大。双方百姓与部族安居乐业，经济生产蒸蒸日上。“牛马布野”应该是对游牧部落经济状况的描述。

---

① [美]巴菲尔德：《危险的边疆：游牧帝国与中国》，袁剑译，江苏人民出版社 2011 年版，第 70 页。

② 〔汉〕班固：《汉书》，中华书局 1974 年版，第 3282 页。

第五章　骑兵、长城、边郡一体防御体系与北方民族的关系

随着匈奴部分上层贵族与大量匈奴骑兵及其他游牧部落骑兵的加入，中原王朝骑兵、长城、边郡互为支撑的防御体系真正形成了。其真正形成的标志是，南迁内附中原王朝的游牧部落融入这一体系中，成为这一体系的一部分。因此，研究骑兵、长城、边郡互为支撑防御体系与归附中原王朝的北方游牧民族以及依旧存在的游牧政权之间的关系是至关重要的。这一关系应该包括三部分：一、大量游牧骑兵被任命使用；二、设置有管理监护归附游牧部落的职官机构；三、作为北方诸游牧部落首领的南匈奴单于移居中原王朝下辖的郡县居住。东汉时期，南单于归附后，单于庭曾三度迁徙，最后定居于两汉王朝北疆的重要边郡——西河郡辖下的美稷县。

第一节　中原王朝的游牧骑兵

从西汉时期起，汉朝便十分注意吸收游牧骑兵为其所有。据《汉书·百官公卿表》记载："长水校尉掌长水宣曲胡骑。又有胡骑校尉，掌池阳胡骑，不常置"[①]。王子今认为，西汉一朝"北边军事集团中胡汉军人联合作战的情

---

① 〔汉〕班固：《汉书》，中华书局1974年版，第680页。

形由来已久”[①]。下文将以两汉王朝主动迁移乌桓部落并大规模使用乌桓骑兵与东汉时期击溃北匈奴的大部分骑兵为游牧骑兵这两方面，说明两汉王朝任命使用大量游牧骑兵这一问题。

一、两汉时期的乌桓骑兵

骑兵是游牧民族崛起于蒙古草原，建立政权最主要的军事力量。中国古代北方的游牧民族，由于生存发展的需要，全民皆兵，“士力能弯弓，尽为甲骑”[②]。西汉时期，乌桓因所处的地域靠近匈奴与西汉，更因其“俗善骑射”[③]的民族传统，成为汉匈双方竞相拉拢的对象。

自从东胡被匈奴击溃后，作为东胡残部的乌桓“人众孤弱，为匈奴臣服”[④]。既然此时的乌桓臣服于匈奴，那么每当匈奴大军挥师南下侵汉时，即应该有一定数量的乌桓骑兵相随。因此，元狩四年（前 119 年），当骠骑将军霍去病攻破匈奴左地时，汉武帝鉴于过去乌桓曾跟随匈奴屡次侵扰西汉北疆一带的边郡，遂作出了迁徙乌桓部落于上谷、渔阳、右北平、辽西、辽东五郡塞外的决定。这次迁徙是乌桓历史上的第一次大规模南迁。西汉王朝南迁乌桓，意在争取乌桓骑兵为己所用，进而削弱匈奴主导下的“诸引弓之民，并为一家”[⑤]的政治、军事大联盟。

西汉南迁乌桓后，要求乌桓诸部的首领们一年朝觐汉天子一次，并设置护乌桓校尉一职，负责监护管理乌桓，“使不得与匈奴交通”[⑥]。西汉王朝希望乌桓骑兵只“为汉侦察匈奴动静”[⑦]。乌桓部落游牧于西汉边郡塞外，如果倒向匈奴一边，对汉边郡的危害极大，会严重影响汉边郡地区正常的生产、生活秩序。因此，乌桓常常利用其有利地域及汉匈两强对其骑兵的需求，左

---

① 王子今：《秦汉边疆与民族问题》，中国人民大学出版社 2011 年版，第 333 页。
② 〔汉〕司马迁：《史记》，中华书局 2014 年版，第 2879 页。
③ 〔汉〕陈寿：《三国志》，中华书局 1974 年版，第 832 页。
④ 〔汉〕陈寿：《三国志》，中华书局 1974 年版，第 833 页。
⑤ 〔汉〕司马迁：《史记》，中华书局 2014 年版，第 2896 页。
⑥⑦ 〔汉〕班固：《汉书》，中华书局 1974 年版，第 2981 页。

右逢源来谋求自己的利益。汉护军都尉赵充国曾与大将军霍光言:“乌桓间数犯塞”①。由此可知,乌桓曾不止一次利用自己有利的地理位置,协助匈奴进攻西汉的边郡。西汉出于北部边疆主要防范匈奴的原因,对乌桓采取容忍策略并常常帮助乌桓攻击匈奴。匈奴壶衍鞮单于时,乌桓部落在西汉的庇护下休养生息,实力渐盛。乌桓强盛(同时有强大的西汉王朝为其后盾),焉能不报其先祖东胡被匈奴击溃灭族之仇,于是挖掘捣毁了匈奴单于的祖坟。壶衍鞮震怒,遂发两万匈奴精骑,攻击乌桓。乌桓不敌,向西汉求援。西汉度辽将军范明友奉诏率领两万精骑,邀击匈奴。等汉兵至时,匈奴已经大败乌桓,得胜而还。范明友率汉军转而攻击乌桓,“乘其衰弊,遂进击乌丸②,斩首六千余级,获三王首还”③。西汉攻击乌桓,应该是乌桓在汉、匈奴之间依附不定所致;可能也有乌桓部落擅长骑射、骁勇善战,故而汉朝不能让乌桓过于强大的原因。此后,乌桓多次侵犯西汉幽州一带进行报复,但都被击退,“后数复犯塞,明友辄征破之”④。直到汉宣帝时期,乌桓与西汉的关系才重新缓和,从此之后乌桓亲近西汉而疏远匈奴,乌桓骑兵遂助汉戍边,抵御匈奴。

王莽谋篡西汉政权建立新王朝后,实行歧视游牧民族的政策,致使新朝与周边游牧政权关系恶化,边疆刀兵四起。其中新朝与匈奴之间更是战火连绵不绝。王莽征召乌桓骑兵准备攻击匈奴,被征召乌桓骑兵的妻子、儿女均被羁押在北部沿边郡县作为人质。乌桓骑兵水土不服,又担心长期戍边而无休憩返家之时,遂多次向王莽请求,允许乌桓骑兵将士回归家园,但王莽没有答应乌桓骑兵的请求。乌桓骑兵在多次上书无果后,自行散去各自回归驻地,返回途中,劫掠沿途郡县。新朝郡县官吏因此尽杀扣留的乌桓人质。乌桓“由是结怨于莽”⑤。此时,匈奴政权乘机向乌桓抛出橄榄枝,“诱其豪帅以为吏,余者皆羁縻属之”⑥。如此,匈奴通过对乌桓上层贵族封官,对

---

① 〔南朝宋〕范晔:《后汉书》,中华书局 1974 年版,第 3784 页。
② 乌丸与乌桓同义,除引用史料之外,本书皆作乌桓。
③④ 〔晋〕陈寿:《三国志》,中华书局 1974 年版,第 833 页。
⑤⑥ 〔南朝宋〕范晔:《后汉书》,中华书局 1974 年版,第 2981 页。

下层人民也进行拉拢的策略，与乌桓重新联合，进而不断地侵扰中原王朝的北部边郡。王莽新朝政权覆灭后，乌桓“并与匈奴为寇”[①]，一同支持、协助与刘秀抗衡的割据势力卢芳伪政权，严重干扰新生的东汉王朝收复北部边郡。

汉光武帝初年，乌桓与匈奴“连兵为寇”[②]，致使边郡一带土地荒芜，百姓流离失所。代郡以东受害最深。究其原因，是乌桓诸部落于西汉武帝时期南迁至上谷、渔阳、右北平、辽西、辽东五边郡塞外，“居止近塞”[③]的乌桓骑兵早上从居住的“穹庐”出发，傍晚即可到达东汉的边城，故而可以对东汉边郡发起频繁的侵袭。当时，乌桓诸部落以上谷郡塞外的白山乌桓为最强，是乌桓诸部之首。

后来，匈奴因为天灾人祸，实力迅速衰落。乌桓转而与东汉联合夹击匈奴，匈奴大败，远遁漠北。这样，乌桓终于报了西汉初年先祖东胡被匈奴击溃灭族之仇。这时，也是乌桓乘势崛起，称雄蒙古草原的良机。但是汉王朝不会让北部边疆再次出现强势政权。汉光武帝刘秀中兴汉朝后，随着国力的强盛，视线逐渐转移至北疆边郡。刘秀通过封爵厚赏的方法笼络乌桓，在“帝乃以币帛赂乌桓”[④]之后的建武二十五年(49 年)，以辽西乌桓大人郝旦为首的乌桓各郡大人九百二十二人归附汉朝，这一事件史书上记载为“率众向化”[⑤]。郝旦等一干乌桓大人，来到当时的京城洛阳，朝拜汉家天子，并向东汉王朝进贡，贡品有奴婢、牛马、弓、虎豹、貂皮。在东汉王朝“赐以珍宝”[⑥]的厚赏下，乌桓各部纷纷表示“愿留宿卫”[⑦]。汉光武帝大喜，下诏书给乌桓诸部大人封官嘉奖。诸乌桓部落被东汉王朝“封其渠帅为侯王者八十余人”，同时受汉爵位的乌桓大人被允许率领其部落，入塞居住。乌桓由是广泛分布于东汉北疆辽东、辽西、右北平、渔阳、广阳、上谷、代、雁门、太原、朔方等十郡之地。

这是乌桓历史上第二次大规模的向南迁徙，迁徙区域除去第一次迁徙的五郡外，又有广阳、代、雁门、太原、朔方等五郡。从这些边郡所处的

---

① 〔晋〕陈寿：《三国志》，中华书局 1974 年版，第 833 页。

②③④⑤⑥⑦ 〔南朝宋〕范晔：《后汉书》，中华书局 1974 年版，第 2982 页。

区域地理来看，乌桓这次的迁徙区域几乎遍布当时东汉的整个北部边疆，上述汉边郡的辖境包括今天的东北大凌河流域、京津地区、河北北部、内蒙古东部与南部、山西中北部等。乌桓的这次迁徙比第一次迁徙涉及地域范围广，同时较第一次迁徙更为深入中原地区。例如，有乌桓部落迁徙于太原郡。根据永和六年(141 年)匈奴中郎将张耽与度辽将军马续大破乌桓于通天山(即今山西石楼县之石楼山)事件可见，当时西河郡也有乌桓部落。

受汉朝爵位、官衔的乌桓首领纷纷率领部落入居塞内，广泛分布于东汉北方十郡，协助东汉边郡官兵戍边，侦察、防御北匈奴和鲜卑南侵。刘秀听取班彪的建议，复置护乌桓校尉一职，负责管理监护统率入居缘边各郡的乌桓部落。鉴于乌桓骑兵骁勇善战(东汉开国名将马援曾率骑兵北击乌桓，无功而返)，东汉王朝从归附的乌桓部落中选拔特别精于骑射者组成归州郡统领的骑兵，号称“突骑”。《后汉书》李贤注：“突骑，言能冲突军阵”[①]。当代民族史学家林幹认为：“突骑‘是作战时能起冲锋、突击和摧陷敌阵作用的骑兵队伍’”[②]。突骑的战斗力是异常惊人的。对此，光武帝刘秀曾大加赞赏：“吾闻突骑天下精兵，今乃见其战，乐可言耶?”[③]由于刘秀十分赏识乌桓骑兵，东汉王朝召集一批精锐的乌桓骑兵充当皇家的卫戍部队。当时“皇家最精锐的卫戍部队‘北军’中存在‘胡骑’编制”[④]。据《后汉书·志·百官》记载：“长水校尉一人，比二千石。本注曰：掌宿卫兵。司马、胡骑司马各一人，千石。本注曰：掌宿卫，主乌桓骑。”[⑤]同时，在乌桓部落分布的各个州郡，均有乌桓突骑。这些乌桓突骑分别听命于各州郡的牧守，听从其调遣，奉命四处征战，甚至听命而互相攻伐。例如，幽州乌桓就“经常随从乌桓校尉到朔方、雁门去打仗，有时候攻击的对象往往是各郡的乌桓”[⑥]。由上

① 〔南朝宋〕范晔：《后汉书》，中华书局 1974 年版，第 15 页。
② 林幹：《东胡史》，内蒙古人民出版社 2007 年版，第 44 页。
③ 〔南朝宋〕范晔：《后汉书》，中华书局 1974 年版，第 772 页。
④ 王子今：《秦汉边疆与民族问题》，中国人民大学出版社 2011 年版，第 341 页。
⑤ 〔南朝宋〕范晔：《后汉书》，中华书局 1974 年版，第 3612 页。
⑥ 马长寿：《乌桓与鲜卑》，广西师范大学出版社 2006 年版，第 130 页。

述内容可知，东汉王朝主导的乌桓第二次大规模南迁的目的正是要充分利用乌桓骑兵。东汉王朝“给其衣食，置校尉以领护之，遂为汉侦备，击匈奴、鲜卑”①。从后来乌桓骑兵的行动来看，乌桓骑兵几乎参与了东汉王朝当时所有的军事行动。

二、东汉时期的游牧骑兵

自从南北匈奴分裂，南匈奴归附东汉后，南匈奴诸部分散居于东汉北部边郡。这样，南匈奴诸部就融入了骑兵、长城、边郡互为支撑的防御体系之中，东汉王朝于边防要务的压力骤然大减。永平五年(62 年)，北匈奴六七千骑兵南下，攻入五原一带的塞障，在云中郡一带劫掠。南匈奴单于率部迎击。当西河郡长史马襄率领汉军前来增援时，北匈奴骑兵已然被南匈奴骑兵击败，北退而去。永平十六年(73 年)，汉明帝派四路大军进击北匈奴。其中太仆祭肜与度辽将军吴棠一路由南匈奴的左贤王随行，兵出“朔方高阙”②塞。其后，东汉多次使用游牧骑兵攻击北匈奴政权，“令乌桓、鲜卑讨北虏”③。北匈奴接连遭受打击后，部分匈奴贵族率部南下，归降东汉。“屈兰、储卑、胡都须等五十八部”④，部众共二十万，其中胜兵八千人，于东汉云中、五原、朔方、北地等边郡请降。

在北匈奴遭遇自然灾害，不断有部落要求附汉的形势下，南匈奴单于借势上书，要求倾全力北击北匈奴，同时，表示愿派遣“国中及诸部故胡新降精兵”⑤与汉军并肩作战，共同攻击北匈奴。

永元元年(89 年)，东汉王朝以车骑将军窦宪为主帅，执金吾耿秉为副帅分兵三路，北上攻击北匈奴。窦宪与耿秉各率领四千骑兵与南匈奴方面前来助战的左谷蠡王师子带领的一万骑兵，一同兵出朔方郡鸡鹿要塞。南

---

① 〔晋〕陈寿:《三国志》，中华书局 1974 年版，第 833 页。
② 〔南朝宋〕范晔:《后汉书》，中华书局 1974 年版，第 2371 页。
③④〔南朝宋〕范晔:《后汉书》，中华书局 1974 年版，第 2373 页。
⑤ 〔南朝宋〕范晔:《后汉书》，中华书局 1974 年版，第 2374 页。

匈奴单于屯屠何率领一万骑兵，从满夷谷（今内蒙古准格尔旗，汉西河郡美稷县西北）出击。度辽将军邓鸿率领归附东汉的八千羌胡骑兵与南匈奴左贤王安国的一万骑兵从稒阳塞（今内蒙古包头市东）出击。这三路大军约定于涿邪山（今蒙古国境内满达勒戈壁附近）会合。此山南距汉朝要塞高阙有千余里之遥。东汉军队与北匈奴单于的军队在稽落山（今蒙古国西北部的额布根山）展开激战。北匈奴大败，北匈奴单于只得率领残部远遁。东汉军队乘胜追击北匈奴残部至私渠比鞮海（今蒙古国乌布苏泊）。北匈奴前后有八十一部归降东汉，部众共计二十余万。窦宪与耿秉一众将领登上燕然山（今蒙古国杭爱山），于石壁上刻写此次战役的事迹。此山距离东汉边塞已经有三千余里之遥。

这次出征的东汉军队共计有四万六千骑，其中有三万南匈奴骑兵与八千羌族骑兵。可见，此次对北匈奴的战争是以游牧骑兵为主力部队进行的。北匈奴单于远遁之后，南匈奴单于重新成为匈奴诸部的首领。中原东汉王朝与匈奴游牧政权之间实现了汉匈一家。彼此之间的文化交融，增强了双方的认同感。延熹元年（158 年），南匈奴诸部叛乱，与乌桓、鲜卑部落一起扰乱东汉缘边的九个郡。汉将军张奂率兵平息了此次骚乱。当“单于诸部悉降”[①]后，张奂拘禁了南单于，以其“不能统理国事”[②]为由，欲废立之，遂上书汉皇，请求改立左谷蠡王为单于。当时的皇帝汉桓帝驳回上书，并下诏曰：“居车儿一心向化，何罪而黜！”[③]居车儿即当时的南单于。如此一来，张奂只能护送居车儿单于返回西河郡美稷县的单于庭。

第二节 中原王朝管理内附游牧部落的职官

建武二十五年（49 年），南匈奴单于“遣使诣阙”[④]，表示愿意归附东汉王

---

①②③ 〔南朝宋〕范晔：《后汉书》，中华书局 1974 年版，第 2383 页。

④ 〔南朝宋〕范晔：《后汉书》，中华书局 1974 年版，第 2366 页。

朝。建武二十六年(50 年),北匈奴南下攻击南匈奴,南匈奴不敌。东汉王朝下诏书迁居南匈奴单于庭于西河郡美稷县,并派遣中郎将段郴与副校尉王郁等人留在西河郡护卫南匈奴单于。这是东汉王朝设置最早的使匈奴中郎将职官,这一官职“自后以为常”[①],即使匈奴中郎将成为常设官职。据《后汉书·志·百官》记载:“使匈奴中郎将一人,比二千石”[②]。其主要职责为监督护卫南单于。使匈奴中郎将一职的设立,明确了东汉王朝与南匈奴政权之间的藩属关系,南匈奴政权是从属于东汉王朝的边疆政权。

除了使匈奴中郎将之外,东汉王朝还设置有度辽将军一职,来管理包括匈奴在内的归附汉朝的北方游牧部落。据《后汉书·志·百官》记载:“将军,不常置”[③],设置将军的主要目的是“掌征伐背叛”[④]。最早见于史书记载的度辽将军为西汉时期的范明友,整个西汉见于史书的度辽将军也仅仅范明友一人而已。可见在西汉时期,度辽将军还不是常设职官。但是,度辽将军在东汉却是常设置的将军职官。据《后汉书·志·百官》记载:“明帝初置度辽将军,以卫南单于众新降有二心者,后数有不安,遂为常守”[⑤]。永元初年(89 年),东汉王朝主动攻击北匈奴时,三路大军其中一路的统兵将领便是度辽将军邓鸿。邓鸿当时统率了八千羌胡骑兵。东汉王朝为了管理前来归附的羌胡骑兵,设置有护羌校尉一职。如此,统领羌胡骑兵的将领应该是护羌校尉才对。但是,历史文献中却记载为度辽将军邓鸿“及缘边义从羌胡八千骑”[⑥]。是否可以据此史料得出度辽将军的地位在护羌校尉之上的结论? 永元元年(89 年),东汉王朝对北匈奴大举进攻这一事件中,东汉方面有八千羌胡骑兵。可见,当时东汉已经对归附缘边郡的羌胡进行了比较完善的管理。据《后汉书·志·百官》记载:“护羌校尉一人,比二千石”[⑦]。其主要的职责为管理西羌事务。而这八千羌胡骑兵中,不仅仅有羌族骑兵,

① 〔南朝宋〕范晔:《后汉书》,中华书局 1974 年版,第 2368 页。
② 〔南朝宋〕范晔:《后汉书》,中华书局 1974 年版,第 2934 页。
③④ 〔南朝宋〕范晔:《后汉书》,中华书局 1974 年版,第 2880 页。
⑤ 〔南朝宋〕范晔:《后汉书》,中华书局 1974 年版,第 2882 页。
⑥ 〔南朝宋〕范晔:《后汉书》,中华书局 1974 年版,第 638 页。
⑦ 〔南朝宋〕范晔:《后汉书》,中华书局 1974 年版,第 2934 页。

"羌胡"中的"羌"是指西羌骑兵,"胡"应该是指其他归附的游牧部落骑兵。据班固所撰,刻写于燕然山的铭记载,"鹰扬之校……西戎氐羌侯王君长之群"[①]。李大龙即认为,度辽将军一职在汉代边防中的地位要高于使匈奴中郎将与护乌桓校尉、护羌校尉等职官。度辽将军一职在东汉时期"应该是维持整个北部地区边疆管理体制运转的主管机构"[②]。

在东汉王朝防御、进攻北匈奴时,历史文献中常常会出现乌桓骑兵的身影,而且西汉、东汉两次大规模迁徙乌桓南下,主要目的就是充分使用乌桓骁勇善战的骑兵部队。因此,从西汉时期起,便设置有管理乌桓部落的职官护乌桓校尉。据《后汉书·志·百官》记载:"护乌桓校尉一人,比二千石"[③]。

中原王朝设置管理监护归附游牧部落的职官机构,为的是确保这些归附的游牧部落可以很好地为中原王朝精心构筑的骑兵、长城、边郡互为支撑的防御体系服务。如护乌桓校尉兼管乌桓部落与周边农耕居民的产品交易行为,"岁时互市焉"[④]。同时,这些职官机构的设置,使得两汉时期,北方边郡一带出现了以不同生产方式进行生产、生活的民族之间的交错杂居。这样的大杂居有利于农耕民族与游牧民族之间的融合。由此,骑兵、长城、边郡三者合一的防御体系就变成了中原农耕民族与北方游牧民族交流、融合的平台。这一体系使得中原王朝与游牧部落之间的文化交流不断加深,彼此的认同感不断加强。

第三节　匈奴单于庭迁徙至西河郡

南匈奴初附东汉期间,单于庭曾经过三次迁徙。最开始时,单于庭在五原郡,后迁移于云中郡内,最终定于西河郡美稷县。设置于元朔四年(前

① 〔南朝宋〕范晔:《后汉书》,中华书局 1974 年版,第 639 页。
② 李大龙:《汉代中国边疆史》,黑龙江教育出版社 2014 年版,第 238 页。
③ 〔南朝宋〕范晔:《后汉书》,中华书局 1974 年版,第 2936 页。
④ 〔南朝宋〕范晔:《后汉书》,中华书局 1974 年版,第 2398 页。

125年)的西河郡是两汉时期极为重要的边郡。西河郡的战略地位要高于其他北部的边郡。通过对比西汉与东汉时期北部各边郡的辖县数与户数及人口数,我们可以进一步认识到西河郡的重要性。

两汉北部边郡情况对比

西汉				东汉			
郡名	户数	人口数	辖县数	郡名	户数	人口数	辖县数
西河郡	136 390	698 836	36	西河郡	5 698	20 838	13
上郡	103 683	606 658	23	上郡	5 169	28 599	10
安定郡	42 725	143 294	21	安定郡	6 094	29 060	8
北地郡	64 461	210 688	19	北地郡	3 122	18 637	6
代郡	56 771	278 754	18	代郡	20 123	126 188	11
辽东郡	55 972	272 539	18	辽东郡	64 158	81 714	11
五原郡	39 322	231 328	16	五原郡	4 667	22 957	10
右北平	66 689	320 780	16	右北平	9 170	53 475	4
上谷郡	36 008	117 762	15	上谷郡	10 352	15 124	8
雁门郡	73 138	273 454	14	雁门郡	31 862	249 000	14
辽西郡	72 654	352 325	14	辽西郡	14 150	81 714	5
定襄郡	38 559	163 144	12	定襄郡	3 153	13 571	5
渔阳郡	68 802	264 116	12	渔阳郡	68 456	435 740	9
云中郡	38 303	173 270	11	云中郡	5 351	26 430	11
陇西郡	53 964	236 824	11	陇西郡	5 628	29 637	11
朔方郡	34 338	136 628	10	朔方郡	1 987	7 843	6

数据来源:根据《汉书·地理志》与《后汉书·志·郡国》中的史料整理。

上面的十六个边郡几乎已经涵盖了汉朝北部的所有边郡。从西汉时期边郡的数据中可以看出,西河郡无论辖县数、户数还是人口数都是边郡中最多的。西河郡的辖县数、户数、人口数以及重要的战略位置使其成为汉朝重要的边郡。南匈奴单于庭迁移到西河郡美稷县后,汉朝设置的对匈奴进行管理监督的职官机构也大多设置于西河郡。南匈奴单于请求归附东汉时,上书陈情,表示"愿永为蕃蔽"①,为汉朝戍边。不久后,南匈奴单于派使臣入

① 〔南朝宋〕范晔:《后汉书》,中华书局1974年版,第2366页。

东汉京师，再次表示愿“奉藩称臣……修旧约”[①]的意愿。南单于提及“奉藩称臣”，是想效仿西汉宣帝时期的呼韩邪单于。那么“修旧约”自然也是指呼韩邪单于与西汉时期相互间的关系而言。据《后汉书·志·百官》记载：“大鸿胪，卿一人，……掌诸侯及四方归义蛮夷”[②]。由此可知，在当时，四方归附汉朝的游牧部落首领的地位等同于汉朝分封的诸侯王。因此，南匈奴单于对东汉王朝来说，可以算作一位诸侯王，只是其地位要远远高于当时汉室的其他诸侯王。既然单于庭在西河郡美稷县，那么美稷县就变成了南单于的封国。这从后来因继立南匈奴单于位而发生的动乱中可以探知。如从羌渠单于之子於扶罗“复欲归国，国人不受”[③]的史料记载中，即可管窥一二，位于西河郡美稷县的单于庭就是匈奴的封国。南匈奴单于庭迁移到西河郡，使得西河郡在边郡中的地位愈加重要。西汉在北部边疆一带设置边郡主要是为了应对北方的游牧政权，所以在这些边郡往往设置有边郡都尉一职。严耕望认为，汉代边郡设置的目的是“首重军事”[④]。西河郡设置于河南地大捷两年之后，即朔方郡设置两年之后。西汉设置西河郡是为了加强面对游牧骑兵的纵向防御。因此，设置于西河郡的边郡都尉，其分布不同于其他边郡。云中、五原、代郡、朔方、定襄五郡基本处于同一直线之上。[⑤] 这五郡是汉军出击匈奴的前沿阵地，因而在这五郡设置有东、中、西三部都尉，便于进攻；而西河郡设置有西、南、北三部都尉，则是为了便于防守。

东汉时期，诸边郡的辖境、户数、人口数均大幅缩水。西河郡的辖县数、户数、人口数都不再是十六个北部边郡里面最多的了。但是西河郡的重要性不仅没有削弱，反而得到加强了，因为南匈奴的单于庭设置在了西河郡。西汉前期，为了应对北方强邻游牧政权的威胁，曾实行过封王戍边的边防策略。东汉初，南匈奴单于来归附，愿意永为藩属，戍边以御敌。南单于的地

---

① 〔南朝宋〕范晔：《后汉书》，中华书局 1974 年版，第 2366 页。

② 〔南朝宋〕范晔：《后汉书》，中华书局 1974 年版，第 2987 页。

③ 〔南朝宋〕范晔：《后汉书》，中华书局 1974 年版，第 2384 页。

④ 严耕望：《中国地方行政制度史·秦汉行政地方制度》，上海古籍出版社 2007 年版，第 155 页。

⑤ 谭其骧主编：《中国历史地图集》，中国地图出版社 1982 年版，第 17—18 页。

位又在汉朝诸侯王之上。因此，南单于迁入西河郡，正是封王成边策略的重新实施。南单于来降之后，东汉于西河郡增设属国都尉。这次，封王成边策略是成功的，永元元年(89 年)打垮北匈奴的战役中，即可以证明。东汉王朝出征北匈奴的四万六千骑兵中，南单于麾下的骑兵就占三万骑。此时，封王成边这一策略已经变成了骑兵、长城、边郡互为支撑防御体系的一部分。

东汉时期，边郡的人口较西汉时期大幅减少，原因有多种。葛剑雄在其所著的《中国人口史・第一卷・导论、先秦至南北朝时期》一书中，对这一现象有过论述。袁祖亮主编的《中国人口通史・东汉卷》中对这一现象也有所论述。笔者认为，对于这一现象，仍然应该根据现存的资料，结合考古资料继续进行探究，以求真相。虽然两汉之际的战乱与自然灾害使边郡的人口大幅减少，但游牧部落大量南迁也影响到了边郡人口的统计。汉边郡的人口大多是从内地迁徙而来的。王莽时期，边郡变成战场，大量迁移人口死亡或者逃亡。东汉建立后，逐渐恢复北部的边郡设置，同时鼓励逃亡人口返回边郡。但是，经查阅史料发现，随着游牧部落的大量南迁，几乎没有了关于东汉王朝迁移内地人口到边郡的记载。

东汉王朝通过对南单于的支持来达到掌控南迁诸游牧部落的目的，进而使用游牧部落的骑兵部队为东汉效力。因此，南匈奴单于作为可以号召诸游牧部落骑兵的“共主”，对骑兵、长城、边郡互为支撑防御体系的重要性是不言而喻的。南单于率匈奴诸部散居于东汉的缘边诸郡地区，即在汉长城一带进行游牧生活。南单于率领诸游牧部落融入骑兵、长城、边郡互为支撑的防御体系中之后，中原文化与游牧文化之间的交融也变成了这一防御体系的一部分了。因为此时，“‘长城’虽仍存在，但长城两边的资源、人员与文化已能流通”[①]。

综上，南匈奴单于作为东汉册封的藩王存在以及单于庭迁移到东汉核心边郡西河郡的美稷县，是汉朝精心构筑的骑兵、长城、边郡互为支撑的防

① 王明珂：《游牧者的抉择：面对汉帝国的北亚游牧部族》，广西师范大学出版社 2008 年版，第 154 页。

御体系形成的标志之一。这一防御体系形成后，中原文化与北方游牧文化之间的交流进入了快速融合时期。这样，骑兵、长城、边郡互为支撑的防御体系便成为中原文化与游牧文化融合为“华夏认同发展下的产物”[①]。

第四节　骑兵、长城、边郡一体防御体系对民族融合的促进

在游牧文化影响下，中原王朝精心构建的骑兵、长城、边郡互为支撑的防御体系形成完善后，变成了中原文化与北方游牧文化交流、融汇的平台。中原王朝北部边郡从事农业生产的百姓，深受迁徙到缘边郡塞之外游牧部落生活习俗的影响。据《汉书·地理志下》记载：“定襄、云中、五原，本戎狄地……其民鄙朴，少礼文，好射猎……上谷至辽东，地广民稀，数被胡寇，俗与赵、代相类”[②]。同时，农耕技术也广泛传入游牧部落居住的区域，使得游牧部落的生产方式从单一的畜牧生产变成了农牧混合生产。

中原王朝设置有专门主管周边归附游牧部落的中央职官机构。据《汉书·百官公卿表》记载：“典属国，秦官，掌蛮夷降者”[③]。从西汉到东汉，中原王朝设置用来管理归附游牧部落的中央职官机构会相应地有所变化。秦朝时期开始设置的典属国，据《后汉书·志·百官》记载，东汉时期改为“右属大鸿胪……别主四方夷狄朝贡侍子”[④]。这些官职的设立，佐证了历史发展过程中民族融合的史实。

中原将领与归附的游牧部落之间，因为在战争中一起出生入死，常常彼此赏识，结下深厚的友谊。如耿秉“性勇壮而简易于事”[⑤]，在其担任度辽将

① 王明珂：《游牧者的抉择：面对汉帝国的北亚游牧部族》，广西师范大学出版社2008年版，第155页。

② 〔汉〕班固：《汉书》，中华书局1974年版，第1479页。

③ 〔汉〕班固：《汉书》，中华书局1974年版，第677页。

④ 〔汉〕班固：《汉书》，中华书局1974年版，第2897—2898页。

⑤ 〔南朝宋〕范晔：《后汉书》，中华书局1974年版，第563页。

军期间，“视事七年，匈奴怀其恩信”[①]。耿秉在匈奴诸部中极有威信，所以在其亡故之后，匈奴诸部众听闻这一噩耗后，“举国号哭，或至剺面流血”[②]。

骑兵、长城、边郡防御体系这一中原农耕文化与游牧文化交融的平台形成之后，不断南迁的游牧部落深受中原农耕文化的影响。一些游牧部落采用农耕方式进行生产、生活。如鲜卑慕容部，“教以农桑，法制同于上国”[③]。

南迁中原的游牧部落中的贵族大多精通儒家经典，认同、喜好中原文化。南单于后裔刘渊自幼好学，师从名师，精通儒家经典，熟识孙吴兵法，于“史、汉诸子，无不综览”[④]。刘宣勤读诗书于废寝忘食的地步，“不舍昼夜”[⑤]。刘曜“善属文，工草隶……尤好兵书”[⑥]，常常自比古时贤臣名将乐毅、萧何、曹参等人。石弘喜欢吟诗作赋，与其相交往、亲近者“莫非儒素”[⑦]。苻坚生性至孝，“博学多才艺”[⑧]，有宏伟的志向。姚泓“博学善谈论，尤好诗咏”[⑨]。慕容宝“敦崇儒学，工谈论，善属文”[⑩]。沮渠蒙逊“博涉群史，颇晓天文”[⑪]。

以至于后来，刘渊与石勒等南迁中原的游牧部落后裔在建立政权时，都采用了中原儒学文化为主导的政权形式。刘渊起兵自立时，刘宣称西晋王朝的统治者司马氏无德，不足以配享天子的尊号，“此天厌晋德，授之于我”[⑫]。刘渊也认为，此天赐良机是“顾惟德所授耳”[⑬]。刘渊建立汉国后，在实行先前中原王朝的官制的同时，也保留有游牧政权的官职，这一举措，正是中原文化与北方游牧文化融合的产物。汉赵国曾分封石勒为赵王，石勒

---

① 〔南朝宋〕范晔：《后汉书》，中华书局 1974 年版，第 562 页。
② 〔南朝宋〕范晔：《后汉书》，中华书局 1974 年版，第 563 页。
③ 〔唐〕房玄龄等：《晋书》，中华书局 1974 年版，第 2804 页。
④ 〔唐〕房玄龄等：《晋书》，中华书局 1974 年版，第 2645 页。
⑤ 〔唐〕房玄龄等：《晋书》，中华书局 1974 年版，第 2653 页。
⑥ 〔唐〕房玄龄等：《晋书》，中华书局 1974 年版，第 2683 页。
⑦ 〔唐〕房玄龄等：《晋书》，中华书局 1974 年版，第 2752 页。
⑧ 〔唐〕房玄龄等：《晋书》，中华书局 1974 年版，第 2884 页。
⑨ 〔唐〕房玄龄等：《晋书》，中华书局 1974 年版，第 3007 页。
⑩ 〔唐〕房玄龄等：《晋书》，中华书局 1974 年版，第 3093 页。
⑪ 〔唐〕房玄龄等：《晋书》，中华书局 1974 年版，第 3189 页。
⑫ 〔唐〕房玄龄等：《晋书》，中华书局 1974 年版，第 2648 页。
⑬ 〔唐〕房玄龄等：《晋书》，中华书局 1974 年版，第 2649 页。

建立独立政权时，即以赵为国号，这一行为正是效仿刘邦建立政权时以汉为国号的往事；并且在群臣劝进时，以古时的贤明君主周文王与齐桓公为榜样推却之。石勒称帝后，常常与中原王朝有作为的皇帝比较。例如，在一次酒宴上，石勒吐露心言，曰："朕方自古开基何等主也？"[①]可见，当时南迁的游牧部落的首领建立政权时，中原儒家文化中华夏正统的观念已经成为主导其立国开基的思想。

正是因为战国、秦汉时期，中原文化与游牧文化的交流、碰撞、融合，才孕育了魏晋南北朝时期绚丽多彩的文化鼎盛期。同样，正是因为战国、秦汉时期中原农耕民族与北方游牧民族之间的交流、碰撞、融合，才有了魏晋南北朝时期民族的大迁徙与大融合。因为中原王朝与北方游牧政权之间互相攻伐而建立起来的骑兵、长城、边郡互为支撑的防御体系，在历史上并不为其建立者与使用者的意志所左右，转而充当了中原农耕文化与北方游牧文化交流、碰撞、融合的平台。因此，骑兵、长城、边郡互为支撑的防御体系对中原农耕民族与北方游牧民族之间的交流、碰撞、融合以及中华民族的形成起到了促进作用。正因为如此，出现、形成这一体系的战国、秦汉时期，便成为中华民族形成的重要阶段之一。而这正是骑兵、长城、边郡互为支撑的防御体系对历史发展的贡献。

战国、秦汉时期，北方游牧政权利用游牧骑兵超级强悍的机动性不断南下。这对中原诸侯国、王朝的边疆产生了巨大的冲击力。为了应对来自游牧世界的冲击力，中原诸侯国、王朝充分吸收、借鉴游牧文化，组建骑兵部队。但是由于中原骑兵产生的土壤与游牧骑兵不同，中原还需要修筑长城、设置边郡来配合骑兵，一同来应对、抵御游牧骑兵。骑兵是这一体系中最活跃的因子，可以说是骑兵、长城、边郡互为支撑的防御体系出现、形成的必要条件。长城由中原修筑到边疆，正是为了阻止、延缓游牧骑兵的南下。而边郡，也是中原诸侯国、王朝为了能充分组织、利用骑兵和长城来进攻、防御游牧政权而设置。随着大量游牧部落的归附，中原王朝使用游牧骑兵，将骑

---

① 〔唐〕房玄龄等：《晋书》，中华书局1974年版，第2749页。

兵、长城、边郡互为支撑的防御体系几乎扩展到了极限。这一防御体系不仅具有防御功能，也具有进攻功能。

这样，骑兵、长城、边郡互为支撑的防御体系就在战国、秦汉时期的历史环境下应运而生了。本书通过这一历史事实，重新分析、探究、尽可能还原战国、秦汉时期中原诸侯国、王朝的北进战略，以及北进之后的北疆防御体系与北方游牧政权之间的交流、碰撞、融合。正如“文明互动说”理论所言，没有一种文明或文化可以独自地，以封闭式的方式进行发展。在古代东亚大陆之上，农耕文明与游牧文明相继兴起，产生交集。随着北方游牧文化融入了中华多元一体的文化之中[①]，生活在古代中国的农耕、游牧民族共同谱写、铸就了中国以及古代东亚辉煌、灿烂的历史。中华民族是由古代诸多生活在这片土地上的民族交汇、融合形成的。中华文化是农耕文化、游牧文化、渔猎文化等汇流而成的“大海”。中国古代辉煌的文明是多元文明，不同生产方式产生不同的文化，不同文化之间的交流、融汇需要载体与平台。中原诸侯国和王朝无疑是中原文化的实践者，同样，出现于蒙古草原的游牧政权则是游牧文化的实践者。中原文化与游牧文化之间的交流是以中原诸侯国、王朝与北方游牧政权为载体来进行的。中原王朝与游牧政权并立于古代中国，则双方不可避免地会有交集。无论是通过和平方式还是战争，双方之间的交流、碰撞、交融皆是在一定形式的平台上进行的。正是游牧骑兵、长城、边郡互为支撑的防御体系的出现、形成，为战国、秦汉时期以不同生产方式为生的民族之间的交流、碰撞、融合提供了发展的平台。

---

① 何天明:《中国北方草原古文化祭》，内蒙古大学出版社 2012 年版，第 182 页。

文化认同篇

第六章　赵武灵王“胡服骑射”历史情境的考察

战国时代是各种英雄人物辈出的时代，毫无疑问赵武灵王是这一时代诸多英雄人物中的佼佼者之一。赵武灵王青史留名，其人生史中最著名的历史事件当首推“胡服骑射”改革。赵武灵王力主实施的“胡服骑射”军事改革，是战国时代诸国变法革新中最耀眼的明珠之一。[①] 此次改革使得赵国成为战国后期山东六国中数一数二堪与秦国相抗衡的军事强国，这一论断已经是学界的共识。[②] 晁福林在《春秋战国的社会变迁》中，提出《史记》与《竹书纪年》两书记载的“胡服骑射”实行的时间并不一致。关于“胡服骑射”的开始，晁福林认为，“时间应该在赵武灵王继位之初，具体时间应当定于前317年的修鱼之战以后”[③]。而且由于赵武灵王“胡服骑射的推行过程并非一帆风顺”[④]，晁福林进一步指出，当时“从整个情况看，胡服骑射可以说从赵武灵王发奋图强颁布胡服令开始，直到其晚年的长达20年之久的时间里，始终不渝地进行着这项改革，不能把它理解为一蹴而就的事情”[⑤]。那么，“胡服骑射”改革何以会进行得如此“艰难而漫长”呢？

---

① 武灵王“胡服骑射”与商鞅变法为战国史上二大事。参见范祥雍笺证：《战国策笺证》，上海古籍出版社2006年版，第1069页。

② 杨宽、晁福林、沈长云等在“胡服骑射”议题上均有经典佳作。相关讨论主要可参阅杨宽：《战国史》，上海人民出版社1998年版，第371—373页；晁福林：《春秋战国的社会变迁》，商务印书馆2011年版，第275页；沈长云等：《赵国史稿》，中华书局2000年版，第1页。

③ 晁福林：《春秋战国的社会变迁》，商务印书馆2011年版，第275页。

④ 沈长云等：《赵国史稿》，中华书局2000年版，第166页。

⑤ 晁福林：《春秋战国的社会变迁》，商务印书馆2011年版，第279页。

从史料中我们可以得知，赵武灵王“胡服骑射”改革最大的阻力来自赵国宗室内部。如果“胡服骑射”的实施只是为了改善当时赵国面临的强敌环绕的局势，何以这些赵氏贵族会异常强烈地反对？他们与赵国本是一体，所谓一损俱损，一荣俱荣，他们可是赵国生存空间改善的受益者啊！马克斯·韦伯在《经济与社会》一书中指出，“在东方，军事君主制一直就是典型的国家支配形式……只要受雇的士兵们完全是外族成员（stammfremd），既不可能寻求也不可能发现与当地臣民的联系纽带，他们就只能与君主的支配保持最紧密的休戚与共利益关系”[①]。这样的军队可以构成君主的权力之源。[②] 从现存史料来看，“胡服骑射”实行后，不论出于自愿还是被迫，确实有不少游牧部众纷纷加入了赵国的军队。当时的历史情境正值诸国之间的战争由争霸型转向兼并型的高潮期，诸国君主纷纷以王为号，随之而来的是君王的权力在逐渐加强，而卿臣的权力在逐渐消退。那么，赵武灵王所力主实施的“胡服骑射”军事改革的动因中，是否有借此项改革来加强君主权威呢？赵武灵王在“胡服骑射”改革实施前，“欲胡服”设想一出，几乎遭到全体赵国朝臣的反对。“胡服骑射”改革实施后，在传位于其子赵惠文王之后，赵武灵王仍然以主父的身份继续掌握赵国的军政大权。由此可见，“胡服骑射”改革确实给赵武灵王带来了巨大的君主权威。同时，“胡服骑射”改革在客观上促进了农牧交错（内亚边疆）地带的文化交汇与民族融合。本章拟在借鉴前辈学人成果的基础上，通过梳理史料来分析、探讨“胡服骑射”发生的历史情境，以求接近、还原“胡服骑射”改革的历史事实。

第一节　执政困境与“胡服骑射”

赵武灵王继位之始，就面临着巨大的执政困境。不仅国外强敌环视，而

---

① ［德］马克斯·韦伯：《经济与社会》第二卷，上海人民出版社 2010 年版，第 1159 页。

② ［德］马克斯·韦伯：《经济与社会》第二卷，上海人民出版社 2010 年版，第 1155—1160 页。

且国内宗室诸公子成为其行使君主支配权力的严重阻碍。此时，对于赵武灵王来说，可能内忧更胜于外患。

> 二十四年，肃侯卒。秦、楚、燕、齐、魏出锐师各万人来会葬。子武灵王立。[①]

无论从追思悼念逝去的赵肃侯，还是祝贺赵武灵王荣登国君之位而言，秦、楚、燕、齐、魏五国均无须出动万人的精锐之师光临赵国。五国如此行事的目的是什么，唯一合乎逻辑的解释就是要威吓赵国。可见赵国在赵武灵王继位之初的国力是何等衰弱。正如缪文远在《战国策考辨》一书中认为的那样，“赵自成侯时魏围邯郸之后，国势衰微，肃侯时未尝一出兵与齐、梁争雄中原”[②]。此时的赵国是标准的一个弱国。

赵武灵王元年，魏国大败赵将赵护。[③] 按理来讲，此时魏、赵两国已然兵戎相见，两国关系应该紧张才对。可是，不久之后两国关系却发生了惊天逆转。

> 武灵王元年，阳文君赵豹相。梁襄王与太子嗣，韩宣王与太子仓来朝信宫。武灵王少，未能听政，博闻师三人，左右司过三人。及听政，先问先王贵臣肥义，加其秩；国三老年八十，月致其礼。[④]

魏、韩两国国君与储君一同来访，显然这是很高规格的高峰会晤。从现存史料来看，并没有明确记载魏、赵两国攻战在先还是会谈在先。史料中提及的“信宫”有另一条记载，赵武灵王“十九年春正月，大朝信宫”[⑤]。从上述两条史料可知，“信宫”即是赵国王宫。不过，这次魏、赵、韩三方会晤的对谈

①④〔汉〕司马迁：《史记》，中华书局 2014 年版，第 2172 页。

② 缪文远：《战国策考辨》，中华书局 1984 年版，第 177 页。

③〔汉〕司马迁：《史记》，中华书局 2014 年版，第 888 页。

⑤〔汉〕司马迁：《史记》，中华书局 2014 年版，第 2175 页。

人中，赵国一方却不是当时的赵国君武灵王，而应该是当时的相国赵豹。作为国君的赵武灵王是被排除在会晤之外的。同时，史料表明，赵武灵王未能听政的理由是年纪幼小。此时，赵国由阳文君相国赵豹与另设的“博闻司三人，左右司过三人，共同管理赵国国政”[①]。《史记·赵世家》记载，“城鄗”[②]在赵武灵王三年。而《史记·六国年表》则记载“城鄗”为赵武灵王二年。无论“城鄗”的时间是赵武灵王三年还是二年，史料中另一条重要信息是清晰的，即赵武灵王听政的时间要早于“城鄗”的时间。司马光在《资治通鉴》中，更是认为赵武灵王亲政的时间就在继位元年。[③] 如果当真如此，赵武灵王未能参与魏、韩、赵三国首脑会晤的原因就值得深思了。赵武灵王亲政后，首要之事情，就是去拜访赵肃侯时的“贵臣”肥义，给其加官晋爵。这一举动透露出以下三点信息：其一，赵肃侯在世时对肥义的倚重；其二，赵肃侯逝世后，肥义对先主依然保持忠诚；其三，肥义对赵武灵王亲政应该出力颇多。这样一来，肥义作为赵武灵王所倚重的大臣，重返赵国政坛。不过，这里也有一些耐人寻味的事情。作为“先王贵臣”的肥义何以不在赵武灵王继位初的辅政七人组之列？阳文君赵相豹何以从此之后，会消失得如此彻底？

赵武灵王继位前的赵国政坛，从赵襄子至赵武灵王之前，几乎每一代国君继位时，都会面临来自宗室公子的挑战，彼此为了国君之位而厮杀。

> 襄子立三十三年卒，浣立，是为献侯……襄子弟桓子逐献侯，自立于代，一年卒。国人曰桓子立非襄子意，乃共杀其子而复迎立献侯。[④]
>
> 敬侯元年，武公子朝作乱，不克，出奔魏。[⑤]
>
> 成侯元年，公子胜与成侯争立，为乱。[⑥]

---

① 沈长云等：《赵国史稿》，中华书局2000年版，第155页。

② “鄗在今河北高邑县东，与中山相邻……赵于鄗筑城，盖用以防中山。”参见杨宽：《战国史料编年辑证》，上海人民出版社2016年版，第475页。

③ 参见〔宋〕司马光编著：《资治通鉴》，中华书局1956年版，第74页。

④ 〔汉〕司马迁：《史记》，中华书局2014年版，第2165页。

⑤ 〔汉〕司马迁：《史记》，中华书局2014年版，第2167页。

⑥ 〔汉〕司马迁：《史记》，中华书局2014年版，第2168页。

二十五年，成侯卒。公子緤与太子肃侯争立，緤败，亡奔韩。[①]

从史料记载来看，赵武灵王继位时，虽然没有宗室公子与其竞争国君宝座，但并不代表宗室公子中无垂涎支配权力者。当时可以左右赵国政局者，绝非赵武灵王。例如，赵武灵王的叔叔公子成，“此人对赵国政局影响很大”[②]，远胜赵武灵王。

赵武灵王是赵国历史上第一个称“王”的国君，也是第一个主动放弃“王”称号的国君。“王”字据《说文解字》解释，为“天下所归往也”[③]之意。赵武灵王所处的历史情境中，天下已经并非只周天子一人称“王”。诸国国君纷纷称王，其中著名的历史事件“五国相王”即是明证。赵武灵王以“‘无其实，敢处其名乎？’令国人谓己曰‘君’”[④]。为一国之王者，纵然不能做到“天下归往”，至少应该能成为一国所归往的中心。赵武灵王坚决去掉“王”的称号，“表示了他争取做一名名副其实‘王’的决心”[⑤]，同时，也表明了当时赵武灵王在国内权威不足的困境。

作为一国之君，使国家强盛，抵御外敌，是其义不容辞的职责所在。赵武灵王面对当时赵国对外作战几乎无一胜绩的现实，不得不思虑该怎么做来扭转局势。当他提出设想，欲进行“胡服改革”时，满朝文武中仅有肥义与楼缓明确支持，其余“群臣皆不欲”[⑥]。其实，赵武灵王“欲胡服”的实质，正如法国著名汉学家葛兰言在《中国文明》一书中提到的，是“采用了胡人适合在马背上骑射的服装”[⑦]。同样，美国学者狄宇宙也认为，“胡服是一种适用于骑兵穿的服装”[⑧]。因此赵武灵王绝不是要脱“夏”入“夷”，而只是试图通过

① 〔汉〕司马迁：《史记》，中华书局 2014 年版，第 2170 页。
② 沈长云等：《赵国史稿》，中华书局 2000 年版，第 164 页。
③ 〔汉〕许慎：《说文解字》，中华书局 2013 年版，第 3 页。
④ 〔汉〕司马迁：《史记》，中华书局 2014 年版，第 2173 页。
⑤ 沈长云等：《赵国史稿》，中华书局 2000 年版，第 156 页。
⑥ 〔汉〕司马迁：《史记》，中华书局 2014 年版，第 2176 页。
⑦ [法]葛兰言：《中国文明》，中国人民大学出版社 2012 年版，第 90 页。
⑧ [美]狄宇宙：《古代中国与其强邻：东亚历史上游牧力量的兴起》，中国社会科学出版社 2010 年版，第 160 页。

“夷狄”的方式，来增强军力以及君权。

> 今中山在我腹心，北有燕，东有胡，西有林胡、楼烦、秦、韩之变，而无强兵之救，是亡社稷，奈何？[①]

上述史料，是赵武灵王面对群臣，力主“胡服骑射”改革的理由。从字面意思来看，他着重强调国家面临着严重的外患危机，处于生死一线。赞成者肥义、楼缓均是异姓大臣，而反对者大多为赵氏宗室诸公子，其中以公子成、赵文、赵造、赵俊等为主。

赵氏诸公子中，赵文与赵造均站在道德制高点向赵武灵王发难。赵文以“臣无隐忠，君无蔽言，国之禄也。臣虽愚，愿竭其忠”[②]为言，请求上谏。赵造也以“隐忠不竭，奸之属也。以私诬国，贱(贼)之类也。犯奸者身死，贱(贼)国者族宗。反此两者，先圣之明刑，臣下之大罪也。臣虽愚，愿尽其忠，无遁其死”[③]为言，请求上谏。二人一副大义凛然，置生死于度外的模样，言下之意，赵武灵王是德不配位之人。然而实则，赵武灵王欲“胡服骑射”不过是要学习“夷狄”作战的技艺而已。正如其所答复二公子的“法度制令各顺其宜，衣服器械各便其用”[④]。如何说服反对派的核心人物公子成，是赵武灵王实施“胡服骑射”改革能否进行的关键所在。而以公子成为首的宗室诸公子之所以反对“胡服骑射”改革，实质上是不希望赵武灵王拥有赵国的支配权力，成为赵国名副其实的君王。

为了说服公子成支持“胡服骑射”改革，赵武灵王特地派出使臣王緤[⑤]，前去公子成府上通报此事。

> 寡人胡服，将以朝也，亦欲叔服之。家听于亲而国听于君，古今之

---

① 〔汉〕司马迁：《史记》，中华书局 2014 年版，第 2176 页。

②③ 范祥雍笺证：《战国策笺证》，上海古籍出版社 2006 年版，第 1049 页。

④ 〔汉〕司马迁：《史记》，中华书局 2014 年版，第 2181 页。

⑤ 《史记》中记载为王緤，《战国策》中为王孙緤。鲍彪注，指王孙緤也是赵氏宗室公子之一。

公行也。子不反亲，臣不逆君，兄弟之通义也。今寡人作教易服而叔不服，吾恐天下议之也。制国有常，利民为本。从政有经，令行为上。明德先论于贱，而行政先信于贵。今胡服之意，非以养欲而乐志也。事有所止而功有所出，事成功立，然后善也。今寡人恐叔之逆从政之经，以辅叔之议。且寡人闻之，事利国者行无邪，因贵戚者名不累，故愿慕公叔之义，以成胡服之功。使緤谒之叔，请服焉。①

就字面意思而言，赵武灵王令王緤转告公子成的言辞，虽然对叔叔（公子成）恭敬有礼，但隐含着国君神圣不可侵犯之威严。从公子成再拜、稽首这些行为可以看出，王緤是以宣告王命圣旨的形式来进行“劝说”的。这样当然行不通，在公子成面前，赵武灵王还不具备国君应有的权威。这可能也是派王緤前去的原因所在，据《战国策》记载“王緤”为“王孙緤”来看，赵武灵王、公子成与王孙緤应该都是一家人。赵武灵王试图以“家听于亲”来软化公子成的立场，进而达到使公子成支持“国听于君”，赞同“胡服骑射”改革的目的。但公子成深谙政治权谋，以“身体有恙”“君臣之责”这些堂而皇之的理由婉拒之。

臣固闻王之胡服也。臣不佞，寝疾，未能趋走以滋进也。王命之，臣敢对，因竭其愚忠。曰：臣闻中国者，盖聪明徇智之所居也，万物财用之所聚也，圣贤之所教也，仁义之所施也，诗书礼乐之所用也，异敏技能之所试也，远方之所观赴也，蛮夷之所义行也。今王舍此而袭远方之服，变古之教，易古之道，逆人之心，而怫学者，离中国，故臣愿王图之也。②

王緤将公子成的言论汇报给了赵武灵王。如果不能获得公子成的支持，则不能推行“胡服骑射”改革，不能推行“胡服骑射”改革，就不能获得权

①② 〔汉〕司马迁：《史记》，中华书局 2014 年版，第 2178 页。

力之源，也就无法树立权威，无法突破继位以来一直存在的执政困境。因此，对于赵武灵王来说，无论如何必须“拿下”公子成。

第二节 “胡服骑射”与简襄伟业

面对王緤的受挫归来，赵武灵王平静地说：“吾固闻叔之疾也，我将自往请之。”[①]通过历史，我们知道赵武灵王是雄才大略的君主。他是了解公子成的。他和公子成之间问答言语中的那些微言大义，只是表明了二人出于不同身份，而应该承担的责任。二人互不相让深层次的原因是关于权力的争夺。公子成在等他面对面时，如何能让自己臣服，展示国君应有的权威。

既然公子成身患“寝疾”，而此时国家又处于危难之中，自己意欲实行“胡服骑射”改革来消解，于情于理，作为侄子与君主的赵武灵王，都应当亲自到府上探病，并将“胡服骑射”的改革方案拿出来，与政治经验丰富的叔叔商讨，论证其可行性。

> 王遂往之公子成家，因自请之，曰：“夫服者，所以便用也；礼者，所以便事也。圣人观乡而顺宜，因事而制礼，所以利其民而厚其国也……今叔所言者俗也，吾所言者所以制俗也。吾国东有河、薄洛之水，与齐、中山同之……无舟楫之用，夹水居之民，将何以守河、薄洛之水；变服骑射，以备燕、三胡、秦、韩之边。且昔者简主不塞晋阳以及上党，而襄主并戎取代以攘诸胡，此愚智所明也。先时中山负齐之强兵，侵暴吾地，系累吾民，引水围鄗，微社稷之神灵，则鄗几于不守也。先王丑之，而怨未能报也。今骑射之备，近可以便上党之形，而远可以报中山之怨。而叔顺中国之俗以逆简、襄之意，恶变服之名以忘鄗事之丑，非寡人之所望也。”公子成再拜稽首曰：“臣愚，不达于王之义，敢道世俗之闻，臣之

① 〔汉〕司马迁：《史记》，中华书局 2014 年版，第 2178 页。

罪也。今王将继简、襄之意以顺先王之志，臣敢不听命乎！”再拜稽首。乃赐胡服。明日，服而朝。于是始出胡服令也。[①]

二人的对谈，《史记》上记载得很清晰，问语答言无须重复。赵武灵王折服公子成的关键之处在于“继简、襄之意以顺先王之志”这几个字。起初，公子成的不合作态度在司马光笔下是很直接明了的。当赵武灵王欲在朝野上下推行“胡服骑射”改革时，“国人皆不欲，公子成称疾不朝”[②]。那么，“简、襄之意”究竟是指什么，能让不把赵武灵王放在眼里，公然表示不合作的公子成立马俯首赞同“胡服骑射”改革？

追溯赵氏由封臣而成为诸侯的历史，赵氏自赵衰跟随晋公子重耳时起，就一直在晋国政治领域中扮演着重要卿臣的角色。“对于赵氏家族来说，化家为国的使命则是由赵简子和赵襄子两代人完成的，他们的丰功伟业后人常合称为‘简襄之迹’或‘简襄功烈’。”[③]赵简子在位时，已经获得了实际上等同于诸侯的地位，“赵名晋卿，实专晋权，奉邑侔于诸侯”[④]。赵氏能逐渐壮大到后来成为诸侯，得益于执行切实可行的战略方针。这一方针就是赵简子时期制定的北进战略。选择北进战略是为了避开与晋国其他诸卿之间的竞争，同时，这一战略“也是受晋国长期以来成功向戎狄地区开疆‘启土’经验的启迪而制定的”[⑤]。当时晋国国君权力日渐衰微，卿大夫权力日渐高涨。诸卿之间的冲突已是不可避免。正是在执行北进战略的情况下，赵臣尹铎经营多年的晋阳城在危机时刻挽救了赵氏一族。在晋国的另一权臣家族智氏向赵氏发难时，赵襄子秉承了先父赵简子遗命：“晋国有难，而无以尹铎为少，无以晋阳为远，必以为归。”[⑥]智氏联合韩、魏两家，一同发兵围困晋阳。得益于赵氏大臣经营有方，“三国攻晋阳，岁余”[⑦]未果。后来随着剧情的反

---

① 〔汉〕司马迁：《史记》，中华书局 2014 年版，第 2179—2180 页。

② 〔宋〕司马光编著：《资治通鉴》，中华书局 1956 年版，第 104 页。

③⑤ 白国红：《春秋晋国赵氏研究》，中华书局 2007 年版，第 133 页。

④ 〔汉〕司马迁：《史记》，中华书局 2014 年版，第 2161 页。

⑥ 徐元诰：《国语集解》，中华书局 2002 年版，第 448 页。

⑦ 〔汉〕司马迁：《史记》，中华书局 2014 年版，第 2164 页。

转，三家攻赵变成了三家灭智。灭智氏之后的赵氏，据《史记》记载，“北有代，南并知氏，强于韩、魏”①。

“北有代”是赵襄子继续执行赵简子制定的北进战略进而取得的巨大成果。赵简子在位时，已经在谋划如何夺取代国之地。为了使代国放松警惕，需要“乃先善之”。恰好“代君好色”，赵氏抓住这一点，嫁公主（赵襄子的姐姐）于代君。这样，双方即联姻结成盟友。代国投桃报李，赠送回礼，因代地盛产良马，故“代君以善马奉”②赵氏。不过，赵氏与代君的联姻是“以取人之国为目的的联姻”③。赵氏在等合适的时机，对代君下手，进而吞并代国。赵简子临终前依然念念不忘吞并代国之事，特命人“召太子而告之曰：‘我死，已葬，服衰而上夏屋之山以望。’太子敬诺”④。因此，赵简子的葬礼一完毕，赵襄子“未除服，北登夏屋，请代王”⑤，并于酒宴之上设计安排伏兵，“先令舞者置兵其羽中数百人，先具大金斗”⑥。代王好色好酒，纵情于声色之间，对即将来临的危险毫无察觉。宴饮正酣之际，赵襄子突然发难，当下伏兵四出，代王及其随行人员尽数被击杀。在群龙无首的情况下，赵氏轻松占有了代国之地。

赵国拥有代地对赵武灵王设计“胡服骑射”改革有着直接的促进作用。在燕国攻打赵国，围困赵国的浊鹿时，“赵灵王及代人救浊鹿，败燕师于勺”⑦。古本《竹书纪年》中的“赵灵王”即是赵武灵王。此次燕国入侵赵国的战争规模应该是不小的。通过此次保卫战，代人将士的英勇善战一定给赵武灵王留下了深刻的印象。王应麟在《通鉴地理通释》中解释，“代”即“北狄之别也”⑧。这样看来，代人的装束就是胡服。同时，代郡的特产是良马，《吕氏春秋》中称代郡的别名为马郡，可见代人作战自然不乏以骑射为技击。赵

① 〔汉〕司马迁：《史记》，中华书局 2014 年版，第 2164 页。

②⑥ 许维遹：《吕氏春秋集解》，中华书局 2016 年版，第 289 页。

③ 崔明德：《中国古代和亲通史》，人民出版社 2007 年版，第 42 页。

④ 许维遹：《吕氏春秋集解》，中华书局 2016 年版，第 288 页。

⑤ 〔汉〕司马迁：《史记》，中华书局 2014 年版，第 2162 页。

⑦ 方诗铭、王修龄：《古本竹书纪年辑证》，上海古籍出版社 1981 年版，第 284 页。

⑧ 王应麟：《通鉴地理通释》，中华书局 2013 年版，第 225 页。

武灵王倡导的“胡服骑射”改革，是以着装与技艺来增强代人对赵国的认同感，在此基础上，继续北拓疆土。所以赵武灵王要通过“胡服骑射”来继续简、襄二君的北进战略，将代地之北的游牧部族收为己用。正如赵武灵王在与肥义君臣的对话中说，“简、襄主之烈，计胡、翟之利……今吾欲继襄主之迹，开于胡、翟之乡”[①]。

公子成对赵武灵王“胡服骑射”改革的动因了然于胸。所以当赵武灵王提出要实行“胡服骑射”改革时，他是带头坚决抵制的。不过，在赵武灵王抛出“胡服骑射”改革是在继承简、襄二君的北进战略这一说法时，公子成无法再不支持。如果他继续秉承不赞同的态度，就意味着是在反对赵国的贤君简、襄，将会丧失其在赵国尊贵身份与政治权力的正当性。因为赵简子与赵襄子是赵国社稷的开创者和发展者。两位君主不仅仅有着伟大的功业，而且他们决定继承人的方式，对赵国的政治权力分配造成了决定性的影响。公子成作为宗室公子能拥有权威，正是在“立贤不立嫡”的观念下才会出现的。当赵武灵王提出胡服令时，整个赵国朝野都不赞同。对公子成来讲，正好可以凭借“贤德”公子的身份取而代之。可惜，这一切在赵武灵王自称是在继续“简襄伟业”的语境下烟消云散了。不过，公子成当即领取胡服，以身作则的行为只是在做表明文章。他在隐忍，以等待合适时机的到来。后来，在李兑的鼓动下，公子成与之联合围杀赵武灵王就是明证。

在公子成表示支持后，赵武灵王顺利颁行了胡服令。作为简襄伟业的延续，“胡服骑射”改革正式在赵国拉开了帷幕。

第三节　“胡服骑射”与君主权威

赵武灵王所处的战国时期，赵鼎新称之为“全民战争”时期，这“是因为与以往的战争相比，这些战争不但持续的时间更长，投入的物质资源更多，

① 〔汉〕司马迁：《史记》，中华书局 2014 年版，第 2176—2177 页。

而且将一个国家中很高比例的成年男性人口卷入了进来”[①]。全民战争与以往争霸战争的不同之处在于，“领土扩张取代霸主争夺成为战争的首要目标”[②]。因此，诸国要在战争中占据优势，则需要有大量的人口与领土。虽然“胡服骑射”改革是赵国北进战略的延续，如狄宇宙认为的那样，“对代国的平定，又一下子把它自己的边地推向了被另一个完全陌生的民族——胡占领的地区”[③]，但是，不能以夺取代地的老方法来获得“胡地”，需要因地制宜，另出奇招。这个奇招就是“胡服骑射”，以主动融入游牧部族生活习性的方式来拉近彼此的距离，增强相互之间的认同感，进而完成新的拓展疆土的任务。

“胡服骑射”改革直接的目的，是获得大量的优质骑兵。早春秋时期骑兵可能已然出现。例如，秦穆公就曾派出“革车五百乘，畴骑二千，步卒五万”[④]护送重耳返回晋国。围魏救赵的战争中，齐国军队已经在使用精锐骑兵作战，“使轻车锐骑冲雍门”[⑤]。赵国使用骑兵应该始于赵襄子攻占代地之后。据《史记》记载，赵襄子夺取代地是在三家围攻晋阳之前，而在智伯率魏、韩两家围攻赵氏时，赵襄子曾“令将军车骑先至晋阳”[⑥]做防御工作。但是，赵武灵王倡导的“胡服骑射”改革，应该是中原诸侯国第一次大规模招募、使用骑兵部队。

赵武灵王雄才大略，他考虑的是如何加强王权，如何建功立业。而丰功伟绩是强大王权的必要条件。因此，赵武灵王推行“胡服骑射”之前曾召见重臣肥义，君臣二人讨论国家形势五天五夜。其后，赵武灵王巡视赵之北疆，“王北略中山之地，至于房子，遂之代，北至无穷，西至河，登黄华之上”[⑦]。这可以看作赵武灵王在“胡服骑射”改革前的实地考察，为改革后的疆域发

① 赵鼎新：《东周战争与儒法国家的诞生》，华东师范大学出版社 2006 年版，第 102 页。

② 赵鼎新：《东周战争与儒法国家的诞生》，华东师范大学出版社 2006 年版，第 103 页。

③ ［美］狄宇宙：《古代中国与其强邻：东亚历史上游牧力量的兴起》，中国社会科学出版社 2010 年版，第 159 页。

④ 〔清〕王先慎：《韩非子集解》，中华书局 1998 年版，第 76 页。

⑤ 范祥雍笺证：《战国策笺证》，上海古籍出版社 2006 年版，第 514 页。

⑥ 〔清〕王先慎：《韩非子集解》，中华书局 1998 年版，第 67 页。

⑦ 〔汉〕司马迁：《史记》，中华书局 2014 年版，第 2175—2176 页。

展规划路线图。正如上文所言，“胡服骑射”的首要任务是招募“胡骑”，为赵国效力。赵武灵王二十年（前 306 年），“西略胡地，至榆中。林胡王献马。……代相赵固主胡，致其兵”[①]。其后，在二十一年（前 305 年）攻打中山国时，赵将军赵希率领胡、代之兵与其他几路军队，一起配合作战。从代地产良驹与林胡王献马等历史信息来看，胡、代之兵为骑兵的可能性很大。攻占中山国，是“胡服骑射”改革后，赵国开疆拓土过程中关键的一环。从结果来看，此举“不仅使赵国领土扩张了方圆五百里之广，也使得赵国领土南北连成一体”[②]。对彼时的赵国而言，占有中山之地的意义不亚于当年的襄子夺代。因此，赵国于赵武灵王二十一年（前 305 年）、二十三年（前 303 年）、二十六年（前 300 年）连续数年对中山国发动兼并战争。“胡地、中山，吾必有之”[③]的宏图逐渐变为现实。

赵惠文王三年（前 296 年），赵国彻底吞并了中山国，“迁其王于肤施。起灵寿，北地方从，代道大通”[④]。在此前一年，赵武灵王巡视新扩展的疆土时，“遂出代，西遇楼烦王于西河而致其兵”[⑤]。此时，赵武灵王力主进行的“胡服骑射”改革取得的成绩是显著的。赵国不但吞并了中山国全境，“而且收编了林胡和楼烦的军队”[⑥]，这样，昔日的心腹大患中山国就变成了赵国的辖区，而彪悍的三胡[⑦]中有两胡部族变成了赵国的属民，为赵国征战沙场。当完成这些之后，赵武灵王已然超过了开国立业的简、襄二君的功绩，跃居赵国伟大君主的首位，自然而然获得了巨大的权威。伟大的君主，需要有伟大的象征符号来彰显其伟大之处。强大的骑兵军队无疑就是这样的符号之一，长城与边郡无疑也是强大王权与国家的象征符号。

战国时代，由于兼并战争频发，以及随之而来的疆土不断扩大，保卫疆土成为各个国家的紧急任务。作为军事堡垒的城池无疑成了保疆卫土，宣

---

① 〔汉〕司马迁：《史记》，中华书局 2014 年版，第 2181 页。
② 后晓荣：《战国政区地理》，文物出版社 2013 年版，第 106 页。
③ 〔汉〕司马迁：《史记》，中华书局 2014 年版，第 2177 页。
④⑤ 〔汉〕司马迁：《史记》，中华书局 2014 年版，第 2184 页。
⑥ 杨宽：《战国史》，上海人民出版社 1998 年版，第 373 页。
⑦ 据《史记索隐》，三胡为林胡、楼烦与东胡。

示所有权的象征符号。《诗经》中有关朔方城的描述可以说明这一点："天子命我，城彼朔方。赫赫南仲，玁狁于襄。"[①]长城是城池在特定历史条件下的发展衍生物。景爱在《中国长城史》一书中认为，战国时代的"人们在城的基础上想出了新的办法，即将封闭性的城墙打开，改作连续性、单向性的城墙，就可以保卫一个地区的领土不受侵犯"[②]。而这长长的城墙有一个流传千古的名字——长城。在争霸战争向兼并战争转变时期，一种新的地方行政管理机构——郡出现了，用于治理并设于人口稀少且荒凉的边陲之地。赵简子的一番战前动员中，就提到了郡的设置，"克敌者，上大夫受县，下大夫受郡"[③]。到战国时期，郡的行政机构一般都设置在边陲地带，主要功能为军事防御。其长官郡守"都是由武官来充任"[④]。由此，防守与进攻自然成为边郡的主要功能。而长城与边郡实则都是城池在新形势下的发展变化。城池是所有权的象征符号，长城边郡无疑也是如此。

史料中多处提及赵武灵王在新获得的边疆领土上，招募当地部众加入赵国军队。这就需要一个地方行政组织来管理新占有的领土和人口。长城与边郡正是适应边疆环境的军事行政组织。据《史记·匈奴列传》记载：

> 赵武灵王亦变俗胡服，习骑射，北破林胡、楼烦。筑长城，自代并阴山下，高阙为塞。而置云中、雁门、代郡。[⑤]

关于赵武灵王修筑云中郡城时，上天显现的神迹，堪与刘邦夜奔芒砀山，醉斩拦路白蛇的神谕相媲美，都是在证明其神圣的正当性。

> 虞氏记云：赵武侯自五原河曲筑长城，东至阴山。又于河西造大城，一箱崩不就，乃改卜阴山河曲而祷焉。昼见群鹄游于云间，徘徊经

① 程俊英、蒋见元：《诗经析注》，中华书局1991年版，第471页。
② 景爱：《中国长城史》，上海人民出版社2006年版，第54页。
③ 杨伯峻：《春秋左传注》，中华书局1990年版，第1614页。
④ 杨宽：《战国史》，上海人民出版社1998年版，第229页。
⑤ 〔汉〕司马迁：《史记》，中华书局2014年版，第3490页。

日，见大光在其下，武侯曰：此为我乎？乃即于其处筑城，今云中城是也。[①]

《水经注》转引了这段由赵国虞卿记载的神迹。这一神迹，表明云中城的建造是上天的安排，证明了赵武灵王拥有这片土地的“合法性”，也隐喻了赵武灵王是德才兼备的国君。那么，接下来的一切政令就都具有了神圣的正当性。赵国实施的“胡服骑射”政令，一方面在招募新近占领地区的部众为骑兵；另一方面训练原有车、步兵为骑兵。赵国将云中郡辖下的原阳设置为骑兵训练基地，主要就是训练赵国原有士卒改习骑射。[②] 同时赵国也大力推进向边疆移民。“邯郸命吏大夫奴迁于九原，将军、大夫、適子、代史皆貂服。”[③]赵国试图以此一系列措施，来实现疆域一体化。而在这一切实现之后，赵武灵王已然成为拥有绝对权威、绝对支配权力的君王。

综上所述，赵武灵王继位之初，虽有国君之名，却无国君之实。国内以公子成为首的宗室诸公子的权力直接影响到他的施政力度，给他造成了很大的执政困境。赵武灵王需要进行“胡服骑射”军事改革，以此来加强君主权力，塑造君主权威，同时改善赵国面临的国际形势。但是，在此种历史情境下，推行“胡服骑射”改革必然需要极大的勇气。这是因为，文化概念在实质上是符号学的概念[④]。而在当时中原文化的象征符号中，服饰占据重要的地位。正如汉文帝予书匈奴单于时所言的，汉之子民，“长城以内，冠带之室”[⑤]也。赵武灵王却是欲“将胡服骑射以教百姓”[⑥]，这难道是赵武灵王要治下的赵国变成“长城以北，引弓之国”[⑦]？显然不是，从赵武灵王立志要做一位名副其实的“王”来看，他要做的是成为取代周王、君临天下的天子。要实现这一切，他必须拥有真正君主的权威、绝对的支配权与强大的军事力

① 〔北魏〕郦道元著，陈桥驿校证：《水经注校证》，中华书局 2007 年版，第 78—79 页。
② 参见范祥雍笺证：《战国策笺证》，上海古籍出版社 2006 年版，第 1078 页。
③ 方诗铭、王修龄：《古本竹书纪年辑证》，上海古籍出版社 1981 年版，第 290 页。
④ 参见[美]克利福德·格尔茨：《文化的解释》，译林出版社 2014 年版，第 5 页。
⑤⑦ 〔汉〕班固：《汉书》，中华书局 1962 年版，第 3762 页。
⑥ 〔汉〕司马迁：《史记》，中华书局 2014 年版，第 2177 页。

量。因此,正是执政的困境迫使赵武灵王不得不拿出极大的勇气力主推行“胡服骑射”改革。赵武灵王洞悉,公子成等人以服饰礼制来反对自己的改革只是表象,其实则是为了权力。此时,他以继承简、襄二国君的北进战略为由,迫使公子成等人转而支持改革。赵武灵王是睿智的君主。“胡服骑射”改革看似离经叛道,实则暗含圣贤治国理政之道。孟子以“天时不如地利,地利不如人和”[①]来论治理国家。其中的“人和”,朱熹解释为“得民心之和也”[②]。而赵武灵王通过胡服增强胡地部众对赵国的认同感,不可不谓之人和也。“胡服骑射”给赵武灵王及赵国带来的收益是巨大的,不仅使得赵武灵王突破了执政困境,赢得了权威,也使赵国拥有了强大的骑兵与广阔的疆土。对于如何管理新占领的人口与疆土,赵武灵王在传统中国历史上第一次将骑兵、长城与边郡三者结合起来,作为管理边疆的行政军事体系。这一体系中既有动态因子骑兵,也有静态因子长城和边郡。这一边疆管理体系兼具进攻、防守与民政多重功能,同时展示了赵国强盛的国力与赵武灵王的雄才大略,成为赵武灵王君主权威最好的象征符号。在客观上而言,骑兵、长城与边郡边疆管理体系的出现,拉开了中原文化与草原文化互动的帷幕。可以说,赵武灵王的“胡服骑射”改革,利在当时,功在千秋。

---

①② 〔宋〕朱熹:《四书章句集注》,中华书局 2011 年版,第 224 页。

第七章 封王戍边与西汉前期的政治秩序

秦朝灭亡后，项羽开启了中国历史上以军功大小分封异姓诸侯王的时代。刘邦经过与项羽五年左右的战争，夺得了天下。刘邦在与项羽的作战中获得了一些诸侯王的协助以及帐下一些有杰出才干大将的鼎力支持；正是因有这些盟友，刘邦才能最终战胜项羽。这些有功之臣在刘邦夺得天下后，获得了与其共享天下的权力。刘邦不得不效仿项羽，进行了异姓诸侯王的分封。此时，经过秦始皇统合六国为一的政治秩序巨变之后，重新构建天下政治秩序的理念和历史环境已经发生了不可逆转的变化。项羽凭借超强的武力，自称西楚霸王，主持分封诸侯王，制定天下新的政治秩序。但是，由于分封不公平，不久之后，天下便重燃战火。西汉王朝建立后，重新构建了天下的政治秩序。分封者与受封者之间为了维护彼此在政治秩序中的地位，展开了一系列博弈，封王戍边便是彼此博弈后，双方暂时妥协的产物。因此，西汉王朝执政者施行封王戍边的边疆策略是基于当时政治秩序稳定的历史情境而作出的决策。

第一节 楚汉相争:政治秩序的重构与演变

秦二世元年(前 209 年)七月，以陈胜、吴广为首的九百名准备前往渔阳戍边的戍卒，因大雨被困于大泽乡，不能前行。秦朝律法森严，逾期戍边者，按律当斩。陈胜、吴广走投无路，密谋之后，决定揭竿而起，反抗秦朝的暴政统治。一时间，各地郡县的豪杰纷纷诛杀秦吏，响应陈胜的反秦行动，不久就形成了以张楚王陈胜为首的反秦联盟。陈胜败亡后，以楚国大将项燕的后人项梁为首的反秦势力联盟，迎立了故楚怀王的孙子为新的楚怀王。这样，各地的反秦势力均以新立的楚怀王为盟主共同反秦，由此开启了重构天下列国并立政治秩序的序幕。

秦末的抗秦战争"实质上就是战国末年楚为纵长合纵攻秦的重演"①。只不过，这一次输的一方是秦。此次楚方阵营能赢，主要是因为阵营中有两位可以改变历史、创造历史的英雄人物——项羽与刘邦。

项梁在反秦战争中阵亡后，楚怀王力图掌控以楚为首抗秦联盟的军政大权，为了这一目的出台了一系列的措施，如把国都"从盱台之彭城，并项羽、吕臣军自将之"②。楚怀王的设想是亲自掌控抗秦势力的军政大权，主导天下局势变化的进程。但其"除了旧王族出身所具有的号召力之外，在楚军中没有基础和实力"③。为了实现上述目的，楚怀王必须提拔任用一批属于自己的干将。因此，他刻意提升刘邦的地位，使之与项羽列同。封项羽为长安侯，以鲁县为封邑，号为鲁公；封刘邦为武安侯，统领砀郡兵马。这样的安排，显示了楚怀王扬刘抑项的倾向。从爵位来看，项羽高过刘邦，可是关键之处在于刘邦依然统领兵马，而项羽则失去了兵权。

秦将章邯率秦军大破赵王歇部，并将赵王歇残部紧紧围困于巨鹿城中。楚怀王接到赵王歇的求救书信后，命宋义为上将，项羽为次将，范增为末将一起统兵北上救援赵国。这样一来，项羽彻底失去了对军队的指挥权，变成了宋义帐下的一名将军。宋义此前经齐国使臣推荐予楚怀王，"王召宋义与计事而大说之"④，两人详谈之后，楚怀王甚是赏识宋义，引之为心腹大臣。楚国救援赵国的大军出发后，行进至安阳，宋义下令安营扎寨后，一连驻军

① 田余庆：《秦汉魏晋史探微》，中华书局1993年版，第24页。
② 〔汉〕司马迁：《史记》，中华书局2014年版，第389页。
③ 李开元：《秦崩：从秦始皇到刘邦》，生活·读书·新知三联书店2015年版，第233页。
④ 〔汉〕司马迁：《史记》，中华书局2014年版，第390页。

四十六天不再前行一步。原来，此次统兵的主将宋义企图作壁上观，等待秦赵两败俱伤之后，好坐收渔翁之利。宋义为楚怀王倚重的心腹大臣，其临行前，依照常理必然会与怀王讨论此去解救赵国危难的作战方略。由此可以判断，宋义的做法是得到怀王首肯的。宋义这样的作战部署，是试图回归秦统一六国前的政治秩序，即列国并立的天下政治秩序。在重新构建的天下列国并立的政治秩序中，楚国会居首席大国之位，号令其他诸侯国。

项羽是志向宏大的人，少年时便立志学习万人敌的艺业。一日恰逢秦始皇巡狩江南，项羽与其叔父项梁观看一众气派非凡的皇帝车队时，不禁脱口而出，“彼可取而代也”[①]。如此豪言壮语正是项羽毕生志向的抒发。如今丧失兵权，屈居宋义之下为将，项羽岂会甘心认命？面对宋义的不作为，项羽在忍无可忍之下，矫召杀死了宋义，遍示诸将，众将士表示愿追随项羽。由此，项羽重新掌握了兵权。此事件表明，项羽在军中有着无与伦比的威望与地位。接下来，项羽在破釜沉舟一战中大败秦军，这一战使得项羽善战的威名远播天下。诸侯众将觐见项羽时，“入辕门，无不膝行而前，莫敢仰视。项羽由是始为诸侯上将军，诸侯皆属焉”[②]。

楚怀王在命令宋义、项羽北上救援赵国的同时，委派刘邦向西攻城略地，兵锋直指关中。刘邦一路攻入关中后，善待秦王子婴，与关中百姓约法三章，以简洁的法律管理关中地区。政令颁布后，“秦人大喜，争持牛羊酒食献飨军士……人又益喜，唯恐沛公不为秦王”[③]。刘邦军西行攻秦前，楚怀王曾“与诸将约，先入定关中者王之”[④]。秦朝被推翻后，楚怀王以盟主的身份号令天下各路诸侯，成为重新构建天下政治秩序的制定者。刘邦此时整顿军队，屯兵于霸上，等待楚怀王正式任命其为秦王的诏书。

项羽听闻刘邦攻占了关中地区，心中很是气愤，连忙急速行军，直奔关中而来。进入关中后，项羽统帅大军驻扎在了新丰鸿门。一场争夺关中的厮杀即将来临，刘邦在张良的建议下，审时度势，自知实力难与项羽匹敌，于

---

① 〔汉〕司马迁：《史记》，中华书局 2014 年版，第 390 页。
②③ 〔汉〕司马迁：《史记》，中华书局 2014 年版，第 393 页。
④ 〔汉〕司马迁：《史记》，中华书局 2014 年版，第 453 页。

是亲自前往鸿门向项羽臣服。项羽取得了暂时的胜利,接着派人致书于楚怀王,其意图在请楚怀王收回旧约,另立新约。但楚怀王表示遵从先前的约定,无需再立新约。项羽接到楚怀王的回复后勃然大怒,决定抛开怀王,自己来制定灭秦后天下的政治新秩序。“怀王者,吾家项梁所立耳,非有功伐,何以得主约!”[①]遂召集诸将开会议定分封天下的原则,“天下初发难时,假立诸侯后以伐秦。然身被坚执锐首事,暴露于野三年,灭秦定天下者,皆将相诸君与籍之力也。义帝虽无功,故当分其地而王之”[②]。这样,在项羽的主持下,先尊奉楚怀王为义帝,接着按灭秦战争中诸将军功的大小来分封天下诸侯,项羽则号称西楚霸王,号令、节制其他诸侯王,做天下政治秩序的制定者、执行者、监护者。刘邦被分封到了巴蜀为汉王。按照楚怀王之约,刘邦当居关中为王。面对项羽的分封,刘邦极为不满,有心反抗,又实力不济,在张良、萧何诸人的劝说下,万般无奈只得暂时接受汉王的爵位,前往封地汉中。

刘邦在得到天下后曾言,他能击败项羽,夺得天下,多亏张良、萧何、韩信三人。

韩信在秦末战争中,投奔到项梁帐下,项梁阵亡后,韩信继续跟随项羽,其间数次献策而不被项羽所用。鸿门宴后,韩信明白在项羽帐下没有自己的用武之地,因此决定离开项羽。韩信跟随刘邦到了汉中。他的理想是“找到一个可以施展自己才能的平台,成就连百万之军,战必胜、攻必取的伟业”[③]。经过萧何的举荐,刘邦正式拜韩信为统率全军的大将。

登台拜将的仪式结束后,刘邦与韩信面对面进行了一次长谈,这次的谈话内容就是历史上与隆中对齐名的汉中对。

> 信拜礼毕,上坐。王曰:丞相数言将军,将军何以教寡人计策?信谢,因问王曰:今东向争权天下,岂非项王邪?汉王曰:然。曰:大王自

---

① 〔汉〕司马迁:《史记》,中华书局2014年版,第463页。

② 〔汉〕司马迁:《史记》,中华书局2014年版,第402页。

③ 李开元:《楚亡:从项羽到韩信》,生活·读书·新知三联书店2015年版,第12页。

料勇悍仁强孰与项王？汉王默然良久，曰：不如也。信再拜贺曰：惟信亦为大王不如也。然臣尝事之，请言项王之为人也。项王喑噁叱咤，千人皆废，然不能任属贤将，此特匹夫之勇耳。项王见人，恭敬慈爱，言语呕呕，人有疾病，涕泣分食饮，至使人有功当封爵者，印刓敝，忍不能予，此所谓妇人之仁也。项王虽霸天下而臣诸侯，不居关中而都彭城。有背义帝之约，而以亲爱王，诸侯不平。诸侯之见项王迁逐义帝，置江南，亦皆归逐其主而自王善地。项王所过，无不残灭者，天下多怨，百姓不亲附，特劫于威强耳。名虽为霸，实失天下心。故曰其强易弱。今大王诚能反其道：任天下武勇，何所不诛！以天下城邑封功臣，何以不服！以义兵从思东归之士，何以不散！且三秦王为秦将，将秦子弟数岁矣，所杀亡不可胜计，又欺其众降诸侯，至新安，项王诈坑秦降卒二十余万，唯独邯、欣、翳得脱，秦父兄怨此三人，痛入骨髓。今楚强以威王此三人，秦民莫爱也。大王之入武关，秋毫无所害，除秦苛法，与秦民约，法三章耳，秦民无不欲得大王王秦者。于诸侯之约，大王当王关中，关中民咸知之。大王失职入汉中，秦民无不恨者。今大王举而东，三秦可传檄而定也。于是汉王大喜，自以为得信晚。遂听信计，部署诸将所击。①

非常之事，必须由非常之人来做。韩信无疑就是非常之人。韩信采用妙计，出奇兵一举拿下三秦，使得刘邦集团初战告捷，顺利占领关中地区。这一战对于刘邦集团的崛起至关重要。如果没有这一战，刘邦可能永远只是西楚霸王主导天下政治秩序制度中的一个汉王而已。刘邦集团占领关中后，派大将韩信统率兵马，攻灭魏国，俘虏了魏王豹。这时，刘邦派遣张耳前来军中，与韩信一起领兵进攻代、赵两国。“信之下魏破代，汉辄使人收其精兵，诣荥阳以距楚。”②在大量精兵被刘邦征调走后，韩信与张耳率领剩余的

---

① 〔汉〕司马迁：《史记》，中华书局 2014 年版，第 3168—3169 页。

② 〔汉〕司马迁：《史记》，中华书局 1963 年版，第 2614 页。

数万兵马继续进攻赵国，井陉一战大破赵军二十万，斩杀赵国的成安君陈馀，俘获赵王歇。韩信采用李左车的计谋，乘着灭赵的声威，降服了燕国。刘邦在于荥阳与项羽作战不利兵力不足的情况下，轻装简从，以使者的身份，进入韩信、张耳的军营中，夺取了二人的兵权。“汉王夺两人军，即令张耳备守赵地，拜韩信为相国，收赵兵未发者击齐。”①在大量军队被刘邦征调后，韩信只能“重新征兵赵国，整编后东进征讨齐国”②。从这两起刘邦征调韩信所部军队的事件来看，韩信不但善于领兵作战，而且善于训练军队。这两点都是刘邦的短处，而这两点也是项羽的长处。刘邦与项羽争夺天下的精兵几乎都出自韩信之手，因为韩信登台拜帅之后，“将刘邦军整训为一支制度最为先进、战斗力极强的新型军队”③。

刘邦能战胜项羽得天下，最大的自身优势是能纳谏与善用人才。在与项羽多次作战处于下风的情况下，刘邦知道自己远远不是项羽的对手，因此把与项羽大决战，即垓下之战的作战指挥权交给了用兵如神的韩信。

公元前 202 年，“高祖与诸侯兵共击楚军，与项羽决胜垓下。淮阴侯将三十万自当之”④，刘邦集团连同诸路诸侯军“也是近三十万大军”⑤，项羽集团约有十万人。从兵力方面来看，刘邦集团具有了压倒性的优势。垓下一战，项羽大败，战死疆场。刘邦取得了重新主导分封天下，安排新政治秩序的权力。

作为垓下之战的汉方总指挥，韩信居功至伟。韩信的人生目标是什么？寻找施展才华的舞台，攻必克，战不胜，成就非凡的功绩。韩信做到了。千百年后的今天，韩信依然是中国历史上为数不多的顶级军事家之一。但是，当时的韩信心中肯定有着对人生未来的期待与规划。韩信与张耳攻占赵国后，即派遣使者上书刘邦，代张耳求封赵王。张耳与韩信共同领兵以来，韩信的战功要高于张耳，这是毋庸置疑的。这样看来，韩信为张耳求封赵王，

---

① 〔汉〕司马迁：《史记》，中华书局 1963 年版，第 2619 页。
② 李开元：《楚亡：从项羽到韩信》，生活·读书·新知三联书店 2015 年版，第 177 页。
③ 李开元：《楚亡：从项羽到韩信》，生活·读书·新知三联书店 2015 年版，第 36 页。
④ 〔汉〕司马迁：《史记》，中华书局 1963 年版，第 378 页。
⑤ 李开元：《楚亡：从项羽到韩信》，生活·读书·新知三联书店 2015 年版，第 218 页。

实则是为自己以后求封诸侯王作铺垫。因为张耳虽然军功不如韩信，但是有着韩信无法比拟的优势。张耳，大梁人，少年时曾追随信陵君，后娶外黄富家女，成为外黄县令，“名由此益贤”[①]。刘邦为布衣时，“尝数从张耳游，客数月”[②]。项羽主持分封天下诸侯时，以张耳一向有贤名且跟随项羽一同入关中的原因，分封张耳为常山王，拥有赵国的疆土。张耳被刘邦分封为赵王后，比张耳军功大的韩信如果再建奇功，就会离诸侯王咫尺之遥。

韩信正准备引大军进攻齐国时，听闻辩士郦食其已经说服了齐王归汉，因此欲收兵不再进攻齐国。此时，韩信帐下的谋士蒯通向韩信建言：“将军受诏击齐，而汉独发间使下齐，宁有诏止将军乎？何以得毋行！且郦生一士，伏轼掉三寸之舌，下齐七十余城，将军将数万众，岁余乃下赵五十余城，为将数岁，反不如一竖儒之功乎？”[③]韩信先前打下的赵国已经属于张耳，如果齐国在郦食其的游说下归顺，那么，韩信就没有了军功引以为资本，更谈不上向刘邦请求封王。韩信打下齐国，击杀项羽大将龙且后，以“齐伪诈多变，反复之国也，南边楚，不为假王以镇之，其势不定。愿为假王便”[④]，向刘邦上书请求为代理齐王。

刘邦主持分封诸侯王时，“汉所始封者，只有韩王韩信、齐王韩信和梁王彭越……三人之封王，皆因于军功”[⑤]。刘邦在同项羽交战时，约韩信和彭越会兵固陵，共同打击项羽。但韩信、彭越逾期不至。后经张良点拨，刘邦给韩、彭二人下书，表明获胜后，那些土地划归二人管辖。韩信和彭越接到书信后，率军前来与刘邦会师，一同进攻项羽。韩信、韩王信、彭越三人因军功获封为诸侯王后，他们的目标转而成为保住自己的诸侯王地位。

刘邦能称王的法理依据是楚怀王与诸将的约定。因此在得知楚怀王（义帝）被项羽谋杀后，刘邦痛心疾首，为义帝发丧，随后向天下各路诸侯发

---

① 〔汉〕司马迁：《史记》，中华书局 1963 年版，第 2571 页。
② 〔汉〕司马迁：《史记》，中华书局 1963 年版，第 2572 页。
③ 〔汉〕司马迁：《史记》，中华书局 1963 年版，第 2620 页。
④ 〔汉〕司马迁：《史记》，中华书局 1963 年版，第 2621 页。
⑤ 李开元：《汉帝国的建立与刘邦集团：军功受益阶层研究》，生活·读书·新知三联书店 2000 年版，第 87 页。

出讨伐项羽，为义帝报仇的檄文：“天下共立义帝，北面事之。今项羽放杀义帝于江南，大逆无道。寡人亲为发丧，诸侯皆缟素。悉发关内兵，收三河士，南浮江、汉以下，愿从诸侯王击楚之杀义帝者。”[①]刘邦通过为义帝发丧，向天下各路诸侯王传播讨伐项羽的檄文，接替了义帝的诸侯盟主之位，继任了天下共主，从法理上继承了主持分封天下政治秩序的权力。在击败项羽后，刘邦更是实际上拥有了分封天下诸侯，制定天下政治秩序的权力。

韩信等人在项羽制定的天下政治秩序中没有获得理想的地位，进而协助刘邦颠覆了项羽分封天下，制定好的政治秩序。他们期望在刘邦主导的天下政治秩序中获得、永葆诸侯王的地位。但是，刘邦不是项羽，二人构建天下政治秩序的理念迥异。刘邦在咸阳服徭役时，巧遇秦始皇出巡，秦始皇规模庞大而气派的皇家车马銮驾深深地吸引、震惊了刘邦。刘邦观之，不禁感叹：“嗟乎！大丈夫当如此也。”[②]刘邦羡慕、渴望成为秦始皇一样的人，天下唯一掌握权力的人。不过，在当时，由于种种原因，刘邦还无法做到如秦始皇一般独自掌控天下大权。

经过秦始皇统一六国与秦末战乱后，构建天下政治秩序的理念发生了巨大的变化。无论如何，天下的格局都不会回到秦国统一天下之前了。项羽夺得主导、制定天下政治秩序的权力时，在他的面前有三种选择：“一，回到战国，二，继承秦帝国，三，重起炉灶，建立新的秩序和制度。”[③]面对当时的天下局势，经过一番思考后，“项羽选择了第三条路，他折中古今，调和现实，在中国历史上首次实行了霸王主持下的封王建国”[④]。刘邦与众诸侯一起颠覆项羽主持制定的天下政治秩序后，需要制定新的天下政治秩序。公元前202年，众诸侯及汉王帐下的诸将共同上书，请求刘邦称帝。刘邦推却之。众人谏言曰：“大王起微细，诛暴逆，平定四海，有功者辄裂地而封为王侯。大王不尊号，皆疑不信。臣等以死守之。”[⑤]刘邦再三推却，众诸侯与群臣一

① 〔汉〕司马迁：《史记》，中华书局1963年版，第370页。

② 〔汉〕司马迁：《史记》，中华书局1963年版，第344页。

③④ 李开元：《秦崩：从秦始皇到刘邦》，生活·读书·新知三联书店2015年版，第348页。

⑤ 〔汉〕司马迁：《史记》，中华书局1963年版，第379页。

再上书劝进。刘邦最终接受了皇帝的尊号。众诸侯与群臣一再上书劝刘邦称帝，实质上是为了保障他们在以刘邦为首重新制定天下政治秩序中的地位，由"有功者辄裂地而封为王侯"这一句可见一斑。"刘邦作皇帝一事，不过是刘邦集团基于共天下的理念和历史，根据个人的功劳公平分配天下权益的一部分而已……不难看出，由这种理念和历史所规定的刘邦之皇权，并非是如秦始皇所拥有的那种绝对的专制皇权，而是一种新型的相对性有限皇权。"[①]尽管如此，以秦始皇为心中偶像的刘邦，在权力逐渐接近秦始皇时，绝不会止步于与众异姓诸侯王长期共享权力。

第二节　封王戍边：西汉初期异姓诸侯王最后的机会

在击败强敌项羽后，刘邦即以韩信是楚人，熟悉楚地风土人情为由，改封韩信为楚王。"这样，就使拥有重兵的韩信离开了他所控制的军队和地区"[②]，暂时令韩信处于无力对抗刘邦的弱势地位；同时可以麻痹韩信，身为楚人能做到楚王，衣锦还乡是一件多么风光的事。在上书劝进刘邦称帝时，诸侯王中楚王韩信名列第一。可见，韩信的战功之盛无人能及。从某种程度来说，韩信已经是诸侯王的代表。一众诸侯王极力劝进刘邦称帝，有着他们的利益谋划。他们劝刘邦"称帝是为了比王显得更尊贵，可潜台词是，有王才有帝，帝是在王基础上的更高，而不是无王的独高。帝因有别于王而显尊，倘若无王，帝就因失去了可比对象而无尊可言。这样一来，封建制度便成为皇帝制度的前提和基础"[③]。刘邦是以为义帝复仇的名义争取天下的诸侯王们背叛项羽，站到自己一边的。这样一来也就有了一个前提，就是他不得不承认诸侯王们的合法地位。因此，刘邦主持天下分封，制定新的政治秩

① 李开元：《汉帝国的建立与刘邦集团：军功受益阶层研究》，生活·读书·新知三联书店2000年版，第143页。

② 林剑鸣：《秦汉史》，上海人民出版社2003年版，第246页。

③ 雷戈：《秦汉之际的政治思想与皇权主义》，上海古籍出版社2006年版，第236页。

序时，不得不继续分封诸侯王。与此同时，那些有资格被封诸侯王的豪杰们具有让刘邦不可小觑的非凡实力。如果没有彭越、英布等人的支持与协助，即使刘邦拥有韩信这样的军事天才，恐怕项羽也不会一败涂地，至少在天下会有一片立足之地、容身之处。

而且，韩信、彭越、英布诸人“拥兵据地，已行割据之实，所谓分封不过是对现实割据局面的承认而已”[①]。当时，分封天下后的历史环境是：“汉初的诸侯王都是皇帝所立，是汉朝派往东方各地的统治者，在这一点上，他们与汉朝的郡守并无本质区别。但是在制度上，王国毕竟是与汉朝‘分地’而立的。在当时的法律和人们的观念中，它们既是汉帝国的一部分，又是与汉并立的‘国’。”[②]由此，诸侯国在以刘邦为皇帝的政治秩序中是合法的存在。想要减除诸侯国只有一个必要条件，那就是诸侯有谋反或者企图谋反的行为。

刘邦称帝后不久，燕王臧荼谋反，并攻占了代地。面对燕王臧荼的反叛，刘邦处置迅速，亲自带兵平叛。叛乱平息后，刘邦分封自己的同乡卢绾为燕王。卢绾的军功并不显赫，刘邦分封诸侯王，曾“欲王卢绾，为群臣觖望”[③]，因而分封卢绾一事只得暂时作罢。这次，臧荼的叛汉事件给了卢绾成为诸侯王的机会。卢绾受封燕王是刘邦构建的政治秩序下分封诸侯王原则的微调。卢绾成为燕王后，“其王国分封制度虽然没有变化，汉之王国封建原则却有了微妙的变化，开始了由因功封王向因亲封王的转变”[④]，因为卢绾与刘邦自幼一起长大，亲如兄弟。

臧荼的反叛触动了刘邦隐藏在内心深处的恐惧。“刘邦对韩信的戒心，并未因将其改封楚地而稍减。他那双充满猜忌的眼睛一刻不停地注视着韩信。”[⑤]楚汉相争时期，刘邦曾经两次征调韩信麾下的精兵，但是韩信不久之后就会又训练一支精兵出来。虽然韩信改封楚王后，离开了他一手打造的

---

① 周振鹤：《中国地方行政制度史》，上海人民出版社 2005 年版，第 42—43 页。

② 陈苏镇：《两汉魏晋南北朝史探幽》，北京大学出版社 2013 年版，第 142—143 页。

③ 〔汉〕司马迁：《史记》，中华书局 1963 年版，第 2637 页。

④ 李开元：《汉帝国的建立与刘邦集团：军功受益阶层研究》，生活・读书・新知三联书店 2000 年版，第 111 页。

⑤ 林剑鸣：《秦汉史》，上海人民出版社 2003 年版，第 256 页。

精兵部队，但是可以想见，韩信到楚地后，会重新打造出一支精兵部队。

刘邦一直密切关注着韩信的楚国，项羽手下的猛将钟离眛栖身在韩信处，同时，韩信巡视下属郡县往往会带领着许多军队。汉高祖六年（前 201 年），有人上书刘邦，说楚王韩信意图谋反。刘邦随即采取行动，大臣陈平献上妙计，以巡游云梦泽为名，召集诸侯会于陈。韩信得到通知，心里恐慌，不知所措，"信欲发兵反，自度无罪，欲谒上，恐见擒"①。后有人献策，斩杀项羽大将钟离眛，可获得汉皇刘邦的欢心，同时可保韩信的王位。钟离眛知道后，痛斥韩信糊涂，有钟离眛在，刘邦对韩信动手就会多一份顾虑，以韩信之谋加钟离眛之勇，刘邦确无必胜的把握；相反，钟离眛死之时，就是韩信被擒之日。果不其然，韩信向刘邦献上钟离眛的首级时，被汉军擒拿，押解着随刘邦北上。后刘邦废掉韩信的楚王爵位，降封为淮阴侯。通过汉高祖计擒韩信一事来看，韩信无意造反，如果韩信要反，恐怕早就接受武涉的提议，作为第三方势力出现在项、刘之间。并且，韩信心里一直以为有大功于汉室，刘邦会念其大功，允许其享受王爵，世代相继承。殊不知在项羽败亡后，他在刘邦眼中已然是头号危险分子，因为韩信有能力夺走刘邦主导制定天下政治秩序的权力。

刘邦构建的天下政治秩序不同于先前秦始皇与项羽构建的。在拿下韩信后，刘邦将继续剪除异姓诸侯王的势力。在废韩信楚王位的同年，刘邦下诏迁徙韩国。韩王信顺应形势，主动提出设都于最前线，承担封王戍边的重任，御敌于国门之外。这一举动背后有着韩王信的深思熟虑。当年劝进表上，韩王信是紧紧排在楚王韩信后面的诸侯王，名列第二。韩王信也是一员能征善战的大将，在楚汉相争时，"韩信略定韩十余城"②。先前刘邦曾答应封韩王信为韩王，这样韩王信打下韩国的十几座城池就是在为自己打拼。据韩王信的这一举动可以推测，其是一个有才略、精于谋划、了解刘邦的人。

在重新构建的政治秩序中，刘邦需要拥有独一无二、至高无上的地位。

---

① 〔汉〕司马迁：《史记》，中华书局 1963 年版，第 2627 页。

② 〔汉〕司马迁：《史记》，中华书局 1963 年版，第 2632 页。

但刘邦与秦始皇、项羽相比没有显赫的身世，只能另辟蹊径，建构一种超凡的身世渊源。因此，刘邦“需要制造龙种的神话来弥补身世的不足，借助太阳的光辉来使人感到炫目”[①]。此后，天子出生时显现异象而为龙种的描述不绝于历朝正史。皇帝这一尊号是秦灭六国后，群臣共议，为了突出秦始皇前无古人的伟大功绩而提出的。“平定天下，海内为郡县，法令由一统，自上古以来未尝有，五帝所不及。”[②]以皇帝为中心的天下政治秩序，由秦始皇开创，虽然在秦末战争中暂时遭废弃，但是随着刘邦称帝，重新得到建立。因而西汉初期诸侯王与皇帝共享天下的政治格局，随着皇权的巩固，必然会被打破。刘邦建立西汉王朝，“这同时又是秦始皇已开其端的统一的回归，帝业的胜利”[③]。

诸侯王们是不希望帝业回归的。他们希望天下是皇帝与诸侯王共存的政治秩序。但这只是一厢情愿而已，诸侯王要想保持地位，离不开地盘与军队。随着战功最盛的楚王韩信被拿下，剩余的诸侯王中无一人有韩信的才华，不到万不得已，他们不会与刘邦兵戎相见。因此，在接到刘邦迁徙韩国的诏书后，韩王信展示了他的智慧，主动请缨设都于当时的前沿边防重地马邑。韩王信的封国位于西汉的前沿，与匈奴接壤，由于地处北疆边防重地，刘邦会允许他握有军队。如果刘邦意图剥夺他的权力，他也可以向匈奴寻求庇护。匈奴常常南下劫掠，需要韩王信这样熟悉西汉王朝内幕的将领。如此一来，韩王信便到代地为王，执行封王戍边的策略。刘邦与韩王信之间暂时达成了妥协。封王戍边是韩王信在以皇帝刘邦为中心的天下政治秩序中，保持其诸侯王地位的最后机会。同时，封王戍边的本质，可以从燕王卢绾部将张胜与故燕王臧荼之子臧衍之间的一番对话中得到佐证。臧衍对张胜曰：“公所以重于燕者，以习胡事也。燕所以久存者，以诸侯数反，兵连不决也。”[④]这番对话，基本上道出了封王戍边是异姓诸侯王最后保持王位的机会，以及西汉王朝与异姓诸侯王之间暂时相安无事、暂时妥协的实质。但这

---

① 李开元：《秦崩：从秦始皇到刘邦》，生活·读书·新知三联书店 2015 年版，第 12 页。

② 〔汉〕司马迁：《史记》，中华书局 1963 年版，第 236 页。

③ 田余庆：《秦汉魏晋史探微》，中华书局 1993 年版，第 28 页。

④ 〔汉〕司马迁：《史记》，中华书局 1963 年版，第 2638 页。

种妥协注定是脆弱的。下文将以代地的封王戍边对此进行分析、论述。

第三节　代地与封王戍边

刘邦于称帝，建立西汉王朝的第二年（前 201 年）春，颁布了一道诏书，把韩国的封地由颍川郡迁移到了太原郡，其目的是让韩王信来戍守北方边疆，防御崛起于内蒙古高原的匈奴政权。《史记・韩信卢绾列传》："乃诏徙韩王信王太原以北，备御胡，都晋阳。"①《汉书・魏豹田儋韩[王]信传》："乃更以太原郡为韩国，徙信以备胡，都晋阳。"②这道诏书引出了封王戍边这一历史大事件。而封王戍边这一历史大事件中的若干典型事件大都发生在代地。项羽分封诸侯时，改封赵王歇为代王。代王歇曾统辖云中、雁门、代、太原四郡。③ 此后，韩王信管辖太原郡，剩下的三郡由刘邦的次兄代王刘喜管辖。"壬子，以云中、雁门、代郡五十三县立兄宜信侯喜为代王……以太原郡三十一县为韩国，徙韩王信都晋阳。"④从这样的安排来看，刘邦是要他的二哥刘喜与韩王信共同承担封王戍边这一重任。就辖地中的郡县数而论，刘喜的职权重于韩王信。不过，韩王信出身韩国王族，又是一位久经沙场的宿将，能否甘居刘喜之下，尚且是未知数。

汉高祖七年（前 200 年）秋九月，"匈奴围韩王信于马邑，信降匈奴"⑤。这一年的冬十月，刘邦亲自统率三十二万大军北击匈奴，不料中了匈奴的诱敌之计，被围困于平城（今大同）附近的白登山七天七夜。后来，在采用陈平的计策以及后援大军到来的情况下，刘邦才解围脱困。从行政区划来看，马邑（今朔州）与平城（今大同）均属于雁门郡的管辖范围，而雁门郡是代王刘喜的封地之一。如果代王刘喜居于代郡，发生在其管辖下三郡之一的雁门

① 〔汉〕司马迁：《史记》，中华书局 2014 年版，第 3193 页。
② 〔汉〕班固：《汉书》，中华书局 1962 年版，第 1853 页。
③ 参见周振鹤：《西汉政区地理》，人民出版社 1987 年版，第 250 页。
④ 〔汉〕班固：《汉书》，中华书局 1962 年版，第 61 页。
⑤ 〔汉〕班固：《汉书》，中华书局 1962 年版，第 63 页。

郡境内的战争，怎么会不波及他？代王刘喜应该是应对匈奴南下劫掠的主要军事负责人。匈奴南下攻略雁门郡，又怎么会不攻略毗邻的代郡？刘喜管辖的云中、代郡、雁门三郡，在匈奴骑兵南下时，都会受到直接冲击，均是发生战争的场所。如果当时刘喜在代地的话，首先直面匈奴骑兵的应该是他，而不是位于偏南太原郡的韩王信。刘喜勤劳耕作，擅长农业生产，打理家业是一把好手。但要他做镇守边疆，统率三军的诸侯王，却是勉为其难。同年十二月，“匈奴攻代，代王喜弃国”[①]，马不停蹄，一路狂奔回洛阳。由此，我们是否可以得出匈奴骑兵南下围困韩王信与刘邦受困白登山这两个历史事件发生时，刘喜并不在代地的结论？否则，擅长农事却对军事一窍不通的刘喜早就南逃了，不会在几个月后才南逃。司马迁在《史记》中，记载刘仲（即刘喜）被封为代王的时间是汉高祖七年，而不是汉高祖六年。刘邦从白登山脱困后，“令樊哙止定代地。立兄刘仲为代王”[②]。

因此可知，刘喜受封为代王的时间应该在韩王信叛逃之后。刘邦脱困后，“竟与大军合，而冒顿遂引兵而去”[③]。匈奴向北撤兵的主观原因是“今得汉地，而单于终非能居之也”[④]。这样，在汉军主力到来，匈奴北撤的情况下，西汉大将樊哙暂时平定了代地。刘喜被封为代王，镇守此地。在此之前，实际意义上的代王是韩王信，也即韩国实际上迁移到了代国。“是时汉初定中国，徙韩王信于代，都马邑。”[⑤]正因如此，司马迁在《史记·诸侯王表》中，才将韩王信系于代国条目之下。

秦末天下战乱四起，政治秩序崩溃，昔日六国的王室贵族与各地豪杰纷纷而起，一时间战火遍布天下。此时，匈奴部族出现了一代雄主冒顿。冒顿继任匈奴单于后，击败东胡，西逐月氏，统一了北方的诸游牧部族。接着乘中原战乱不止之际，挥鞭南下，遂侵燕、代之地，“单于之庭直代、云中”[⑥]。刘邦建立西汉王朝之时，“代地大部为匈奴所侵，以至太原郡被边”[⑦]。由此

---

① 〔汉〕班固：《汉书》，中华书局1962年版，第63页。
② 〔汉〕司马迁：《史记》中华书局2014年版，第484页。
③④⑤⑥ 〔汉〕司马迁：《史记》，中华书局2014年版，第3499页。
⑦ 周振鹤：《西汉政区地理》，人民出版社1987年版，第72页。

可以进一步得出，既然司马迁把韩王信系于代国条日下，那么此时的代地应该包括尚未被匈奴侵占的代国故地与太原郡，也就是故代王歇的辖地除去被匈奴侵占的地方。而此时的代地是异常重要的边防重地，因为它直接面对匈奴单于庭。在刘喜弃国后，刘邦封其爱子刘如意为代王，后又改封刘如意为赵王。这一时期"代地属赵"[①]。

当时，代地的实际管理者是赵相国陈豨。陈豨系济阴郡宛句县人，被刘邦委以重任，"以赵相国将监赵、代边兵，边兵皆属焉"[②]。陈豨手握重兵，虽然只是相国，其实无异于诸侯王。贾谊在奏疏中便将陈豨与燕王卢绾并列，"卢绾王燕，陈豨在代"[③]。后来陈豨叛乱，刘邦又封其子刘恒为代王，都晋阳。此后，边疆重镇代地的诸侯王一直由皇族刘氏中人担任。吕后称制时，曾欲改封代王刘恒为赵王。刘恒上书推却，理由是"愿守代边"[④]。由这一事件可以看出西汉初期代地边防的重要性。

综上所述，西汉初期代地直面匈奴单于庭，其边防事关西汉王朝的安危，处于极其重要的地位。代地异姓诸侯王与同姓诸侯王之间的演变替换，折射出西汉初期政治秩序重构后，分封者与受封者之间复杂的君臣关系。

第四节 代地封王戍边的困境

西汉建国之初，北方疆界大幅内缩，"自雁门、太原以东至辽阳，为燕、代国"[⑤]。因此，代地便成为西汉实行封王戍边策略以抵御匈奴的前沿阵地。既然不得不分封异姓诸侯王，那么分封异姓诸侯王于毗邻匈奴政权的边疆地区，在西汉初期的历史环境之下，对刘邦来说未尝不是一种一举两得的良策。分封异姓诸侯王于北疆毗邻匈奴的地区，既可以借助异姓诸侯王统率兵马的才

① 周振鹤：《西汉政区地理》，人民出版社 1987 年版，第 72 页。
② 〔汉〕司马迁：《史记》，中华书局 2014 年版，第 3200 页。
③ 〔汉〕班固：《汉书》，中华书局 1962 年版，第 2233 页。
④ 〔汉〕司马迁：《史记》，中华书局 2014 年版，第 513 页。
⑤ 〔汉〕司马迁：《史记》，中华书局 2014 年版，第 801—802 页。

干来抵御匈奴的南侵，又可以凭借匈奴的南侵来消耗异姓诸侯王的实力。

由此可知，西汉初期封王戍边的边防策略很可能就是在当时内忧外患的历史环境下应运而生的。

韩王信的韩国起初位于颍川郡，当时韩王信“所王北近巩、洛，南迫宛、叶，东有淮阳，皆天下劲兵处”[①]。为了避免韩王信汇集天下善战之卒于麾下这一可能出现的潜在威胁，刘邦决定把韩国从颍川郡迁移到毗邻匈奴的北疆之地。迁徙韩国之初，定晋阳为韩国都城，但韩王信上书刘邦曰：“国被边，匈奴数入，晋阳去塞远，请治马邑”[②]，主动要求改设都于马邑，直接面对匈奴政权。韩王信请求改都正是为了执行西汉王朝的封王戍边策略。像韩王信这样军事经验丰富的大将，要是忠心于西汉王朝，的确可以起到戍守边疆、安定边郡的作用，但如果其胸怀异心，叛汉而附匈奴，则会对西汉边疆一带造成巨大的危害。后来，刘邦在邻近边疆的燕、代之国逐一废逐异姓诸侯王而改封同姓诸侯王，正是为了扭转戍边异姓诸侯王与匈奴相互勾结，共同劫掠西汉北部郡县这一威胁。

公元前 201 年秋，冒顿单于率匈奴骑兵南下，围困韩王信于马邑。韩王信在派人向西汉朝廷求援的同时，多次派使臣赴冒顿单于的军营中求和。西汉朝廷听闻匈奴骑兵大肆进犯，围困马邑，遂发兵救援。同时，由于韩王信的私人使者数次往返于马邑与匈奴军营之间，刘邦怀疑韩王信有反叛之心，于是派使臣下诏书痛斥韩王信，“专死不勇，专生不任，寇攻马邑，君王力不足以坚守乎？安危存亡之地，此二者朕所以责于君王”[③]。韩王信接到诏书后，心怀恐惧，恐遭废黜、囚禁甚至诛杀，索性与冒顿单于联合犯汉，献出马邑城，进而邀请冒顿共同攻略西汉北方郡县。韩王信以前的封地环境要远远好于迁徙后的封地，其心中可能本已有怨言，在刘邦严厉的训斥下，韩王信难免想起被刘邦废除王位贬为淮阴侯的韩信，遂一不做二不休，叛汉归降匈奴了，进而依靠匈奴的力量割据代地，自立为王。冒顿单于得到韩王信的帮助

①② 〔汉〕司马迁：《史记》，中华书局 2014 年版，第 3193 页。
③ 〔汉〕班固：《汉书》，中华书局 1962 年版，第 1854 页。

后，一路势如破竹，匈奴骑兵南下越过句注山，攻入太原郡，兵锋直至晋阳城下。韩王信叛变事件，说明西汉初期的封王戍边策略存在着严重的困境，因为封王戍边是西汉皇室与异姓诸侯王之间为了权力暂时妥协的产物。

后来，刘邦委任陈豨以赵相国的身份统领代地兵马，戍守边疆。陈豨从少年时起便奉战国四公子之一的信陵君为榜样，颇有豪侠气质，其领重兵镇守边关，成为一方诸侯后，便广“招致宾客而下士，名声过实”[①]。当时的赵相周昌见陈豨出行相随的宾客所乘之车达千余，遂上书刘邦，“具言豨宾客盛甚，擅兵于外数岁，恐有变”[②]。刘邦派人彻查陈豨宾客“居代者财物诸不法事”[③]，这些事往往多牵扯到陈豨。而后，刘邦下诏召陈豨入京，陈豨称病推脱不往。恰逢韩王信派心腹前来游说，“信令王黄等说误陈豨”[④]，经过一番思考后，陈豨决定起兵反汉，与匈奴及韩王信部联合，自立为代王。陈豨的叛变事件再次说明封王戍边策略存在着严重的困境。

综上，分封异姓王诸侯戍守边疆，在一定的条件下，往往会使边疆局势恶化。而这一现象背后，有着复杂的历史原因。为了消弭异姓诸侯王戍守边疆可能带来的威胁，西汉王朝任命同姓诸侯王来替代异姓诸侯王。西汉前期出现的封王戍边现象，其主要根源是西汉前期的政治秩序。

① 〔汉〕司马迁：《史记》，中华书局 2014 年版，第 3185 页。

② 〔汉〕司马迁：《史记》，中华书局 2014 年版，第 3182—3183 页。

③ 〔汉〕司马迁：《史记》，中华书局 2014 年版，第 3183 页。

④ 〔汉〕司马迁：《史记》，中华书局 2014 年版，第 3177 页。

第八章　乌桓三次南迁的历史情境探讨

乌桓源于东胡，这是学界中的不争之论。东胡强盛一时，终为匈奴所败，其苗裔乌桓尽管远遁至乌桓山，但依然难逃匈奴的横征暴敛。中原秦汉王朝的崛起与匈奴的草原霸权形成两强对峙的局面，给了乌桓得以摆脱匈奴控制的机遇。此后，乌桓一直在汉匈两强之间扮演着极为重要的角色。鉴于乌桓在中国古代历史上的地位，学界中关于乌桓的论著甚是丰富。[①] 然而其中却乏于对乌桓三次南迁进行详细探讨。乌桓三次南迁是其部族历史上的重大历史事件。这一事件基本上折射出了乌桓部族发展演变的历史脉络与最终走向。笔者拟以汉朝、匈奴和乌桓三者之间的互动关系、东汉末年的军阀混战等为背景，以王朝治理边疆为视角来探讨乌桓部族的三次南迁，进而求溯、分析此事件真实的面貌。

---

① 国内外学界涉及乌桓的论著非常之多。例如[日]白鸟库吉：《东胡民族考》，方壮猷译，商务印书馆 1934 年版；[日]江上波夫：《骑马民族国家》，张承志译，光明日报出版社 1988 年版；马长寿：《乌桓与鲜卑》，广西师范大学出版社 2006 年版；林幹：《东胡史》，内蒙古人民出版社 2007 年版；王文光、张曙晖：《两汉时期乌桓鲜卑的历史人类学研究》，《广西民族大学学报》2018 年第 4 期；孟克巴雅尔：《乌桓历史若干问题研究》，内蒙古大学博士学位论文，2016 年。其他论著在此不作一一叙述。

第一节　双赢的第一次南迁

关于乌桓三次南迁的问题，笔者先前曾进行过一些粗浅的探讨[①]，提出骑兵因素是乌桓三次南迁的直接原因。但是，通过史料我们会发现，骑兵因素仅仅是促成乌桓三次南迁的重要原因之一。乌桓三次南迁的史实关系到乌桓整个部族的发展兴衰，因此对其的研究显然不能脱离当时的历史情境。

乌桓的前身东胡曾经强盛一时，掌控草原空间的支配权力。建立匈奴政权的冒顿单于便曾为质于东胡。“冒顿既立，是时东胡强盛，闻冒顿杀父自立，乃使使谓冒顿”[②]，东胡使者前来并非向冒顿道喜，而是索要其父头曼单于的千里宝马。冒顿与群臣商议此事，群臣以千里马是匈奴宝物为由，均不赞成将其予东胡。而冒顿力排众议，以与邻国关系为重，坚持送千里马给东胡。不久东胡王再派使者向冒顿索要美女，冒顿再次屈服。这样一来，“东胡王愈益骄，西侵”[③]。东胡使者再次来到匈奴，这次是欲索要土地，“匈奴所与我界瓯脱外弃地，匈奴非能至也，吾欲有之”[④]。这次朝议，冒顿与群臣所持的立场反转。群臣中有人认为：“此弃地，予之亦可，勿予亦可。”[⑤]冒顿大怒，坚决反对：“地者，国之本也，奈何予之！”[⑥]并以此为借口出兵袭击东胡，“东胡初轻冒顿，不为备。及冒顿以兵至，击，大破灭东胡王，而虏其民人及畜产”[⑦]。东胡的覆灭，一方面是由于被冒顿的“弱者”形象所欺骗，另一方面则应该是对自身实力过于自信的结果。

东胡三次分别向匈奴索要宝马、美女以及土地。这三者的象征意义不同，土地是草原空间支配权力的体现，而宝马和美女只是获得草原空间支配权力后自然会拥有的“附属品”。匈奴在击败东胡和月氏之后，“尽服从北夷，而南与中国为敌国，其世传国官号乃可得而记云”[⑧]。可见，匈奴之所以走进历史文献的记载，是因为它强大到成了汉王朝的

---

① 张晋：《探析乌桓三次南迁中的骑兵因素》，《阴山学刊》2015年第2期。

②③④⑤⑥⑦〔汉〕司马迁：《史记》，中华书局2014年版，第3494页。

⑧〔汉〕司马迁：《史记》，中华书局2014年版，第3495页。

对手。

匈奴确立了在草原空间的霸主地位，并与汉朝形成两强并立的局面。其在草原空间中实行了分封模式的统治形式，形成了不同于中原王朝模式的“部落-国家”[①]政治秩序。乌桓作为东胡的直系后裔[②]，是匈奴为了维护其霸权主要打压的对象。因为同样来自草原，精通骑射技艺的游牧部族才是匈奴主要的敌人[③]，而无法持久跨越内亚边疆的中原王朝[④]是无法真正威胁到匈奴的。匈奴人口不足汉朝下辖之一郡，然而可以与汉相抗衡，正是由于匈奴迥异于中原的生活方式。其“逐水草迁徙，毋城郭常处耕田之业……儿能骑羊，引弓射鸟鼠；少长则射狐兔，用为食。士力能弯弓，尽为甲骑”[⑤]。而乌桓“俗善骑射，弋猎禽兽为事。随水草放牧，居无常处”[⑥]，生活习俗同于匈奴，骑射技艺也不逊于匈奴，两者正是相当的敌手。

但是东胡败溃，余部化名乌桓后，“众遂孤弱”[⑦]，势单力孤，已经不能对匈奴造成实际上的危险。不过乌桓依然具有与匈奴争雄的潜质。乌桓部众间“有勇健能理决斗讼者，推为大人，无世业相继”[⑧]。这种形式推举出来的“大人”，实则是部落联盟首领，在日常行事中，其“权威已经确立，并在增长中”[⑨]。这不禁令人联想起昔日的“东胡王”。在从部落向国家的转型中，权力个人化是至关重要的一个条件。[⑩] 当时虽然乌桓臣服于匈奴，但在匈奴眼中，乌桓绝不是臣民，而是潜在的竞争者。匈奴要求乌桓按时缴纳贡赋，“岁输牛马羊皮，过时不具，辄没其妻子”[⑪]，以缴纳不及时为由，对乌桓行减丁

---

① [美]狄宇宙：《古代中国与其强邻：东亚历史上游牧力量的兴起》，中国社会科学出版社2010年版，第215页。

②⑥⑧〔南朝宋〕范晔：《后汉书》，中华书局1974年版，第2979页。

③ [美]狄宇宙：《古代中国与其强邻：东亚历史上游牧力量的兴起》，中国社会科学出版社2010年版，第217页。

④ [美]拉铁摩尔：《中国的亚洲内陆边疆》，唐晓峰译，江苏人民出版社2005年版，第307页。

⑤ 〔汉〕司马迁：《史记》，中华书局2014年版，第3484页。

⑦⑪〔南朝宋〕范晔：《后汉书》，中华书局1974年版，第2981页。

⑨ 木芹：《两汉民族关系史》，四川民族出版社1988年版，第30页。

⑩ [法]亚历山大·莫瑞、[法]G. 戴维：《从部落到帝国——原始社会和古代东方的社会组织》，郭子林译，大众出版社2010年版，第72—92页。

灭口之事。故此，匈奴对乌桓的“奴役和勒索是十分严重和苛刻的”[①]。乌桓要想获得生存的合理空间，只能逃离到匈奴支配权力的边界之外。

汉朝立国初期，开国之君刘邦在对匈奴的战争中就遭遇了白登之围的惨败。这一战导致汉初统治集团对匈奴产生了畏惧心理。[②] 汉高祖刘邦在匈奴骑兵的重重包围之下，究竟是如何脱险的？中外学者对汉高祖白登山脱困这一问题有诸多论述，尚无统一定论。但是，当时刘邦身在重重包围中的困境，却可以从现存史料中以管窥豹。荀悦所编撰的《汉纪》是奉汉献帝的皇命而作。关于刘邦脱困一事，其记载曰：“其计秘，世莫得闻也。”[③]如此言语给后人留下了无限遐想的空间。正是刘邦生死一线脱困不易，才有了汉初数十年间对匈奴不敢轻言战事的窘境。即使是在冒顿以书信形式冒犯吕后这样有辱朝仪的事情发生后，汉朝依然不敢轻言战事。何况“匈奴之地广大，而戎马之足轻利……利则虎曳，病则鸟折”[④]，与这样的对手作战，步兵在主动出击的情形下毫无胜算，而汉军当时以步兵为主。汉初严重缺马，“自天子不能具钧驷”[⑤]，在这样的情境下，汉试图以和亲策略来谋求两国和平相处。但匈奴骑兵仍然不时南下，“所到之处，毁坏庄稼，劫夺财产，杀掠吏民，抄掠人口”[⑥]。只有大力发展骑兵才能有效阻止匈奴南下，因此“天子为伐胡，盛养马”[⑦]。发展养马业，培养骑兵是大力发展骑兵的一种途径。还有一种途径是招募游牧部众来建立骑兵部队。汉臣晁错曾向汉帝上书进言，建议“以蛮夷攻蛮夷”[⑧]，理由如下：“今匈奴地形技艺与中国异。上下山阪，出入溪涧，中国之马弗与也；险道倾仄，且驰且射，中国之骑弗与也”[⑨]。贾谊边防观的主张也是收降游牧部族，使其“各有分地以卫

---

① 林幹：《东胡史》，内蒙古人民出版社 2007 年版，第 36 页。
② 武沐：《匈奴史研究》，民族出版社 2009 年版，第 120 页。
③ 〔汉〕荀悦：《汉纪》，中华书局 2017 年版，第 43 页。
④ 王利器校注：《盐铁论校注》，中华书局 1992 年版，第 497 页。
⑤ 〔汉〕司马迁：《史记》，中华书局 2014 年版，第 1711 页。
⑥ 林幹：《匈奴史》，内蒙古人民出版社 2007 年版，第 46 页。
⑦ 〔汉〕司马迁：《史记》，中华书局 2014 年版，第 1719 页。
⑧⑨ 〔汉〕班固：《汉书》，中华书局 1962 年版，第 2281 页。

边”[①]。

当时汉朝与匈奴几乎同时出现，形成了两强对峙的局面。在此历史情境之下，实力薄弱的乌桓“不役属匈奴，就属于汉”[②]。乌桓臣服匈奴期间，应该不只是按时缴纳贡赋，还需要出兵协同作战。所以在汉武帝派遣骠骑将军霍去病攻破匈奴左地时，作出了迁徙乌桓到五边郡（上谷、渔阳、右北平、辽西、辽东）塞外的决定，目的是使乌桓“为汉侦察匈奴动静”[③]。众所周知，匈奴骑兵的优势在于纵马驰骋、如风似电，令汉军难以掌握其动向。而现在汉军有同样精于骑射技艺的乌桓部众的加入，于是对匈奴动向的了解有了大幅度的提升。并且乌桓部众也乐于南迁，因为可以凭借汉朝的庇护来摆脱匈奴“对他们的奴役与勒索”[④]。因此，乌桓的第一次南迁对乌桓与汉两方都是有利的，是一次双赢的南迁。同时，此次南迁对古代中国北部边疆多民族间的发展融合有着重大的历史意义。[⑤]

第二节　融入王朝边疆管理体系中的第二次南迁

乌桓在南迁后，作为汉朝的游击侦察部队，自然受到其保护，虽然依旧游牧于长城塞外，但实际上已然成为汉朝长城防御带的一部分。到汉昭帝时期，“乌桓渐强”[⑥]，逃离匈奴的控制获得发展壮大实力的机会，这不能不说得益于汉朝的庇护之荫。“乌桓既然得到汉朝的保护，他们为了报匈奴冒顿破灭其祖先之耻”[⑦]，出兵盗掘了匈奴单于的祖坟。这一行径令匈奴大为恼火，愤然派出两万精骑兵攻打乌桓。当时汉王朝实际上的主政者大

---

① 〔汉〕贾谊撰，阎振益、钟夏校注：《新书校注》，中华书局 2000 年版，第 134 页。

② 翁独健：《中国民族关系史纲要》，中国社会科学出版社 2001 年版，第 117 页。

③⑥〔南朝宋〕范晔：《后汉书》，中华书局 1974 年版，第 2981 页。

④ 林幹：《东胡史》，内蒙古人民出版社 2007 年版，第 36 页。

⑤ 王文光、张曙晖：《两汉时期乌桓鲜卑的历史人类学研究》，《广西民族大学学报》2018 年第 4 期，第 43 页。

⑦ 马长寿：《乌桓与鲜卑》，广西师范大学出版社 2006 年版，第 122 页。

将军霍光从匈奴降者处听闻此事后，当下便向护军都尉赵充国咨询汉军是否应该乘机出兵攻击匈奴。赵充国认为："乌桓间数犯塞，今匈奴击之，于汉便。又匈奴希寇盗，北边幸无事。蛮夷自相攻击，而发兵要之，招寇生事，非计也。"[①]赵充国长期在边疆防御前线驻守，熟知匈奴、乌桓和西羌事务。其上书奏折中曾提及"匈奴不可不备，乌桓不可不忧"[②]。在他眼中，乌桓和匈奴都是汉朝的边防之患。后霍光派范明友率领两万骑兵北上，匈奴闻汉军将至，遂退却而去。临行前，霍光曾嘱咐范明友："兵不空出，即后匈奴，遂击乌桓。"[③]乌桓遭遇匈奴、汉军连续打击，发展势头暂时被压制了。霍光叮嘱范明友攻击乌桓的决策，不知道是否受到了赵充国谏言的影响。不过，可以肯定的是，乌桓在汉武帝时期南迁五边郡塞外后，有着自己的战略意图：脱离匈奴的残酷掌控，在汉朝的庇护下，发展壮大实力，实力足够强大之后，能够成为汉匈之间独立存在的势力集团。但是无论匈奴还是汉朝显然都不希望乌桓发展成为独立于双方权力边界之外的集团势力。

对汉朝来说，单纯迁徙乌桓至邻近边郡塞外之地是喜忧参半。需要让乌桓融入汉的边防体系之中，才能使得乌桓为帝国所用，而无侵扰之忧。光武帝刘秀重新建立汉王朝之后，随着国内的日渐平定，逐渐将目光注视到了边疆地带。

王莽建新代汉时期，征召乌桓骑兵屯驻代郡，其妻子儿女皆为人质。乌桓将士水土不服，同时担心戍边无期，因此向王莽请求归去。在王莽拒绝的情况下，"遂自亡畔，还为抄盗"[④]，王莽震怒，下令斩杀人质。这样，乌桓部众便与新朝反目结怨，匈奴乘机拉拢乌桓，"诱其豪帅以为吏，余者皆羁縻属之"[⑤]。一时间王朝边疆秩序崩溃，烽烟四起。东汉立国之初，乌桓与匈奴"连兵为寇，代郡以东尤为被其害"[⑥]。但是，从历史上看，乌桓与匈奴积怨甚

---

① 〔汉〕班固：《汉书》，中华书局 1962 年版，第 3784 页。
② 〔汉〕班固：《汉书》，中华书局 1962 年版，第 2970 页。
③ 〔汉〕班固：《汉书》，中华书局 1962 年版，第 3748 页。
④⑤ 〔汉〕班固，《汉书》，中华书局 1962 年版，第 2981 页。
⑥ 〔汉〕班固：《汉书》，中华书局 1962 年版，第 2982 页。

深。在东胡被匈奴击溃之时，作为东胡余部的“乌桓人丧失了所有的土地”[①]，败归乌桓山却依然难逃匈奴的残酷压榨。这实则是在匈奴霸权主导的草原空间之中，乌桓根本没有发展复兴的希望。故此，二者之间的结盟只能是暂时性的。

建武二十二年(46 年)，匈奴“连年旱蝗，赤地数千里，草木尽枯，人畜饥疫，死耗太半”[②]。同时因为单于位之争，匈奴内部产生了分裂。乌桓紧紧抓住时机，大举进攻匈奴，图报亡国之恨。“乌桓和匈奴的矛盾既已暴露无遗”[③]，东汉光武帝刘秀借此良机“以币帛贿赂乌桓”[④]，重新拉拢乌桓回归汉朝的边防体系之中。游牧骑兵的加入，可以使得汉朝精心建设的骑兵、长城与边郡互为支撑的边防管理体系真正形成。[⑤] 因此乌桓第二次南迁是在“东汉官府的鼓励和招徕下”[⑥]进行的。建武二十五年(49 年)，“辽西乌桓大人郝旦等九百二十二人率众向化，诣阙朝贡，献奴婢牛马及弓虎豹貂皮”[⑦]。这九百二十二人均是乌桓部落首领，由此可知此次南迁乌桓部众数量之可观。[⑧] 在乌桓第一次南迁后，当中原王朝与乌桓之间的关系出现危机时，乌桓凭借“居止近塞，朝发穹庐，暮至城郭”[⑨]的地理优势，“可以对东汉边郡发起频繁的侵袭”[⑩]。于是，东汉在主导乌桓第二次南迁时，变以前的迁居塞外为塞内。“封其渠帅为侯王君长者八十一人，皆居塞内，布于缘边诸郡，令招来种人，给其衣食，遂为汉侦候，助击匈奴、鲜卑。”[⑪] 乌桓归附东汉后，其骑兵职能与先前归附西汉时相差不多，主要为侦察警戒，协助汉军进攻其他盘踞于草原上的游牧部族。在班固的建议下，东汉设置了西汉曾经设立的护乌桓校尉一职官于上谷郡宁城，主管前来归附的乌桓部众，其职责为“赏赐质子，岁时互市焉”[⑫]。

---

① 韩茂莉：《中国历史农业地理》，北京大学出版社 2012 年版，第 756 页。

② 〔南朝宋〕范晔：《后汉书》，中华书局 1974 年版，第 2942 页。

③ 马长寿：《乌桓与鲜卑》，广西师范大学出版社 2006 年版，第 124 页。

④⑦⑨⑪⑫ 〔南朝宋〕范晔：《后汉书》，中华书局 1974 年版，第 2982 页。

⑤ 张晋：《战国、秦汉时期中原骑兵、长城、边郡互为支撑的防御体系述论》，内蒙古大学硕士学位论文，2015 年，第 33 页。

⑥⑧ 安介生：《历史民族地理》，山东教育出版社 2007 年版，第 227 页。

⑩ 张晋：《探析乌桓三次南迁中的骑兵因素》，《阴山学刊》2015 年第 2 期，第 28 页。

这一职官的设立标志着东汉王朝“将乌桓纳入到了有效管辖之下”[①]。

东汉从乌桓诸部中选拔特别精于骑射者，组成善于冲锋陷阵的“突骑”精兵。东汉的开国皇帝刘秀十分赏识乌桓“突骑”强悍的战斗力，曾赞赏曰：“吾闻突骑天下精兵，今乃见其战，乐可言邪？”[②]在东汉丰厚的赏赐之下，“乌桓或愿留宿卫”[③]。乌桓骑兵进入皇室卫队意义重大，说明乌桓已经融入了王朝政治秩序中。据《汉书·百官公卿表》记载，“长水校尉掌长水宣曲胡骑。又有胡骑校尉，掌池阳胡骑，不常置”[④]。这里的胡骑应该是意指归附西汉的游牧骑兵，没有特指哪个部族。到了《后汉书·志·百官》，则将长水校尉记载为：“长水校尉一人，比二千石。本注曰：掌宿卫兵。司马、胡骑司马各一人，千石。本注曰：掌宿卫，主乌桓骑。”[⑤]这条史料表明，长水校尉统率的士兵，“东汉时以乌桓骑为主”[⑥]。而这一变化充分说明了东汉皇室对乌桓骑兵的重视与信任。乌桓骑兵不仅随军出征塞外，而且“转战至于荆、交等州”，参与平叛东汉的地方动乱。这些情况表明，乌桓骑兵已经是东汉军事力量的一部分。其后，“汉、魏、晋各朝，乌桓突骑始终是天下名骑”[⑦]，成为精锐骑兵的代名词。至此，迁居塞内与留居塞外的乌桓走上了各自不同的发展道路。迁居塞内的乌桓部众逐渐认同中原文化，融入中原民众之中，而留居塞外的乌桓则逐渐被其他游牧部族所融合。

第三节　介入军阀混战的第三次南迁

在传统中国时代，地方势力的叛乱不可避免。而融入王朝秩序中的乌

① 李大龙：《汉代中国边疆史》，黑龙江教育出版社 2014 年版，第 180 页。

② 〔南朝宋〕范晔：《后汉书》，中华书局 1974 年版，第 772 页。

③ 〔南朝宋〕范晔：《后汉书》，中华书局 1974 年版，第 2982 页。

④ 〔汉〕班固：《汉书》，中华书局 1962 年版，第 737—738 页。

⑤ 〔南朝宋〕范晔：《后汉书》，中华书局 1974 年版，第 3612 页。

⑥ 熊铁基：《秦汉军事制度史》，广西人民出版社 1990 年版，第 59 页。

⑦ 田余庆：《代北地区拓跋与乌桓的共生关系——〈魏书·序纪〉有关史实解析》，《中国史研究》2000 年第 3 期，第 60 页。

桓有时候会成为地方叛乱势力所倚重的军事力量。在乌桓第三次大规模南迁之前,发生了幽州乌桓叛乱。这一事件对乌桓部族的发展影响深远,可以看作乌桓认同中原王朝政治文化的标志性事件。东汉晚期,朝廷命车骑将军张温讨伐凉州叛乱,征召幽州乌桓突骑三千随军出征。幽州乌桓向来听命于东汉朝廷①,为东汉四处征战。出人意料之外的是,这次乌桓骑兵以"牢禀逋悬,皆畔还本国"②。幽州乌桓叛乱的原因,或许可以从张纯与张举的谈话中一窥原因。故中山相张纯气愤朝廷不委其以重任,遂游说故泰山太守张举共同起兵反汉。两人商议如何起兵布局时,提及乌桓骑兵可以作为反汉的主要军事力量,因为当时"乌桓数被征发,死亡略尽,今不堪命,皆愿作乱。国家作事如此,汉祚衰亡之征"③。由此,张纯与张举联合乌桓起兵,以张举为天子,张纯"自号弥天安定王,为三郡乌丸元帅,寇略青、徐、幽、冀四州,杀略吏民"④。同时"移书州郡,云举当代汉,告天子避位,敕公卿奉迎"⑤。这里透露出一条关键的信息。由史料来看,张纯为三郡乌桓元帅,其麾下自然是以乌桓兵为主力。张纯力主奉张举为代汉的天子,是着力建立替代汉室新王朝的举动。此时乌桓内迁塞内已经有百余年,其部族中还有担任皇室卫队者。因此,对乌桓来说,他们应该知道天子对帝国秩序意味着什么。在传统中国,"君权神授是贯通整个古代社会意识的核心命题之一,也是君主合理性的最高依据"⑥。张纯以在东汉命令下乌桓疲于四处征战为由,认为汉室气数将尽。乌桓听命于其举兵反汉,表明乌桓是认同中原王朝政治文化中,天下有德者居之这一主旨的。

其后,乌桓与东汉豪门大族中的精英人物袁绍结盟,共同形成了割据北方的地方势力,并与其他军阀展开争夺支配权力的战争。而军阀之间的战争本身有着重构王朝政治秩序的寓意。

---

① 马长寿:《乌桓与鲜卑》,广西师范大学出版社 2006 年版,第 130 页。

②⑤ 〔南朝宋〕范晔:《后汉书》,中华书局 1974 年版,第 2353 页。

③ 〔晋〕袁宏:《两汉纪》下,中华书局 2017 年版,第 487 页。

④ 〔晋〕陈寿:《三国志》,中华书局 1959 年版,第 834 页。

⑥ 刘泽华:《中国的王权主义——传统社会与思想特点考察》,上海人民出版社 2000 年版,第 388 页。

曹操与袁绍起兵讨伐董卓之时，袁绍曾与曹操谈起，如果事不成功，何以安身立命？当初，袁绍的规划即是："吾南据河，北阻燕、代，兼戎狄之众，南向以争天下，庶可以济乎？"[①]袁绍所言要倚重的戎狄中，乌桓便是主要力量的存在。袁绍要独占北方，需要战胜对手公孙瓒。而公孙瓒军中亦有乌桓士兵，公孙瓒因征讨张纯叛乱有功"迁骑都尉。属国乌丸贪至王率种人诣瓒降"[②]。只是公孙瓒对乌桓基本上以战为主，迫使乌桓倒向了对手袁绍方。袁绍为冀州牧时期，以牵招为督军从事，"兼领乌丸突骑"[③]。乌桓骑兵在袁绍战胜公孙瓒的军事斗争中起了重要的作用。"袁绍与公孙瓒连战不决，蹋顿遣使诣绍求和亲，助绍击瓒，破之。"[④]袁绍大喜，矫诏分封三郡乌桓首领为单于，同时答应蹋顿的求婚，"以家人子为己女，妻焉"[⑤]。这样，袁绍与乌桓通过婚姻方式形成了结盟关系。其中以矫诏形式对乌桓的分封，说明当时无论是地方势力还是内迁的游牧部族，他们的行为都需要借助王朝的最高统治者天子来获得正当性。乌桓大人峭王苏仆延与牵招的对话可以证明这一点。曹操欲进攻袁绍子袁谭，峭王苏仆延"以五千骑当遣诣谭"[⑥]，协助抵御曹军。由于牵招归降前曾在袁绍麾下主管乌桓骑兵，曹操命牵招前去游说峭王。当时，正值峭王召集乌桓众首领开会，同时另一割据势力公孙康也派遣了使者韩忠，意图拉拢峭王部众，为其效命。

> 峭王问招："昔袁公言受天子之命，假我为单于；今曹公复言当更白天子，假我真单于；辽东复持印绶来。如此，谁当为正？"招答曰："昔袁公承制，得有所拜假；中间违错，天子命曹公代之，言当白天子，更假真单于，是也。辽东下郡，何得擅称拜假也？"忠曰："我辽东在沧海之东，拥兵百万，又有扶馀、濊貊之用；当今之势，强者为右，曹操独何得为是也？"招呵忠曰："曹公允恭明哲，翼戴天子，伐叛柔服，宁静四海，汝君臣

① 〔晋〕陈寿：《三国志》，中华书局1959年版，第26页。
② 〔晋〕陈寿：《三国志》，中华书局1959年版，第239页。
③⑥ 〔晋〕陈寿：《三国志》，中华书局1959年版，第730页。
④ 〔晋〕陈寿：《三国志》，中华书局1959年版，第834页。
⑤ 〔晋〕陈寿：《三国志》，中华书局1959年版，第28页。

> 顽嚣，今持险远，背违王命，欲擅拜假，侮弄神器，方当屠戮，何敢慢易咎毁大人?”便抓忠头顿筑，拔刀欲斩之。峭王惊怖，徒跣抱招，以救忠，左右失色。招乃还坐，为峭王等说成败之效，福祸所归，皆下席跪伏，敬受敕教，便辞辽东之使，罢所严骑。[①]

这一段精彩异常的史实叙述读来令人有身临其境之感，从中可知曹、乌桓、公孙康三方对行使权力正当性的争夺是何等激烈。乌桓峭王面对三方先后给予他的赐封提出疑问，究竟哪家才是王朝秩序中最高权力，象征天子的谕旨？从解释权来说，无疑牵招比韩忠更具有话语权。牵招先后在袁绍与曹操手下为官。他在乌桓部众间素有威望，这份威望正是他在袁绍手下为官时，统领乌桓骑兵建立起来的。正是因为这个原因，他才被曹操派遣来游说乌桓峭王放弃对袁谭的军事援助。对于牵招而言，要保持这份威望是必需的。所以他言明，袁绍、曹操均是天子的代表，这两家对峭王敕封的单于都具有正当性，只是袁绍后来犯错失去了代表天子的资格，故此有资格代表天子行事的曹操才会重新敕封峭王为单于；而韩忠的上司公孙康只不过是帝国秩序崩溃中，企图浑水摸鱼攫取权力者而已。乌桓峭王对行使权力正当性的诉求，很好地证明了他此时已经认同并接受中原王朝的政治文化。

作为当时乌桓诸部中最具有才能者的蹋顿也不例外。前述乌桓蹋顿与袁绍结盟关系的确立，有助于袁氏家族维护其在北方的统治。在袁绍兵败曹操后，袁绍子袁尚等北逃至乌桓，企图凭借乌桓的武力重新夺回四州之地。为了完全平定北方，巩固势力范围，曹操不得不北征乌桓，消除隐患。因为曹操所做的是要在重建王朝秩序中执牛耳。建安十二年(207 年)，曹操出奇兵，于柳城临阵斩杀乌桓首领蹋顿，并“首虏二十余万人”[②]。在当时，二十余万人不是小数目，据《后汉书·志·郡国》记载：上谷郡有五万一千二百四口人；渔阳郡有四十三万五千七百四十口人；右北平郡有五万三千四百

---

① 〔晋〕陈寿：《三国志》，中华书局 1959 年版，第 730—731 页。

② 〔南朝宋〕范晔：《后汉书》，中华书局 1974 年版，第 2984 页。

七十五口人;辽西郡有八万一千七百一十四口人;辽东郡有八万一千七百一十四口人。[①] 上述五郡之中,有四郡的人口不足十万。可见,曹操在大破乌桓蹋顿之后,俘获的二十余万人彼时实在是非常可观的数量。在当时,发生过中原民人大规模向乌桓迁居的事件,如张纯与张举"遂共率乌桓作乱,故人喜悦归纯,日十余万"[②]。从这则史料来看,这十余万人是自愿投奔乌桓的。《三国志·武帝纪》记载:"三郡乌丸承天下乱,破幽州,略有汉民合十余万户。"[③]这条史料记载的也是幽州叛乱事件。在袁尚等人兵败,北逃乌桓寻求庇护时,由于战乱,幽、冀二州官吏、百姓北逃奔乌桓者十万余户。无论这些人是自愿还是被迫,上述史料都表明了当时乌桓与中原郡县官民之间密切交会融合的史实。《三国志·乌丸鲜卑东夷传》详细记述了四郡乌桓的人口数,其中辽西乌桓五千余落,上谷乌桓九千余落,辽东乌桓千余落,右北平乌桓八百余落。[④] 所以曹操俘获的二十余万人中,有为数不少的中原吏民。故而史称"胡、汉降者二十余万口"[⑤]。随后,曹操下令"及幽州、并州柔所统乌丸万余洛,悉徙其族居中国,帅从其侯王大人种众与征伐。由是三郡乌丸为天下名骑"[⑥]。

曹操迁徙乌桓是乌桓历史上的第三次大规模南迁。通过史料可以发现,此次乌桓南迁有如下几点原因:其一自然是曹魏对乌桓精锐骑兵的需求。其二是东汉末年军阀之间的混战令人口锐减,"是时天下户口减耗,十裁一在"[⑦]。曹操进一步令乌桓部众迁徙,将其并入治下州郡进行有效管理,等同于编户齐民。[⑧] 这是补充人口的措施之一。其三是一个比较重要的原因,曹操虽然击败袁氏集团占有了幽、冀、并、青之地,然而"袁绍有恩于民

---

① 〔南朝宋〕范晔:《后汉书》,中华书局 1974 年版,第 3528—3529 页。
② 〔晋〕袁宏:《两汉纪》下,中华书局 2017 年版,第 487 页。
③ 〔晋〕陈寿:《三国志》,中华书局 1959 年版,第 28 页。
④ 〔晋〕陈寿:《三国志》,中华书局 1959 年版,第 834 页。
⑤ 〔晋〕陈寿:《三国志》,中华书局 1959 年版,第 29 页。
⑥ 〔晋〕陈寿:《三国志》,中华书局 1959 年版,第 835 页。
⑦ 〔晋〕陈寿:《三国志》,中华书局 1959 年版,第 262 页。
⑧ 李大龙:《曹操对乌桓的征讨及其意义》,《史学集刊》2005 年第 3 期,第 38 页。

夷……今四州之民，徒以威附，德威未加……胡人一动，民夷俱应”[①]。这是郭嘉力主曹操北征乌桓时打动曹操的言语。这段言辞从侧面展示了当时当地“民夷”之间的亲密性、族群间融合的成功。为了避免再出现割据势力，迁徙乌桓部众实是巩固曹魏统治的明智之举。

综上所述，两汉时期乌桓的三次大规模南迁，是在当时的历史情境下发生的重大历史事件。汉与匈奴两强的并峙，虽然给了乌桓实现自身价值，展示高超骑射技艺的机会，但是两强均是“以自我为中心而谋求建立对周边国家和民族的支配性政治秩序”[②]的政权，这又使得乌桓的选择空间大为萎缩，只能选择依附于两强中的一方。当时的汉与匈奴之间不可能有清晰的疆域边界，然而双方之间有着清晰的权力边界，正如汉文帝对匈奴单于所言：“长城以北引弓之国，受命单于；长城以内冠带之室，朕亦制之。”[③]乌桓在匈奴的权力空间之内，生活苦不堪言。因此选择逃离匈奴的控制成为乌桓部众的诉求。而汉承认长城作为汉匈之间的权力边界实是无奈之举。国力强盛之后，汉主动迁徙乌桓于五边郡塞外，将乌桓置于自己的保护之下，是在以行动否定以长城作为汉匈双方的权力边界，是以汉王朝为中心重构边疆秩序的举措。乌桓第二次南迁，其部族之中大小首领几乎均被汉敕封官职。王朝的官职在于“维持并强化社会角色的区别以及社会秩序中的身份”[④]，所以这次南迁是汉主动将乌桓融入王朝秩序的行动，试图将乌桓纳入有效的管理之中，使其成为对抗匈奴和鲜卑的利器。游牧骑兵加入汉的边防体系，“一方面克服了汉军在技术上的不足；另一方面，又一定程度缓解了日常、战时维持骑兵部队的财政压力”[⑤]。可以说，有效的管理边疆游牧族群，使其为己所用，始终是汉王朝治理边疆的策略之一。乌桓在王朝秩序中深受中原政治文化的影响，在东汉末年的军阀混战中，乌桓十分重视天子授予其权力

---

① 〔晋〕陈寿：《三国志》，中华书局1959年版，第434页。

② 雷戈：《秦汉之际的政治思想与皇权主义》，上海古籍出版社2006年版，第289页。

③ 〔汉〕司马迁：《史记》，中华书局2014年版，第3508页。

④ [美]本杰明·史华兹：《古代中国的思想世界》，程钢译，江苏人民出版社2008年版，第408页。

⑤ 孙闻博：《秦汉军制演变史稿》，中国社会科学出版社2016年版，第204页。

的正当性。这表明了汉治理边疆的策略在一定程度上是成功的。乌桓参与军阀混战,置身于重构王朝秩序的实际行动之中。此时的乌桓已经接近、等同于地方势力。曹操主导的乌桓第三次南迁,是为了利用乌桓的精骑征战天下,也是为了消除四州之地重现割据势力的隐患。而其中由于互动频繁,乌桓与四州吏民之间形成的亲密关系,是四州很可能再次割据的基础。因而再次迁徙乌桓成为应对之策。从历史发展的客观层面来说,乌桓三次南迁的历史事件是中华民族多元一体历史发展脉络中的一部分,这是乌桓三次南迁的历史社会意义。

第九章　汉代儒家信仰体系下士人的行为逻辑

为什么传统中国可以长期延续达两三千年之久？其中，士人群体无疑起着很重要的作用。金观涛、刘青峰的“超稳定系统假说”指出，当时的社会结构由政治结构、经济结构、意识形态结构三个子结构组成。[①] 而这三个系统结构离不开士人群体。虽然传统中国由皇帝与士大夫共同构筑的政治体系属于世俗体系，但是，这一系统正当存在的合理性依然来自神秘的“上天”。从西汉建立之始，由儒者叔孙通主导构建朝廷礼仪时起，儒家信仰就走进了传统中国的庙堂。儒学逐渐成为汉王朝的意识形态，而儒家信仰是士人群体精神世界的内核。儒家信仰由士人群体普及普通民众，变成了传统中国社会的准则。士大夫群体则化身为社会准则的执行者与监督者。东汉时期的党锢之祸，就是一次士人群体试图纠正宦官专权这一政治秩序紊乱的不正常状态的事件。这一事件背后，是士人群体的儒家信仰体系以及该信仰体系赋予他们的强大的精神世界。

第一节　异象、儒学与两汉王朝

西汉王朝的建立者刘邦非贵族出身，在反抗秦王朝时是主要的领袖之

① 金观涛、刘青峰：《兴盛与危机：论中国社会超稳定结构》，法律出版社 2010 年版。

一。在项羽主持分封天下时，刘邦获封为汉王，其领导的诸侯国即是汉国。刘邦在获得天下后，以其封国号汉为新王朝的国号，一如秦国统一六国建立秦王朝的故事。

刘邦身上有很浓重的神话色彩。据《史记·高祖本纪》记载："高祖，沛丰邑中阳里人，姓刘氏，字季。父曰太公，母曰刘媪。其先，刘媪尝息大泽之陂，梦与神遇。是时雷电晦冥，太公往视，则见蛟龙于其上。已而有身，遂产高祖。"[①]这样的记述，表明刘邦是神之子，注定会超凡脱俗。司马迁在《史记》中记述殷祖"契"与周祖"稷"时，用了相同的叙事手法，不过一则是吞玄鸟卵，一则是踏巨人足迹。在司马迁生活的时代，汉王朝已经建立数十年，并且达到国力的顶峰。这些具有神话色彩的相关描述，可以看作司马迁把汉与商、周并立的有意之作。同时，关于刘邦异象的描写明显要多于殷祖"契"与周祖"稷"。"高祖为人，隆准而龙颜，美须髯，左股有七十二黑子。"[②]刘邦的身体、相貌异于常人，这意味着他不是凡人。刘邦做亭长时，负责押解一众徒隶去骊山服苦役，路上不断有徒隶逃亡。刘邦"到丰西泽中，止饮，夜乃解纵所送徒"[③]。刘邦让剩下的徒隶逃命，自己也要亡命江湖。其中有十余名壮士为刘邦所折服，表示愿意追随左右。路遇一条大蛇拦路，刘邦借酒劲，醉酒斩蛇。"行数里，醉，因卧。后人来至蛇所，有一老妪夜哭。人问何哭，妪曰：'人杀吾子，故哭之。'人曰：'妪子何为见杀？'妪曰：'吾子，白帝子也，化为蛇，当道，今为赤帝子斩之，故哭。'人乃以妪为不诚，欲笞之，老妪因忽不见。后人至，高祖觉。后人告高祖，高祖乃心独喜，自负。诸从者日益畏之。"[④]这种超凡异象，不仅仅表现在刘邦本人身上，他的妻子、儿女也遇到过。"高祖为亭长时，常告归之田。吕后与两子居田中耨，有一老父过，请饮，吕后因餔之。老父相吕后曰：'夫人天下贵人。'令相两子，见孝惠，曰：'夫人所以贵者，乃此男也。'相鲁元，亦皆贵。老父已去，高祖适从旁舍来，吕后具言客有过，相我子母皆大贵。高祖问，曰：'未远。'乃追及，问老

---

① 〔汉〕司马迁：《史记》，中华书局 1965 年版，第 341 页。
② 〔汉〕司马迁：《史记》，中华书局 1965 年版，第 342 页。
③④ 〔汉〕司马迁：《史记》，中华书局 1965 年版，第 347 页。

父。老父曰:'向者夫人婴儿皆似君,君相贵不可言。'高祖乃谢曰:'诚如父言,不敢忘德。'及高祖贵,遂不知老父处。"[①]在神奇异象的笼罩下,刘邦在后世的历史书写中变成了注定会走向皇位,君临天下的真龙天子。

刘邦为人大度,出手大方,喜欢交朋友,不喜欢受规则约束。称帝初期也是如此。刘邦"悉去秦苛仪法,为简易"[②]。但是接下来的事使得刘邦这样蔑视礼数规则的人也深感不妥。"群臣饮酒争功,醉或妄呼,拔剑击柱,高帝患之。"[③]随后,刘邦命叔孙通主持制定朝廷礼仪。这一举措,是汉王朝建立新的政治秩序非常重要的一步,它意味着儒学正式与皇权结盟的开始,因为具有儒学色彩的朝廷礼仪有助于长久地维护笼罩在刘邦身上的异象的神秘性。这样一来,依附在汉高祖刘邦身上的异象神秘性,通过与儒家礼仪的结合,形成了帝制时代中国王朝天下秩序的轴心。此后历代的开国君主均与刘邦有着相仿的历史记忆的书写。

在王朝天下秩序中,意识形态是重要的一环,汉武帝刘彻下诏征集诸郡的"贤良文学"。广川人董仲舒脱颖而出,上书汉武帝,言明儒学教化对王朝长治久安的重要意义:"道者,所繇适于治之路也,仁义礼乐皆其具也。故圣王已没,而子孙长久安宁数百岁,此皆礼乐教化之功也。"[④]董仲舒在阐明儒学教化社会功能的同时,也指出儒家信仰对皇帝的规范:"臣谨案春秋之中,视前世已行之事,以观天人相与之际,甚可畏也。国家将有失道之败,而天乃先出灾害以谴告之;不知自省,又出怪异以警惧之;尚不知变,而伤败乃至。以此见天心之仁爱人君而欲止其乱也。自非大亡道之世者,天尽欲扶持而全安之,事在强勉而已矣。"[⑤]由此,武帝时期的董仲舒"改造先秦儒学,使它更能适应帝国的需要,使得儒学成为主导帝国统治秩序的核心思想,能有效扮演帝国意识形态的角色"[⑥]。中国历史上,秦皇、汉武常常并称,从历史发展的脉络中可以发现,秦始皇是王朝秩序政治体系的建立者,而汉武帝

① 〔汉〕司马迁:《史记》,中华书局 1965 年版,第 346 页。

②③ 〔汉〕司马迁:《史记》,中华书局 1965 年版,第 2722 页。

④ 〔汉〕班固:《汉书》,中华书局 1965 年版,第 2499 页。

⑤ 〔汉〕班固:《汉书》,中华书局 1965 年版,第 2498 页。

⑥ 林聪舜:《儒学与汉帝国意识形态》,上海人民出版社 2017 年版,第 156 页。

尊崇儒学则是构建了王朝秩序中的意识形态。

西汉末年，王莽能篡汉成功，原因一方面是他外戚的身份，另一方面则是他儒者的面目。王莽“因折节为恭俭。受礼经，师事沛郡陈参，勤身博学，被服如儒生”[①]。儒家提倡孝道。在他伯父大将军王凤生病期间，王莽“侍疾，亲尝药，乱首垢面，不解衣带连月”[②]。王莽至孝的行为，为他赢得了巨大的声誉。王莽为官后，按儒家信仰体系中的准则行事，为他赢得了百官的拥戴。“群臣乃盛陈‘莽功德致周成白雉之瑞，千载同符。圣王之法，臣有大功则生有美号，故周公及身在而托号于周。莽有定国安汉家之大功，宜赐号曰安汉公，益户，畴爵邑，上应古制，下准行事，以顺天心’。太后诏尚书具其事。”[③]如果后来王莽没有篡汉另建新朝，他可能会是中国历史上比肩周公的伟大人物。周公是儒学奠基人，孔子崇拜的偶像。由此可见，当时儒家信仰体系是西汉王朝评判人物的唯一标准。班固于《汉书》中描写王莽在当时的声誉如日中天：“自公受策，以至于今……增修雅素以命下国，後俭隆约以矫世俗，割财损家以帅群下，弥躬执平以逮公卿，教子尊学以隆国化。僮奴衣布，马不秣谷，食饮之用，不过凡庶。诗云‘温温恭人，如集于木’，孔子曰‘食无求饱，居无求安’，公之谓矣……开门延士，下及白屋，娄省朝政，综管众治，亲见牧守以下，考迹雅素，审知白黑。诗云‘夙夜匪解，以事一人’，易曰‘终日乾乾，夕惕若厉’，公之谓矣……比三世为三公，再奉送大行，秉冢宰职，填安国家，四海辐(奏)〔湊〕，靡不得所。书曰‘纳于大麓，列风雷雨不迷’，公之谓矣……此皆上世之所鲜，禹稷之所难，而公包其终始，一以贯之，可谓备矣！是以三年之间，化行如神，嘉瑞叠累，岂非陛下知人之效，得贤之致哉！故非独君之受命也，臣之生亦不虚矣。是以伯禹锡玄圭，周公受郊祀，盖以达天之使，不敢擅天之功也。揆公德行，为天下纪；观公功勋，为万世基。基成而赏不配，纪立而褒不副，诚非所以厚国家，顺天心也。”[④]王莽成为儒家信仰体系中理想型的执政者。在此历史情境中，群臣上书太后，“太

①② 〔汉〕班固：《汉书》，中华书局 1965 年版，第 4039 页。

③ 〔汉〕班固：《汉书》，中华书局 1965 年版，第 4046 页。

④ 〔汉〕班固：《汉书》，中华书局 1965 年版，第 4058—4060 页。

后圣德昭然，深见天意，诏令安汉公居摄”①。王莽在巨大的、无可比拟的声望中，一步步走向了天子之位。

到了东汉时期，东汉王朝开国者，汉光武帝刘秀“身长七尺三寸，美须眉，大口，隆准，日角”②，生而具富贵之象。从少年时起便颇好儒学经典，“爱尚书，略通大义”③。汉章帝时，为了重新建构王朝秩序中的意识形态，“于是下太常，将、大夫、博士、议郎、郎官及诸生、诸儒会白虎观，讲议五经同异，使五官中郎将魏应承制问，侍中淳于恭奏，帝亲称制临决，如孝宣甘露石渠故事，作白虎议奏”④。白虎观的这次会议是极为重要的，此次会议后推出的《白虎议奏》又称《白虎通》或《白虎通义》。“白虎观会议透过‘讲议五经同异’的方式，最后由章帝‘亲称制临决’，‘永为后世则’。可见《白虎通》是统治阶级透过统一经义的方式来统一思想，是皇权透过控制经学解释权的方式达到意识形态控制的目的，由此企求《白虎通》整合的价值观成为全民的价值观，《白虎通》的规范成为帝国的规范。皇权整理、认可的经学遂成为帝国意识形态的核心，扮演为体制服务的工作。”⑤如此一来，在两汉王朝的天下秩序中，儒家意识形态占据了主导地位。这种王朝天下秩序“我们或可名之为‘礼法秩序’，它构成了帝国政治形态的‘稳态’……它相对延长了各个王朝的寿命，并且保证了帝国在一次次解体之后，又一次次地以类似形态重新建构起来”⑥。通过史实我们可以发现，在汉代，天降异象频频，民间怨声载道时，英明的君主会忏悔，以挽回民意。例如，汉武帝晚年就曾对自己的穷兵黩武表示忏悔，封丞相为富民侯，表示今后要致力于发展经济，令天下百姓安居乐业。

---

① 〔汉〕班固：《汉书》，中华书局 1965 年版，第 4080 页。
②③④〔南朝宋〕范晔：《后汉书》，中华书局 1965 年版，第 1 页。
⑤ 林聪舜：《儒学与汉帝国意识形态》，上海人民出版社 2017 年版，第 251 页。
⑥ 阎步克：《士大夫政治演生史稿》，北京大学出版社 2015 年版，第 394—395 页。

第二节　士人群体的职责:规范与治理

刘邦起初对陆贾常常以《诗经》《尚书》言事很是不悦。“高帝骂之曰:‘乃公居马上而得之,安事《诗》《书》!’陆生曰:‘居马上得之,宁可以马上治之乎?且汤、武逆取而以顺守之,文武并用,长久之术也。昔者吴王夫差、智伯极武而亡;秦任刑法不变,卒灭赵氏。乡使秦已并天下,行仁义,法先圣,陛下安得而有之?’高帝不怿而有惭色,乃谓陆生曰:‘试为我著秦所以失天下,吾所以得之者何,及古成败之国。’陆生乃粗述存亡之征,凡著十二篇。每奏一篇,高帝未尝不称善,左右呼万岁,号其书曰《新语》。”[①]这里陆贾的统治天下的理念是,武力可以获得天下支配权,但是纯靠武力绝不能长久拥有天下支配权。这样做的结果只能是重蹈前朝灭亡的旧路。而有效治理国家的方式是“行仁义,法圣王”,“透过仁义、经艺、伦理教化等建立的伦理与社会秩序,就是陆贾‘以顺守之’的统治方向的具体内容”[②],能执行这一思路的莫过于通晓经典的儒者。

汉武帝下诏求贤良时,诏书中言明:“子大夫修先圣之术,明君臣之义,讲论洽闻,有声乎当世,【敢】问子大夫:天人之道,何所本始?吉凶之效,安所期焉?禹汤水旱,厥咎何由?仁义礼知四者之宜,当安设施?属统垂业,物鬼变化,天命之符,废兴何如?天文地理人事之纪,子大夫习焉。其悉意正议,详具其对,著之于篇,朕将亲览焉,靡有所隐。”[③]时年已经六十余岁的公孙弘上书武帝曰:“臣闻之,仁者爱也,义者宜也,礼者所履也,智者术之原也。致利除害,兼爱无私,谓之仁;明是非,立可否,谓之义;进退有度,尊卑有分,谓之礼;擅杀生之柄,通【雍】塞之涂,权轻重之数,论得失之道,使远近情伪必见于上,谓之术;凡此四者,治之本,道之用也,皆当设施,不可废也。得其要,则天下安乐,法设而不用;不得其术,则主蔽于上,官乱于下。此事

---

① 〔汉〕司马迁:《史记》,中华书局 1965 年版,第 2699 页。

② 林聪舜:《儒学与汉帝国意识形态》,上海人民出版社 2017 年版,第 251 页。

③ 〔汉〕班固:《汉书》,中华书局 1965 年版,第 2614 页。

之情，属统垂业之本也。”[①]这是武帝与公孙弘关于治理天下的一段经典对话。公孙弘因此得到武帝重用，后来官至宰相。

始元六年（前 81 年），汉昭帝召集“丞相、御史与所举贤良、文学语，问民间所疾苦”[②]。这就是历史上著名的盐铁会议。此次会议可以说是儒家信仰体系下朝廷官员与士人之间的一次对话，是关于战争、经济与政治的一次对话，是为了国家大计的一次对话。盐铁之辩，是士人群体为了维护他们参与建立的汉王朝天下秩序，使之能够长久运行而进行的，无论是站在什么角度的士人。从中可以看出，士人对儒家信仰为主导意识形态的王朝天下秩序的健康运行，有着不可推卸的责任，他们的责任在规范与治理，规范庙堂与治理江湖。

“成为国家信条的基础的儒教，综合了早期的孔子训诫和一些中国民间的信仰。它被整理为一系列的典籍和礼仪。”[③]儒家信仰体系不只是规范士人与民众，对皇帝也有规范作用。

西汉成帝时，发生日蚀、地震。汉成帝下诏，求贤良指其过失，助其改正。“盖闻天生众民，不能相治，为立君以统理之。君道得，则草木昆虫咸得其所；人君不德，谪见天地，灾异娄发，以告不治。朕涉道日寡，举错不中，乃戊申日蚀地震，朕甚惧焉。公卿其各思朕过失，明白陈之。‘女无面从，退有后言。’丞相、御史与将军、列侯、中二千石及内郡国举贤良方正能直言极谏之士，诣公车，朕将览焉。”[④]

东汉明帝时期出现日蚀，明帝亦下诏曰：“朕奉承祖业，无有善政。日月薄蚀，彗孛见天，水旱不节，稼穑不成，人无宿储，下生愁垫。虽夙夜勤思，而智能不逮。昔楚庄无灾，以致戒惧；鲁哀祸大，天不降谴。今之动变，傥尚可救。有司勉思厥职，以匡无德。古者卿士献诗，百工箴谏。其言事者，靡有

---

① 〔汉〕班固：《汉书》，中华书局 1965 年版，第 2616 页。
② 王利器校注：《盐铁论校注》，中华书局 1992 年版，第 1 页。
③ [以]S. N. 艾森斯塔得：《帝国的政治体系》，阎步克译，贵州人民出版社 1992 年版，第 58 页。
④ 〔汉〕班固：《汉书》，中华书局 1965 年版，第 307 页。

所讳。”[①]

东汉章帝时下诏：“朕道化不德，吏政失和，元元未谕，抵罪于下。寇贼争心不息，边野邑屋不修。永惟庶事，思稽厥衷，与凡百君子，共弘斯道。中心悠悠，将何以寄？其改建初九年为元和元年。郡国中都官系囚减死一等，勿笞，诣边县；妻子自随，占著在所。其犯殊死，一切募下蚕室；其女子宫。系囚鬼薪、白粲以上，皆减本罪一等，输司寇作。亡命者赎，各有差。”[②]

东汉和帝时，天现异象，下诏曰：“朕以眇末，承奉鸿烈。阴阳不和，水旱违度，济河之域，凶馑流亡，而未获忠言至谋，所以匡救之策。寤寐永叹，用思孔疚。惟官人不得于上，黎民不安于下，有司不念宽和，而竞为苛刻，覆案不急，以妨民事，甚非所以上当天心，下济元元也。思得忠良之士，以辅朕之不逮。其令三公、中二千石、二千石、内郡守相举贤良方正能直言极谏之士各一人。昭岩穴，披幽隐，遣诣公车，朕将悉听焉。”[③]

东汉顺帝时期，洛阳发生地震，顺帝下诏书称，“朕以不德，统奉洪业，无以承顺乾坤，协和阴阳，灾眚屡见，咎徵仍彰。群公卿士将何以匡辅朕之不逮，奉答灾异？灾异不空设，必有所应。其各举敦朴一人，直言厥咎，靡有所讳。”[④]汉中李固借此良机上书言事：“愚以为天不言，以灾异为谴告。政之治乱，主之得失，皆上帝所伺而应以灾祥者也。王者父天母地，体其山川，今日蚀、地动、山崩、昼晦，主将安立，物将安寄……今则不然，政令纷纭，以复仿蹈前轨矣……臣以为坚堤防，务政教，先安心腹，釐理本朝，虽有寇贼水旱之变，不足介意也。”[⑤]李固作为士人群体中的一员，他上书的目的是正本溯源，整肃朝纲，规范皇帝与大臣的行为，使天下得到有效的治理。顺帝遍览上书后，认为李固所言最为合理，评阅第一。李固此举被宫中常侍与朝中权臣所

---

① 〔南朝宋〕范晔：《后汉书》，中华书局 1965 年版，第 106 页。

② 〔南朝宋〕范晔：《后汉书》，中华书局 1965 年版，第 146—147 页。

③ 〔南朝宋〕范晔：《后汉书》，中华书局 1965 年版，第 146—178 页。

④ 〔晋〕袁宏：《两汉纪》下，中华书局 2017 年版，第 354 页。

⑤ 〔晋〕袁宏：《两汉纪》下，中华书局 2017 年版，第 354—355 页。

记恨。常侍(宦官)集团是士人群体天生的敌人。[①] 这是因为,二者会围绕王朝政治秩序的权力地位展开争夺。在王朝政治秩序中,士人群体处于辅助皇帝的地位,而身为宫中近侍的宦官却有接触、获得皇帝授权的便利。在士人群体看来,皇帝应该是天道的代表,在人间行仁政。如建康元年(144年),尚书仆射黄琼上疏曰:"臣闻古之帝王,莫不敬恭神明,劬劳农事,必躬郊庙之礼,亲籍田之劝,所以率先群萌,勉劝农功。"[②]士人群体心中理想型的皇帝应该如此。但是,在宦官专权与权臣当道的时代,士人心中理想型的皇帝常常会缺席。而士人群体从不会放弃矫正政治秩序运行中出现的紊乱,这得益于他们信仰的儒家信仰体系赋予了他们强大的精神世界,使得士人群体英勇无畏。

第三节 党锢之祸:士人群体的抗争与荣耀

东汉桓帝时期,"河内张成善说风角,推占当赦,遂教子杀人。李膺为河南尹,督促收捕,既而逢宥获免,膺愈怀愤疾,竟案杀之。"[③]风角是当时一种很流行的占卜术。张成以其擅长的技艺,结交宦官,并得到桓帝的赏识。张成的弟子牢脩上书诬告李膺等人"养太学游士,交结诸郡生徒,更相驱驰,共为部党,诽讪朝廷,疑乱风俗"[④]。桓帝大怒,下诏书到各郡国,严查结党之人。因此事,抓捕了以李膺、陈寔为首的二百多人。名臣陈蕃"上疏极谏曰:'臣闻贤明之君,委心辅佐;亡国之主,讳闻直辞……天之于汉,悢悢无已,故殷勤示变,以悟陛下。除妖去孽,实在修德。臣位列台司,忧责深重,不敢尸禄惜生,坐观成败。如蒙采录,使身首分裂,异门而出,所不恨也。'帝讳其言切,托以蕃辟召非其人,遂策免之"[⑤]。事件发生的第二年,

---

① [德]马克斯·韦伯:《儒教与道教》,洪天富译,江苏人民出版社 2010 年版,第 147 页。

② 〔晋〕袁宏:《两汉纪》下,中华书局 2017 年版,第 354—355 页。

③④ 〔南朝宋〕范晔:《后汉书》,中华书局 1965 年版,第 2187 页。

⑤ 〔南朝宋〕范晔:《后汉书》,中华书局 1965 年版,第 2166—2167 页。

“尚书霍谞、城门校尉窦武并表为请，帝意稍解”[①]，将这二百人罢归乡间，禁锢终身。

其后，“又张俭乡人朱并，承望中常侍侯览意旨，上书告俭与同乡二十四人别相署号，共为部党，图危社稷。以俭及檀彬、褚凤、张肃、薛兰、冯禧、魏玄、徐乾为‘八俊’，田林、张隐、刘表、薛郁、王访、刘祇、宣靖、公绪恭为‘八顾’，朱楷、田槃、疏耽、薛敦、宋布、唐龙、嬴咨、宣褒为‘八及’，刻石立墠，共为部党，而俭为之魁”[②]。汉灵帝震怒，下令缉捕张俭等人。再加上大长秋曹节推波助澜，致使事件越演越烈，因党锢之祸“其死徙废禁者，六七百人”[③]。其中不乏才华杰出的士人，这对东汉王朝秩序的健康运行而言，无疑是巨大的伤害。

其中的佼佼者河南尹李膺出身于世代为官之家。其祖父李脩于汉安帝时期曾担任太尉之职，其父李益曾任赵国相。李膺性情直爽，不善交友。只有颍川郡的荀淑与陈寔二人同李膺相交甚厚。后来，经司徒胡广推荐，李膺举孝廉，进入仕途。在任职青州刺史时，李膺政令严明，许多不能胜任职务者纷纷弃官而逃。后又担任渔阳太守和蜀郡太守。在任护乌桓校尉时，李膺常常率部打击南侵的游牧骑兵。桓帝后来任命李膺为度辽将军，“自膺到边，皆望风惧服，先所掠男女，悉送还塞下。自是之后，声振远域”[④]。由此可见，李膺才华出众，既善于治理内政，又善于戍边御敌。从党锢之祸的起因来看，该事件只是李膺严格执法，不畏强权所致。“是时朝廷日乱，纲纪颓驰，膺独持风裁，以声名自高。士有被其容接者，名为登龙门。”[⑤]李膺品格高尚，才华出众，是不可多得的“忧国忠公之臣”。李膺被罢免，隐居乡间时，“天下士大夫皆高尚其道，而污秽朝廷”[⑥]。

范滂是党锢之祸中另一个声誉很高的士人。其“少厉清节，为州里所服，举孝廉、光禄四行”[⑦]。范滂为官时，“严整疾恶。其有行违孝悌，不轨仁

①②③〔南朝宋〕范晔:《后汉书》，中华书局 1965 年版，第 2187 页。

④　〔南朝宋〕范晔:《后汉书》，中华书局 1965 年版，第 2192 页。

⑤⑥〔南朝宋〕范晔:《后汉书》，中华书局 1965 年版，第 2195 页。

⑦　〔南朝宋〕范晔:《后汉书》，中华书局 1965 年版，第 2203 页。

义者，皆埽迹斥逐，不与共朝”①。后因党锢之祸被捕，获释时“汝南、南阳之士大夫迎之者车数千辆”②。建宁二年(169 年)，朝廷大肆逮捕所谓的党人，“诏下急捕滂等。督邮吴导至县，抱诏书，闭传舍，伏床而泣”③。范滂听说此事后，知道朝廷要缉拿自己，于是慨然至县衙，自投罗网。县令郭揖欲挂印信，一起与范滂逃亡。范滂不愿连累老母，不欲逃亡。面对如此至孝之人，吴导、郭揖如何能下令抓拿范滂呢？范滂与其母诀别，向母亲谢罪，不能尽孝为母送终。其母以儿子能与李(膺)、杜(密)齐名而喜，有子如此，夫复何求？

被侯览设计陷害的张俭，是西汉初期赵王张耳的后人，其父张成曾任江夏太守。张俭初举茂才(因光武帝刘秀的名讳，秀才遂改为茂才)时，认为刺史非其人，故而托病不仕。后来，在做官期间，因为检举中常侍侯览家人“残暴百姓，所为不轨”④，请朝廷按律治罪，而得罪了侯览。由此引发党锢之祸的高潮，致使东汉王朝的政治秩序严重紊乱，再也无法恢复到健康状态。

从具有代表性的李膺、范滂和张俭的遭遇可以看出，党锢之祸的发生是由于当时皇帝宠幸宦官致其专权，导致政治腐败，王朝政治秩序紊乱。而三人则体现了品行端正、具有良知的士人群体对这一不符合常态运行的政治现象的抗争与挽救。

这些士人的抗争行动得到大量人士的认同，他们被定义为党人，其追随者被污名为附党。但是，党人和附党在朝野却变成了一种荣耀。“及党事大起，天下名贤多见染逮。”⑤当时的西凉名将皇甫规，虽然英勇善战，军功卓著，但声誉一向不高。皇甫规自诩为王朝西州豪杰之士，以与党人无瓜葛为耻。因此上书朝廷：“臣前荐故大司农张奂，是附党也。又臣昔论输左校时，太学生张凤等上书讼臣，是为党人所附也。臣宜坐之。”⑥皇帝接到皇甫规的书信，不予回答。此事传开后，天下民众纷纷赞扬皇甫规的贤德。这里皇甫

---

①② 〔南朝宋〕范晔：《后汉书》，中华书局 1965 年版，第 2205 页。
③ 〔南朝宋〕范晔：《后汉书》，中华书局 1965 年版，第 2207 页。
④ 〔南朝宋〕范晔：《后汉书》，中华书局 1965 年版，第 2210 页。
⑤⑥ 〔南朝宋〕范晔：《后汉书》，中华书局 1965 年版，第 2136 页。

规是把能列入党人及附党之列看作提高自己声望、融入士人行列的一种有效途径。

党锢之祸中，士人认同自己为之奋斗的群体。士人个人的利益与士人群体的利益是一致的。士人群体属于规范性群体。认同才会有对群体的义务。士人通过儒家经典解释认同，理性选择形成认同共识。士人把士人群体的利益视为自己的利益。儒学的意识形态促成了士人之间的协作。在政治制度中，士人身份的荣誉感规范强化了士人区分于非士人的优越阶层地位。这种规范具有非凡的强制力，使得士人别无选择，必须承担相关的义务。协作构成了权力的基础。协作出权力，是现代国家权力的逻辑。士人集体行动，是因为他们是有着共享目标的群体。儒学成为王朝国家的意识形态，使得国家的运作方式合理化。一个群体的协作具有政治性。当两个群体都有政治性时，彼此之间的冲突不可避免。共同性规范的功能产生差别建构。士农工商，是王朝国家社会构成的四类主体人群。其中，儒学的意识形态是一种普世性规范，王朝国家治下的各色人等共同遵守的价值。普世性规范具有包容性而非排他性。士人的义务是规范庙堂、治理江湖。士人群体是教育者，是维护帝制中国政治体系的特定群体，是帝制中国政治体系中的政治人群体，是帝制中国时代的具有解释权的权威群体。君王存在的治理天下的合法性来自上天。此时“我们用‘合法性’指称基于某些社会共同价值而对统治者及其活动的拥护，以及对特定统治者的认定”①。每一个合法性的体系，都包括某些统治者责任的模式。② 士人群体作为政治文化的主要建构者，其目标是维护长久的秩序与和平，因此，规范帝国的政治秩序，治理天下，使国家处于长治久安，成为他们的责任和义务，以及统治者与士人群体之间的张力。“在儒教兴起之时，儒教学者是作为礼仪专家开始其活动的，尽管后来他们变成了政治家、治国者和学者文人，但是并没有放弃

① [以]S. N. 艾森斯塔得：《帝国的政治体系》，阎步克译，贵州人民出版社 1992 年版，第 10—11 页。

② [以]S. N. 艾森斯塔得：《帝国的政治体系》，阎步克译，贵州人民出版社 1992 年版，第 11 页。

其最初的角色。儒教独尊的政治身份,仅仅加强了他们作为被采用的国家礼仪之合法代表的地位。”[①]“在中国,已经存在着较具一般性的对于礼仪和伦理的体系的文化取向,它们被认定适合于所有时代的所有中国人。”[②]士人群体在帝制中国的政治体系中具有支配性地位。士人群体是国家治理秩序中的政治精英、权力执行者。“中国王朝的卡里斯马特征通常也得到了强调。皇帝一般被叫做‘天子’,他从上天那里得到他的帝国,并根据天意加以统治。他既不对其臣民负责,也不对其颁布的法律负责。从理想上说,他对一个能使人民生活于太平盛世之中的仁爱和自然的秩序负责。任何自然界的灾异,例如日蚀、彗星的出现、山崩,当然还有饥馑,在传统上就会被认为是上天对统治者的谴诫。在这种情况下,在位的皇帝的通常做法,是发布罪己诏以表白对失职的追悔,征求——特别是向其谏官征求规谏。而供职于朝廷的儒生,则非常乐于借此机会重申儒家的统治原则,加强自己在行政机构中的地位。”[③]“由于君主的权威是以正义原则为基础的,所以它显然就要承受抨击、怀疑和挑战。如果统治者未能选任一批称职的官员,因而未能为人民带来福利,那么人民对之信任的丧失就会取消他的一切特权。这样他就不再是一位君主,用孟子的话说,他已经变成了‘独夫’。儒家伦理中包含着大量阐述,以论证抵制这样一位统治者的正当性。”[④]“中国的儒生精英相当富于内聚力,非常积极地取向于国家和政治活动。”[⑤]“历史官僚政权的特征,是‘自由流动’的和传统的资源、政治势力和政治取向的并存。”[⑥]“士人作

① [以]S. N. 艾森斯塔得:《帝国的政治体系》,阎步克译,贵州人民出版社 1992 年版,第 58 页。

② [以]S. N. 艾森斯塔得:《帝国的政治体系》,阎步克译,贵州人民出版社 1992 年版,第 65 页。

③ [以]S. N. 艾森斯塔得:《帝国的政治体系》,阎步克译,贵州人民出版社 1992 年版,第 232 页。

④ [以]S. N. 艾森斯塔得:《帝国的政治体系》,阎步克译,贵州人民出版社 1992 年版,第 232—233 页。

⑤ [以]S. N. 艾森斯塔得:《帝国的政治体系》,阎步克译,贵州人民出版社 1992 年版,第 262 页。

⑥ [以]S. N. 艾森斯塔得:《帝国的政治体系》,阎步克译,贵州人民出版社 1992 年版,第 304 页。

为精英群体的存在，依赖于统一帝国的理想的维持；他们的活动，则与官僚行政机构密切相关。”①

灵帝中平年间，爆发了黄巾大起义。“中常侍吕强言于帝曰：‘党锢久积，人情多怨。若久不赦宥，轻与张角合谋，为变滋大，悔之无救。’帝惧其言，乃大赦党人，诛徙之家皆归故郡。其后黄巾遂盛，朝野崩离，纲纪文章荡然矣。”②强大的东汉王朝从此走向了陨落。

综上所述，党锢之祸就是一起由“一部分朝廷上的官僚与在野的士大夫、太学生和郡国生徒联合，形成一股反对外戚宦官的政治势力”③，这股政治势力向外戚宦官权力阶层发起了挑战，在皇帝偏向后者的历史情境中落败。党锢之祸中，士人群体勇于抗争宦官专权，试图挽救运行紊乱的政治秩序，是因为他们建构并信仰的儒家信仰体系给予了他们强大的精神世界与敢于实践的行动力。在儒家信仰体系中，作为天子的皇帝具有代表天道统治万民，君临天下的支配权力。但是，天子并不能为所欲为，他要接受上天的规劝与警示。而士人群体在其间则肩负着解释天降异象的权力，这种权力可以看作王朝天下秩序中对皇权的一种规范，使得皇权这种几乎是至高无上的权力不至于无限制地膨胀。中国古代，正是有了忠诚于儒家信仰体系的士人群体来规范政治秩序、治理郡县，才使得中国以皇权为核心的王朝天下秩序运行了两千年之久。

---

① ［以］S. N. 艾森斯塔得：《帝国的政治体系》，阎步克译，贵州人民出版社1992年版，第334页。

② 〔南朝宋〕范晔：《后汉书》，中华书局1965年版，第2189页。

③ 林剑鸣：《秦汉史》，上海人民出版社2003年版，第907页。

第十章　蜀汉建立的历史机遇与政治文化

三国时期的历史是国人最耳熟能详的历史阶段之一。三国人物及其历史事迹，在日常生活中常常被提及，作为典型事例激励鼓舞普通民众在遇到挫折时奋勇前行。这一点是三国历史极具价值的方面。同时，三国时期是历史上社会大动乱的时代，社会秩序陷入紊乱。乱世孕育着重要的人生机遇。历史证明，能抓住机遇则能成就大业。刘备就是一位善于紧紧把握人生机遇的杰出人物。他胸怀“匡扶汉室，安定黎民”的志向，于乱世中试图重新建立安定的社会秩序。本章以政治秩序的紊乱与重构为视角，详细梳理文献史料发现，刘备本人的杰出才能与他的社会关系网络是他能紧紧把握人生机遇不可或缺的条件。善于把握机遇，结合并利用当时通行的政治文化，使得汉室江山不至陨落，可以说，历史机遇与政治文化构筑了刘备辉煌的人生。

第一节　东汉末年权力争夺乱象中孕育着机遇

东汉末年，由于皇帝大多是幼童即位，在幼童皇帝缺乏主政能力的情况下，往往由太后秉政理事。太后倚重娘家人，而皇帝成年后往往需要凭借宦官来夺回政权。由此，不可避免地出现了外戚与宦官相继专权的局面。围绕权力，两个集团之间的厮杀异常激烈。中平年间的黄巾大起义，没有让东汉帝国土崩瓦解。随后，外戚何进与宦官之间的权力斗争的后果却是让东汉帝国处于名存实亡的境地。

何进，南阳人，由于同父异母的妹妹入宫为贵人，甚是被灵帝宠爱，何进以外戚的身份，先受封郎中，再获封虎贲中郎将、颍川太守。光和三年（180年），何贵人被灵帝立为皇后，何进被征召入朝，“拜侍中、将作大匠、河南尹”①。何进因妹妹的关系，跻身外戚阶层的首要位置。黄巾大起义对于何进而言，是一次人生机遇。何进因这一事件晋升为大将军。其后，黄巾军骨干马元义企图在京师洛阳发起暴动，这一密谋被身为大将军的何进挫败。“进发其奸，以功封慎侯。”② 在两汉王朝，大将军一职可以说是地位最尊崇的官衔之一，同时何进又因功封侯，一时间春风得意。

出于“天子将兵事，可以威厌四方”③ 的目的，灵帝置西园八校尉，以小黄门蹇硕为上军校尉。蹇硕很受灵帝的信任，其后汉灵帝“以蹇硕壮健而有武略，特亲任之，以为元帅，督司隶校尉以下，虽大将军亦领属焉”④。汉灵帝的这一人事任命，为他去世之后何进与蹇硕之间围绕权力的争夺埋下了伏笔。灵帝在世时，蹇硕与何进之间的矛盾已经显现。蹇硕“虽擅兵于中，而犹畏忌于进”⑤，因此进言灵帝，欲让何进领兵于外，好独揽中枢要权。何进察觉并识破蹇硕的阴谋，“乃上遣袁绍东击徐兖二州兵，须绍还，即戎事，以稽行期”⑥，巧妙地化解了蹇硕企图把自己排挤出京师中枢的阴谋。

东汉晚期是多事之秋，历史上著名的“党锢之祸”事件就发生在帝国晚期的桓、灵帝时期。马克斯·韦伯在其名著《儒教与道教》一书中，认为中国皇帝倚重宦官集团来执政，这一政治组合是士大夫阶层的宿敌。⑦ “党锢之祸”就是一起由“一部分朝廷上的官僚与在野的士大夫、太学生和郡国生徒联合，形成一股反对外戚宦官的政治势力”的事件⑧，这股政治势力向外戚宦官权力阶层发起了挑战，在皇帝偏向后者的历史环境中落败。

---

①②③ 〔南朝宋〕范晔：《后汉书》，中华书局 1965 年版，第 2246 页。

④⑤⑥ 〔南朝宋〕范晔：《后汉书》，中华书局 1965 年版，第 2247 页。

⑦ 〔德〕马克斯·韦伯：《儒教与道教》，洪天富译，江苏人民出版社 2010 年版，第 147 页。

⑧ 林剑鸣：《秦汉史》，上海人民出版社 2003 年版，第 907 页。

何进与蹇硕围绕权力的争夺，对袁绍来说是一次人生机遇。袁绍出身于世家大族，其“高祖父安，为汉司徒。自安以下四世居三公位，由是势倾天下”[①]。袁绍本人“有姿貌威容，能折节下士，士多附之”[②]。袁绍的这一行为，引起宦官集团的警惕与不满，中常侍赵忠“谓诸黄门曰：‘袁本初坐作声价，不应呼召而养死士，不知此儿欲何所为乎？’”[③]为此，袁绍的叔父袁隗曾狠狠地训斥了袁绍。其后，袁绍投在何进门下，“后辟大将军何进掾，为侍御史、虎贲中郎将”[④]。在何进与蹇硕发生争斗时，袁绍是何进一方的中坚大将。灵帝设置西园八校尉时，袁绍是八校尉中仅次于蹇硕的指挥官[⑤]，所以当何蹇二人决裂时，袁绍向何进建议首先夺取八校尉的指挥权。夺取八校尉的指挥权，也就意味着要除掉蹇硕。[⑥] 蹇硕在灵帝驾崩后，已经预感到前景不妙，皇子刘辩即位，何太后临朝，大将军何进与太傅袁隗辅政。在这样的政治环境中，蹇硕私下与中常侍赵忠等密谋，“大将军兄弟秉国专朝，今与天下党人谋诛先帝左右，扫灭我曹。但以硕典禁兵，故且沈吟，今宜共闭上阁，急捕诛之”[⑦]，企图先于何进动手。这里蹇硕提到他的优势在于手握禁兵，并指出他担忧的是何进兄弟与党人联盟。党人们的政敌不是某一两个宦官，而是整个宦官集团，因此不管蹇硕提到的何进兄弟与党人的联盟是真是假，这一消息已经足以让整个宦官集团为之恐慌。这样看来，蹇硕颇有谋略。但是，蹇硕最终败在了中国人的关系学上。在中国，有一种关系很重要，“它由关系的内部空间所决定，成为关系运作的一个基础。这就是同乡关系，从同一个村庄、城镇、县或省里来的人。或者说同样的方言、相互有姻亲的人，也能帮忙，或开后门”[⑧]。中常侍郭胜与何进之间的关系显然符合上述关系特征，“中常侍郭胜，进同郡人也。太后及进之贵幸，胜有力焉。故胜

①②③ 〔晋〕陈寿：《三国志》，中华书局 1965 年版，第 188 页。

④ 〔南朝宋〕范晔：《后汉书》，中华书局 1965 年版，第 2374 页。

⑤⑥王仲荦：《魏晋南北朝史》，上海人民出版社 2003 年版，第 18 页。

⑦ 〔南朝宋〕范晔：《后汉书》，中华书局 1965 年版，第 2248 页。

⑧ ［美］杨美慧：《礼物、关系学与国家：中国人际关系与主体性建构》，赵旭东、孙珉译，江苏人民出版社 2016 年版，第 100 页。

亲信何氏”[①]。接下来，郭胜策反了其他宦官，一同把消息透露给了何进，蹇硕失败身亡。何、蹇二人之间的权斗，之所以说是袁绍的人生机遇，是因为在这场权斗中，处处有袁绍的身影，袁绍的参与使这场斗争深入化。袁绍以窦武的故事劝说何进尽诛宦官集团，免除后患，以便独揽大权。何太后以祖制为由不允。因为秦汉时期宦官集团是统治阶层中一个特殊的政治集团，所掌控的实际权力很大。[②] 同时，何太后政治立场鲜明，“我奈何楚楚与士人对共事乎？”[③]由这里明显可以看出，何太后对士人阶层是持敌视态度的。太后母弟数次收受宦官集团的贿赂，极力在太后面前给何进设置阻力。

从前面袁绍的行径来看，当时围绕袁绍形成了一个士人集团。在铲除宦官集团计划停滞不前的情况下，以袁绍为首的士人集团又向何进进言，应“多召四方猛将及诸豪杰，使并引兵向京城，以胁太后”[④]。袁绍等人试图以地方武装势力的介入来打破僵局。时任主簿的陈琳是头脑清醒者，指出地方武装势力的到来会造成不可收拾的乱象局面，并力谏何进万万不可召集地方武装势力入京。何进对陈琳的谏言置若罔闻。但此时的何进既同意召集地方军队入京，凭借这些军队来威胁太后，以使太后在不同意铲除宦官集团的立场上软化；同时又在与宦官集团彻底决裂方面犹豫不决。究其原因，何进的飞黄腾达很大程度上得益于宦官集团的协助。正如其弟何苗所言：“始共从南阳来，俱以贫贱，依省内以致贵富。国家之事，亦何容易！覆水不可收。宜深思之，且与省内和也。”[⑤]在何进欲进又欲退的形势下，袁绍再次以推手的身份出现，以威胁的语气劝谏何进：“今交搆已成，形势已露，将军何为不早决之？事留变生，后机祸至。”[⑥]何进对于彻底铲除宦官集团一事，一直在徘徊犹豫之中。他在袁绍的力谏下，才会前行一步。袁绍被何进任命为司隶校尉，假节，专命击断。在如此紧张的气氛下，宦官集团中的大部

① 〔南朝宋〕范晔：《后汉书》，中华书局 1965 年版，第 2248 页。
② 余华青：《中国宦官制度史》，上海人民出版社 1993 年版，第 162 页。
③④ 〔南朝宋〕范晔：《后汉书》，中华书局 1965 年版，第 2249 页。
⑤ 〔南朝宋〕范晔：《后汉书》，中华书局 1965 年版，第 2250 页。
⑥ 〔晋〕陈寿：《三国志》，中华书局 1965 年版，第 189 页。

分人登门向何进谢罪，何进此时的表态，应该就是他的政治意图。何进对诸常侍小黄门说："天下匈匈，正患诸君耳。今董卓垂至，诸君何不早各就国?"①何进的意图是迫使宦官集团退出权力中枢，因此，在袁绍的再三劝进下，依然不肯下诛杀宦官集团的命令。此时的袁绍显得急不可耐，他擅作主张，假称是奉何进的命令，以文书的形式，令各州郡缉捕宦官的亲属。何进的优柔寡断，给他带来了致命的危险。"进谋积日，颇泄，中官惧而思变。"②

不久之后，宦官集团设计杀死了何进。何进之死，给了袁绍等人铲除宦官集团的借口。袁绍先与其叔父袁隗矫诏捕杀了樊陵、许相二人。其后，袁绍与何苗率兵捕杀赵忠等宦者。何进部将吴匡等人以何苗与何进之死脱不了干系为由，煽动士卒击杀了何苗。何苗死后，袁绍对宦官集团进行了大清洗，"绍遂闭北宫门，勒兵捕宦者，无少长皆杀之。或有无须而误死者，至自发露然后得免。(死)者二千余人"③。何苗如果不死，袁绍等人无法大规模清除宦官集团。而大规模清除宦官集团，使东汉的政治秩序失去了平稳运行的基础。在袁绍尚未整合各方势力，形成恢复平稳运行的政治秩序时，地方军阀董卓带兵进京了。董卓的到来给了东汉王朝致命一击。袁绍等人大规模清除宦官集团的行动，成为董卓登顶权臣的人生机遇。

在董卓初到时，鲍信曾向袁绍献策，"卓拥强兵，有异志，今不早图，将为所制；及其初至疲劳，袭之可禽也"④。袁绍畏惧董卓的兵势，不敢贸然行动。董卓入京后，以天显异象为名，"策免司空刘弘而卓代之，俄迁太尉，假节钺虎贲"⑤。董卓一步步攫取权力后，更是做出了废立皇帝的举动。袁绍和董卓正式决裂，便是由废立皇帝之事引起。面对袁绍的反对，董卓拔剑怒斥："竖子敢然！天下之事，岂不在我？我欲为之，谁敢不从！"⑥袁绍面对董卓的强势，也拔刀相向，曰："天下健者，岂惟董公！"⑦董、袁二人的决裂，给地方诸侯共同联盟讨伐董卓拉开了序幕。

---

① 〔南朝宋〕范晔：《后汉书》，中华书局1965年版，第2250页。

② 〔南朝宋〕范晔：《后汉书》，中华书局1965年版，第2251页。

③ 〔南朝宋〕范晔：《后汉书》，中华书局1965年版，第2252页。

④⑤ 〔晋〕陈寿：《三国志》，中华书局1965年版，第174页。

⑥⑦ 〔南朝宋〕范晔：《后汉书》，中华书局1965年版，第2374页。

> 初平元年，绍遂以渤海起兵，(以)〔与〕从弟后将军术、冀州牧韩馥、豫州刺史孔伷、兖州刺史刘岱、陈留太守张邈、广陵太守张超、河内太守王匡、山阳太守袁遗、东郡太守桥瑁、济北相鲍信等同时俱起，众各数万，以讨卓为名。绍与王匡屯河内，伷屯颍川，馥屯邺，余军咸屯酸枣，约盟，遥推绍为盟主。绍自号车骑将军，领司隶校尉。[①]

董卓专权被认为是东汉政治秩序正式崩溃的开始。刘知几认为，“汉之有董卓，犹秦之有赵高”。周寿昌认为，《三国志》中，列有董卓的传记是因为“盖卓首乱者也”[②]。东汉末年政治环境的乱象，给了大批有才华的人物施展才能的舞台、改变人生命运的机遇。刘备就是其中的成功者之一。如果没有何进、袁绍与宦官集团的决裂，就不会有凉州军阀董卓的进京；如果没有董卓的进京，就不会有东汉末年政治秩序的崩坏，也就不会有刘备施展才能的机遇。因此，东汉末年的政治乱象正是刘备帝王人生奋斗史开始的序幕。

第二节　善于把握机遇的成功者

刘备虽然出身于汉室皇族，是中山靖王刘胜的后裔，但是到了刘备这一辈，已经家道中落，沦为小手工业生产者。如果命运没有什么大的转折，刘备可能会从事一辈子的手工业，在历史上默默无闻。平淡的历史太乏味，动荡的历史又太血腥。每当社会失序时，都会有一批杰出人物挺身而出，为恢复正常的社会秩序而斗争。“以董卓专权和随之而来的‘关东诸侯’讨伐董氏之役发生为标志，整个天下进入军阀混战、群雄割据的混乱局面。”[③]刘备

---

① 〔南朝宋〕范晔：《后汉书》，中华书局1965年版，第2375页。

② 〔晋〕陈寿撰，〔南朝宋〕裴松之注，卢弼集解，钱剑夫整理：《三国志集解》，上海古籍出版社2012年版，第617页。

③ 黄朴民：《秦汉统一战略研究》，中国人民大学出版社2007年版，第96页。

在这样的乱世，胸怀“匡扶汉室，安定黎民”的志向。乱世对于刘备个人而言，是施展个人才能的机会，是改变命运的机遇。而刘备能够很好地把握机遇，成为成功者，得益于以下两点。

一、刘备的个人杰出才能

刘备初起兵时，曾得到中山大商人张世平和苏双的资助。张、苏二人常于涿郡一带贩卖马匹，由于从事的职业，二人阅人无数。但在见到刘备后，张世平、苏双“见而异之，乃多与之金财”[①]。有了这笔资助，刘备才得以顺利招兵买马。从这一事件可以看出，作为大商人的张、苏二人是相信刘备是非常之人，是能成就一番伟业的人的。趋利避害，将利益最大化本是商人的习性。如战国时期的大商人吕不韦就曾经以秦国公子子楚为“奇货可居”，作出投资决定，然后获得无法估量的人生收获。[②] 因此，张、苏二人这番作为，从侧面反映出刘备具有异于常人的杰出才能。

> 汉末大乱，雄杰并起。若董卓、吕布、二袁、韩、马、张杨、刘表之徒，兼州连郡，众踰万计，叱咤之间，皆自谓汉祖可踵，桓、文易迈；而魏武神武干略，戡屠荡尽。于时先主名微人鲜，而能龙兴凤举，伯豫君徐，假翼荆楚，翻飞梁益之地，胤汉祚，而与吴、魏【与之】鼎峙。非英才命世，孰克如之。[③]

在晋人常璩看来，刘备是命世英才，因此方能与曹操、孙权三足鼎立。因为刘备起步时具有的政治资源远远不及曹、孙二人。刘备的诸多才能中，最为出色的应该是求贤若渴、知人善用。诸葛亮对蜀汉政权的建立可以说

---

① 〔晋〕陈寿：《三国志》，中华书局 1965 年版，第 872 页。

② 〔汉〕刘向集录：《战国策》，上海古籍出版社 1985 年版，第 275 页。

③ 〔晋〕常璩著，任乃强校注：《华阳国志校补图注》，上海古籍出版社 1987 年版，第 383—384 页。

是厥功至伟，而“刘备有雄才，知人善任，自然是诸葛亮择主的重要条件”①。在得知隐逸贤士诸葛亮的大名后，“由是先主遂诣亮，凡三往，乃见”②。刘备部下谋臣以诸葛亮为翘楚，猛将中则以关羽、张飞最为著名。刘备起兵抗击黄巾军时，关、张二人就追随其左右。刘备兵微将寡，能在各路诸侯争雄的环境中颇有名气，实得益于骁勇善战的关、张二人。曹操一方的重要谋臣都对关羽、张飞二人评价极高。程昱认为，“关羽、张飞皆万人敌也”③。郭嘉与曹操谈话中，也提及“张飞、关羽者，皆万人之敌也，为之死用”④。刘晔也认为，“关羽、张飞勇冠三军而为将”⑤。刘备发现关、张二人的才能，并能善用之，是其初期最主要的政治资本。陈寿在《三国志》中评曰：“关羽、张飞皆称万人之敌，为世虎臣。”⑥徐州牧陶谦上表请封刘备为豫州刺史，正是要利用刘备手下的关、张二将来“率领精锐的丹阳兵来抗衡曹操的大军”⑦。陶谦曾“以丹杨兵四千益先主”⑧。关羽、张飞如此猛将何以一直忠心于刘备？小说《三国演义》中，以著名的桃园结义情节完美地诠释了刘备与关、张二人的兄弟情义。正史《三国志》中，虽然没有刘、关、张三人结义为兄弟的记载，但有相近的叙述：“先主与二人寝则同床，恩若兄弟。”⑨从这里可以看出，刘备对二人如同亲兄弟一般的感情，换来二人对其报以无限的忠诚。

赵云也是刘备手下极为杰出的猛将，在刘备兵败荆州当阳时，“弃妻子南走，云身抱弱子，即后主也，保护甘夫人，即后主母也，皆得免难”⑩。从正史简洁的文字记载中，可以还原昔日戟戈如林、箭镞如雨的古战场。赵云要经过怎样的艰苦厮杀才能够带着主母与幼主平安脱险？赵云起初是公孙瓒

---

① 朱子彦：《汉魏禅代与三国政治》，东方出版社 2013 年版，第 172 页。
② 〔晋〕陈寿：《三国志》，中华书局 1965 年版，第 912 页。
③ 〔晋〕陈寿：《三国志》，中华书局 1965 年版，第 428 页。
④ 〔晋〕陈寿：《三国志》，中华书局 1965 年版，第 433 页。
⑤ 〔晋〕陈寿：《三国志》，中华书局 1965 年版，第 445 页。
⑥ 〔晋〕陈寿：《三国志》，中华书局 1965 年版，第 951 页。
⑦ 朱子彦：《汉魏禅代与三国政治》，东方出版社 2013 年版，第 131 页。
⑧ 〔晋〕陈寿：《三国志》，中华书局 1965 年版，第 873 页。
⑨ 〔晋〕陈寿：《三国志》，中华书局 1965 年版，第 939 页。
⑩ 〔晋〕陈寿：《三国志》，中华书局 1965 年版，第 948 页。

手下的一名战将，刘备当时依附于公孙瓒，如此，刘、赵二人有了互动的交集。刘备“每接纳云，云得深自结托”[①]。当刘备荆州兵败，“有人言云已北去者，先主以手戟擿之曰：‘子龙不弃我走也。’顷之，云至”[②]。这一事件可以看出刘备对赵云的高度信任，也可以看出刘备知人善用的才能。

刘备除了知人善用，还有礼贤下士的美名。刘备少年时便“好结交豪侠，年少争附之”[③]。后因军功，获封平原相。在任上，刘备“外御寇难，内丰财施。士之下者，必与同席而坐，同簋而食，无所简择。众多归焉”[④]。所以，当平原郡民刘平指使刺客暗杀刘备时，结果出现了反转，面对礼贤下士，与民众融为一体的刘备，“客不忍刺，语之而去”[⑤]。刘备“其得人心如此”[⑥]，令人叹服不已。正因为如此，在刘备寄居于荆州刘表处时，“荆州豪杰归先主者日益多”[⑦]。刘备的知人善用与礼贤下士成就了他的雄才，即使是自认为才华盖世、蔑视天下各路诸侯的曹操，也不得不赞叹刘备：“今天下英雄，唯使君与操耳。本初之徒，不足数也。”[⑧]面对曹操、孙权这样的竞争对手，刘备的长处在于其以人为本。在兵败存亡的危急关头，面对部下的劝告，刘备依然不能放下百姓：“今人归吾，吾何忍弃去！”[⑨]刘备对一众追随者来说是一个具有超凡魅力的领袖。而“一个服从超凡魅力权威的有组织群体，可以称之为超凡魅力共同体（Gemeinde）。它的基础是一种情感上的共同体关系形式（Vergemeinschaftung）”[⑩]。刘备正是以君臣亲如一家的情感来与部下结成命运共同体。领袖有能力驾驭追随者，是其迈向成功关键的一步。[⑪] 刘备统率、驾驭部下的能力堪称非凡。正如陈寿在《三国志·先主传》中评论刘备的，“先主之弘毅宽厚，知人待士，盖有高祖之风，英雄之器焉”[⑫]。从此后历史发展的脉络来看，陈寿对刘备的这一评价是中肯的。

---

①② 〔晋〕陈寿：《三国志》，中华书局 1965 年版，第 949 页。

③⑤⑥⑦ 〔晋〕陈寿：《三国志》，中华书局 1965 年版，第 872 页。

④ 〔晋〕陈寿：《三国志》，中华书局 1965 年版，第 873 页。

⑧ 〔晋〕陈寿：《三国志》，中华书局 1965 年版，第 875 页。

⑨ 〔晋〕陈寿：《三国志》，中华书局 1965 年版，第 877 页。

⑩ ［德］马克斯·韦伯：《经济与社会》，阎克文译，上海人民出版社 2009 年版，第 353 页。

⑪ ［英］伯特兰·罗素：《权力论》，吴友三译，商务印书馆 2012 年版，第 20 页。

⑫ 〔晋〕陈寿：《三国志》，中华书局 1965 年版，第 892 页。

二、刘备的社会关系网络

刘备的社会关系网络是建立在他个人的杰出才能之上的。刘备“年十五，母使行学，与同宗刘德然、辽西公孙瓒俱事故九江太守同郡卢植。德然父元起常资给先主，与德然等。元起妻曰：‘各自一家，何能常尔邪！’起曰：‘吾宗中有此儿，非常人也。’”[①]从这段文献资料可以看出，同宗族的刘元起对刘备出外求学资助甚多。刘元起帮助出身于贫困家庭的刘备，是因为他相信刘备会是一个非凡的人，会给他们整个同宗带来荣耀。这是传统中国社会中的一个恒定、常见的现象。“在中国社会，个人是家族链条上一个摆脱不掉的分子，因此他的言行举止、为人处世、事业功名、做官掌权的问题不仅是他个人的问题，而是整个家族的期待并由此可以沾光的问题。”[②]刘备出外求学，拓展了他的社会关系网络。在卢植的一众学生中，公孙瓒与刘备相交甚厚，刘备待公孙瓒如亲兄长。公孙瓒日后对刘备帮助很大，成为他日后非常重要的政治资源。

黄巾军起义期间，刘备带领关羽、张飞及招募的军卒跟随校尉邹靖平乱，因有军功，被任命为安喜尉。后因与督邮不合，弃官而去。大将军何进派遣都尉毌丘毅到丹阳招募士兵，刘备一路护送，在下邳遇到武装势力，作战有功，被任命为下密丞，不久后转任高唐尉，继而升任为高唐令。不久刘备“为贼所破，往奔中郎将公孙瓒”[③]。在形势危急时，刘备想到亲如兄长的老同学公孙瓒。公孙瓒上书请封刘备为别部司马，让刘备协助青州刺史田楷一同与袁绍作战。此时，刘备人生中的一个重要机遇不期而至。田楷收到了陶谦的求援书信后，约刘备一同出兵救援。救援陶谦的战争为刘备带来了人生第一个重要的官衔。

陶谦上书请封刘备为豫州刺史，屯兵小沛，以挡曹兵。此时的刘备集团

① 〔晋〕陈寿：《三国志》，中华书局1965年版，第871页。

② 翟学伟：《人情、面子与权力的再生产》，北京大学出版社2013年版，第210—211页。

③ 〔晋〕陈寿：《三国志》，中华书局1965年版，第872页。

正式成为一股独立的政治军事势力。陶谦病危时，将徐州托付于刘备。刘备继任徐州牧，是其拓展社会关系网络的结果。刘备在徐州得到了当地豪族和名士的支持。陶谦病故，糜竺奉其遗愿迎立刘备为徐州之主。在刘备犹豫之间，下邳名士陈登进言陈述天下形势，并为刘备提出了行动纲领，“今汉室陵迟，海内倾覆，立功立事，在于今日。彼州殷富，户口百万，欲屈使君抚临州事”①。当刘备提出可以请出身四世三公的袁术来担任徐州牧时，陈登再谏言陈情：“公路骄豪，非治乱之主。今欲为使君合步骑十万，上可以匡主济民，成五霸之业，下可以割地守境，书功于竹帛。若使君不见听许，登亦未敢听使君也。”②名动天下的北海相孔融也极力劝进：“袁公路岂忧国忘家者邪？冢中枯骨，何足介意。今日之事，百姓与能，天与不取，悔不可追。”③这样，在当地豪族名士的极力拥戴下，刘备正式接任徐州牧一职。同时，“陈登等遣使诣袁绍曰：‘天降灾沴，祸臻鄙州，州将殂殒，生民无主，恐惧奸雄一旦承隙，以贻盟主日昃之忧，辄共奉故平原相刘备府君以为宗主，永使百姓知有依归。方今寇难纵横，不遑释甲，谨遣下吏奔告于执事。’绍答曰：‘刘玄德弘雅有信义，今徐州乐戴之，诚副所望也。’”④得到关东军盟主袁绍的认可之后，刘备正式成为天下诸侯之一，与袁绍、曹操等人处于了同一平台，实现了对等交往。刘备成为徐州牧之后，不断与袁术作战。曹操因此上书请封刘备为镇东将军、宜城亭侯。

刘备在徐州得到当地豪族巨富糜竺的倾力支持。糜竺“祖世货殖，僮客万人，赀产钜亿”⑤。当陶谦病故时，就是身任别驾的糜竺率徐州臣民迎立刘备。在刘备与袁术相持，被吕布袭取徐州，流离失所时，糜竺嫁妹于刘备，并奉献“金银货币以助军资”。刘备因此才得以重新振作。据《三国志・先主传》记载，“先主还小沛，复合兵得万余人”⑥。刘备在大败后，能重新整顿兵力达万余人，应该就是糜竺金银资助的结果。不久，刘备再败于吕布，只能投奔曹操处。曹操厚待刘备，并表奏刘备为豫州牧。刘备虽然兵败失去了

①②③〔晋〕陈寿：《三国志》，中华书局1965年版，第873页。
④⑥〔晋〕陈寿：《三国志》，中华书局1965年版，第874页。
⑤〔晋〕陈寿：《三国志》，中华书局1965年版，第969页。

徐州，但其政治地位并没有降低。由此，他在徐州拓展的社会关系网络得到进一步拓展与巩固。曹操、刘备联手铲除吕布势力后，刘备获封左将军，政治地位进一步上升。在当时的政治中心许昌，刘备结识了汉献帝的国丈车骑将军董承，并卷入了衣带诏事件之中。在衣带诏事件尚未暴露时，刘备脱身重返徐州。不久后，曹操大军攻破徐州，刘备败逃至青州地界。"青州刺史袁谭，先生故茂才也，将步骑迎先主。"①袁谭同时派信使飞马禀报父亲袁绍。袁绍听闻刘备前来投奔，"遣将道路奉迎，身去邺二百里，与先主相见"②。袁绍父子以上宾礼待刘备。如果没有曾任徐州牧一职的经历，刘备恐怕无法获得曹操、袁绍等人的认同。因此，徐州是刘备社会关系网络得以拓展，迈向地方诸侯行列重要的一站。

随着曹操意图统一天下步伐的加快，袁绍与其的正面对决变得不可避免。刘备在自身势力较弱，无法对抗曹操的形势下，只能再次寻求庇护。刘备派出集团中的重要骨干成员糜竺和孙乾南下荆州，求见刘表表达意图。此时的刘备在天下诸侯中已然是声名卓著。刘表亲自前往城郊迎接刘备，"以上宾礼待之，益其兵，使屯新野"③。刘备在荆州时期，进一步拓展了他的社会关系网络。正是这一时期的经历，使他具有了跨入第一流诸侯圈的政治资本。刘表病故，幼子刘琮继任荆州牧。曹操大军南下，刘琮不战而降。刘备部下以诸葛亮为首皆谏言，应该攻打刘琮部，进而占领荆州以抗曹兵。刘备以信义谢绝，"刘荆州临亡托我以孤遗，背信自济，吾所不为，死何面目以见刘荆州乎！"④此时，刘备形成了自己争霸天下的价值观：以人为本。曹操南征，意图占领荆州及孙氏所据的江东。在面对共同威胁的时候，刘备与孙权达成联盟，齐心协力大败曹军。刘备占据荆州后，势力急速扩张，正式成为第一流的诸侯。重要的谋臣诸葛亮、庞统都是与之相遇于荆州，猛将黄忠、魏延也是自荆州起追随刘备左右。

①②③〔晋〕陈寿：《三国志》，中华书局 1965 年版，第 876 页。

④〔晋〕陈寿：《三国志》，中华书局 1965 年版，第 878 页。

刘备再次拓展社会关系网络，并扩大势力范围，得益于他的汉室皇族背景。益州牧刘璋听闻曹操将要派遣钟繇讨伐汉中张鲁，担心曹军会乘势进攻巴蜀。部下别驾从事张松乘机进言："刘豫州，使君之宗室而曹公之深仇也，善用兵，若使之讨鲁，鲁必破。鲁破，则益州强，曹公虽来，无能为也。"[①]张松的这番话能打动刘璋，不外乎两点：其一，刘备与刘璋同为汉室宗亲，二人有血脉之源；其二，刘备是当时天下仅存能抗衡曹操者。通过张松的陈述，刘备凭借他的个人才能与皇室血缘，成功将刘璋拉进了自己的社会关系网络之中。刘璋同意后，派遣部下法正率四千军卒迎接刘备入川。法正觐见并献策于刘备："以明将军之英才，乘刘牧之懦弱；张松，州之股肱，以响应于内；然后资益州之殷富，冯天府之险阻，以此成业，犹反掌也。"[②]刘备带领庞统、黄忠、魏延等文臣武将在法正的引领下入川。据《三国志・魏延传》记载，魏延"以部曲随先主入蜀，数有战功，迁牙门将军"[③]。"两汉的部曲，是军队的建制，随后成为部队的代词。"[④]由此可知，刘备在荆州发展了直接隶属于他的亲兵卫队，而魏延很可能是刘备亲兵卫队的指挥官。这也解释了刘备在占领汉中后，为何要委任魏延为汉中太守。在刘备自己的社会关系网络中，魏延处于非常重要的地位。

刘备率兵入川后，经过数年艰辛的征战，成功占据益州，成为与曹操、孙权并列于天下的诸侯之一。

> 先主复领益州牧，诸葛亮为股肱，法正为谋主，关羽、张飞、马超为爪牙，许靖、麋竺、简雍为宾友。及董和、黄权、李严等本璋之所授用也，吴壹、费观等又璋之婚亲也，彭羕又璋之所排摈也，刘巴者宿昔之所忌恨也，皆处之显任，尽其器能。有志之士，无不竞劝。[⑤]

---

① 〔晋〕陈寿：《三国志》，中华书局 1965 年版，第 881 页。

② 〔晋〕陈寿：《三国志》，中华书局 1965 年版，第 957 页。

③ 〔晋〕陈寿：《三国志》，中华书局 1965 年版，第 1002 页。

④ 何兹全：《中国古代社会及其向中世社会的过渡》，商务印书馆 2013 年版，第 597 页。

⑤ 〔晋〕陈寿：《三国志》，中华书局 1965 年版，第 882—883 页。

刘备在巩固取得的成果之后，派兵击败曹军，攻占汉中，势力达到顶峰，成为与曹操、孙权并列，主宰当时天下的三巨头之一。部下群臣劝进刘备为汉中王，并上书汉献帝。刘备尊称汉中王是为了复兴汉室，直言当时的朝廷实际上是被曹操所掌控。为了扭转刘氏王朝的困境，刘备不得不效仿古代先贤与高祖分封同姓王的故事。“周监二代，并建诸姬，实赖晋、郑夹辅之福。高祖龙兴，尊王子弟，大启九国，卒斩诸吕，以安大宗。”[①]刘备从一个社会底层的小手工业者到叱咤风云的诸侯王，是他本人的杰出才能与他不断拓展的社会关系网络二者的合力，让他一次次抓住人生中出现的机遇而达到的。

第三节　刘氏称帝正当性的政治文化

建安二十五年(220 年)，汉献帝下诏退位，采取禅让的形式将皇帝位让予魏王曹丕。汉魏禅让是权力合法性的和平转接，背后是东汉王朝名实不相匹配的困境。因为从当时的社会事实来看，“无论从经济上、政治上，还是军事集团实际占领方面看，统一的政权早已不复存在”[②]。曹丕采取的获得政权的手段一定程度上有利于社会秩序的稳定。正如福柯所言，政治是“一种维持内部和平与秩序的技术”[③]。不管曹丕是否存在逼迫汉献帝放弃帝位的行为，禅让皇位这种效仿上古圣王的政治技术实施于朝代更替方面是具有其积极意义的。和平交接总胜于血雨腥风的杀戮。

曹丕称帝的第二年，刘备也于成都称帝。刘备称帝是很多人所不能理解的。如常璩在《华阳国志·刘先主志》中所评论的：“然，必以曹氏替汉，宜扶信顺以明至公。还乎名号，为义士所非。”[④]既然刘备自称是为汉室江山扫

① 〔晋〕陈寿：《三国志》，中华书局 1965 年版，第 886 页。

② 林剑鸣：《秦汉史》，上海人民出版社 2003 年版，第 962 页。

③ [法]米歇尔·福柯：《规训与惩罚》，刘北成、杨远婴译，生活·读书·新知三联书店 2012 年版，第 189 页。

④ 〔晋〕常璩著，任乃强校注：《华阳国志校补图注》，上海古籍出版社 1987 年版，第 384 页。

除乱臣贼子，那么在汉献帝尚存于世的情形下，他身为汉室宗亲，同时作为忠臣义士，无论如何是不能称帝的。所以在刘备称帝前，“或传闻汉帝见害，先主乃发丧制服，追谥曰孝愍皇帝”①。

从当时的历史环境来看，刘备称帝是必要的政治行为。其一，刘备称帝有着迫切性。“皇帝”这一称谓自秦始皇构建以帝业为中心的政治秩序开始就具有了唯一性。在天下分裂时期，“中国各地便会出现各种自称‘皇帝’的割据政权，互相争夺正统权。然而，从争夺正统性这件事情上可以看出，各个割据政权都声称自己才是真正的皇帝，以维护其政权的权威性。即归结到理念上，皇帝是唯一的。”②刘备与曹氏势不两立，在曹丕称帝的情况下，刘备如果不称帝，其政治军事势力就没有存在的合法性。刘备称帝是对曹丕称帝的回应，也是其为了继续保持政治军事势力存在的抉择。其二，争夺正统性的需要。迈克尔·曼认为，社会权力有四个来源，其中之一就是意识形态。③ 从汉武帝时期独尊儒术起，儒学便成为汉帝国的意识形态，在帝国政治秩序运行中起着主导的作用。汉章帝时期，在白虎观召开儒学大会，“下太常，将、大夫、博士、议郎、郎官及诸生、诸儒会白虎观，讲议五经同异，使五官中郎将魏应承制问，侍中淳于恭奏，帝亲称制临决，如孝宣甘露石渠故事，作白虎议奏”④。此次由官方主导的儒学大会集结成册的议奏史称《白虎通义》，简称《白虎通》。“《白虎通》集中讨论了包括朝廷礼宪与日常生活准则在内的四十三个专题，其中又有维护东汉政权所迫切需要的‘三纲六纪’等核心观念”⑤，因此可以看作东汉帝国意识形态的纲领性文件。汉章帝如此兴师动众，自然是为了刘氏帝业可以长盛不衰。曹魏代汉是经过曹氏父子两代人苦心经营多年的结果。曹丕称帝后，当时天下最有资格代表汉室重

① 〔晋〕陈寿：《三国志》，中华书局 1965 年版，第 887 页。

② ［日］沟口雄三、［日］小岛毅主编：《中国的思维世界》，孙歌等译，江苏人民出版社 2006 年版，第 346 页。

③ ［英］迈克尔·曼：《社会权力的来源》第一卷，刘北成、李少军译，上海人民出版社 2015 年版，第 3 页。

④ 〔南朝宋〕范晔：《后汉书》，中华书局 1965 年版，第 138 页。

⑤ 林聪舜：《儒学与汉帝国意识形态》，上海人民出版社 2017 年版，第 241 页。

新夺取政权的就是汉中王刘备。虽然曹丕称帝前，属下臣僚制造了一些天显异象、魏王当为帝的舆论："然则刘氏之德未泯，忠义之徒未尽，何言其亡也？汉苟未亡，则魏不可取。今以不可取之实，而冒揖让之名，因辅弼之功，而当代德之号，欲比德尧、舜，岂不诬哉！"[①]因此，天下人并不都认同曹丕称帝。为了重振汉室江山，刘备称帝成了当务之急。正如群臣劝进所言："曹丕篡弑，湮灭汉室，窃据神器，劫迫忠良，酷烈无道。人鬼忿毒，咸思刘氏。今上无天子，海内惶惶，靡所式仰。"[②]

此后，刘备建立于巴蜀、汉中一带的蜀汉政权能与曹魏、孙吴政权三足鼎立，相持数十年，"其重要原因之一就是蜀汉政权充分利用了刘备身为汉皇室后裔的政治资源，高举'绍汉'的政治旗号，以东汉王朝继承者自居，从而赢得了政治舆论的支持"[③]。两汉王朝构建的以帝业为中心，儒家思想为主导的政治文化，其生命力是顽强的。西晋王朝八王之乱之际，匈奴后裔刘渊起兵割据时，也是以复兴汉室江山为旗帜，其誓言中追溯了两汉王朝以及献帝失国与刘备的蜀汉政权，"故孝愍委弃万国，昭烈播越岷蜀，冀否终有泰，旋轸旧京，何图天未悔祸，后帝窘辱"[④]。如此，刘邦、刘秀、刘备三人就成为代表不同阶段刘氏帝业的建立者或中兴者。

东汉王朝末年，因为外戚与宦官之间的矛盾，而引发了国家生存的危机。"国家，与许多其他的组织不同，更容易仅仅因为组织内存在大量的裂痕——无论裂痕的深度如何——就分崩离析。"[⑤]看似强大的东汉王朝在这一次权力斗争后名存实亡。东汉王朝的生存危机，对于刘备来说是一次机遇，一次他可以施展才华、拯救汉室江山的机遇。有了机遇就有了改变命运的转机。

---

① 〔晋〕袁宏：《两汉纪》下，中华书局 2017 年版，第 590 页。

② 〔晋〕陈寿：《三国志》，中华书局 1965 年版，第 888 页。

③ 彭丰文：《先秦两汉时期民族观念与国家认同研究》，中国社会科学出版社 2016 年版，第 340—341 页。

④ 〔唐〕房玄龄等：《晋书》，中华书局 1965 年版，第 2649 页。

⑤ [美]乔尔·S. 米格代尔：《社会中的国家：国家与社会如何相互改变与相互构成》，李杨、郭一聪译，张长东校，江苏人民出版社 2013 年版，第 150 页。

刘备虽然是西汉中山靖王刘胜的后裔，但到他这一辈已经沦落为社会底层的小手工业者，如果没有大的命运转折，他可能只能默默无闻地被淹没于历史长河之中。东汉王朝末年政治秩序的乱象给了许多意图实现自我价值者不可多得的舞台，刘备是其中的佼佼者。纵观刘备的人生轨迹，我们会发现，个人的杰出才能与社会关系网络是他善于抓住每次机遇的必要条件；而当时盛行的以刘氏为帝作为正当性的政治文化则是促使刘备登上帝位的充分条件。陈寿在《三国志·先主传》中写到，刘备幼时，居住的屋"舍东南角篱上有桑树高五丈余，遥望见童童如小车盖，往来者皆怪此树非凡，或谓当出贵人。先主少时，与宗中诸小儿于树下戏，言：'吾必当乘此羽葆盖车。'叔父子敬谓曰：'汝勿妄语，灭吾门也！'"①这段描述反映出刘备幼时已经显现的帝王志向，为他以后的人生轨迹埋下伏笔。同时从中可知，刘备一族在当时已经是沦为平民的皇族，距离皇位遥不可及。因此，其叔父会因为刘备的不当言论而害怕被灭门。但是，在曹氏父子多年经营下，有资格继承皇位的诸王被逐一铲除。这给了盘踞于巴蜀、汉中的刘备以接近皇位的机遇，因为刘氏为帝正当性的政治文化并没有随着汉魏禅让而消失。历史机遇与政治文化的交织，构筑了刘备实现人生志向、迈向成功的路径。

① 〔晋〕陈寿：《三国志》，中华书局1965年版，第871页。

第十一章　王朝控制边疆视域下的诸葛亮七擒孟获

诸葛亮是我国家喻户晓的历史文化名人，对于三国以后的历朝历代均有深远的影响。其在官方是治国良臣的代表，在民间是超凡智慧的化身。当刘备于白帝城病故之时，蜀汉政权面临着巨大的生存危机。诸葛亮几乎凭借一己之力，力挽狂澜，拯救蜀汉于濒临绝境的境地。白帝城托孤后，蜀汉可以说是属于诸葛亮的时代。这一时期诸葛亮的功绩主要有以下三方面：其一，治理国家；其二，平定南中；其三，北伐曹魏。平定南中既是治理国家的内政延续，也是北伐曹魏的军事保障。基于此，本章主要论述诸葛亮平定南中的功绩。南中地域广袤，部族众多，可以给蜀汉北伐提供相应的物资与兵力。例如，《三国志·谯周传》记载：诸葛亮南征后，南中地区"是后供出官赋，取以给兵"①。可见，提供军需物资是平定南中之后的"收益"。但诸葛亮亲自南征，其目的却绝不仅仅如此。如果蜀汉把南中囊入有效的管辖下，仅仅只是为了将其作为物资和兵源的供应地，那么派遣一蜀汉名将即可完成这一任务。作为蜀汉政权的丞相，实际意义上的权力支配者，诸葛亮实在没有必要亲自率军深入当时还处于蛮荒之地的南中。那么，什么是促使蜀汉政权向南中扩展疆域以及必须稳定南中局势的动因？这一问题是值得深入探究的。

众所周知，刘备始终以复兴汉室为己任，而广阔的地域与充足的兵源是

① 〔晋〕陈寿：《三国志》，中华书局1965年版，第1031页。

中兴汉室江山的必要条件。因此，在占领成都，获得巴蜀之地后，为了进一步扩大地盘，刘备“对于南中，意在必得”[①]。只是当时蜀汉基业初创，无暇大力经营南中。曹丕胁迫汉献帝禅让江山后，刘备为了扭转其汉中王身份存在的困境，于成都称帝，建立蜀汉政权，自称为东汉王朝法统的延续，以中兴汉室江山为己任。自秦始皇建立大一统的王朝政治体系以来，秦、西汉、新、东汉诸王朝均十分重视对边疆地带的控制治理，从历史的发展脉络来看，王朝对边疆控制的强弱与王朝的兴衰息息相关。由蜀汉政权具有的王朝性出发，就可以把蜀汉积极经营南中看作王朝国家对边疆地带控制治理的践行实施。因此，笔者试图在梳理史料的基础上，以王朝控制治理边疆的视域来探究蜀汉丞相诸葛亮平定南中叛乱（七擒孟获）的历史情境以及此事件的历史社会意义。

第一节　蜀汉政权的王朝合法性

建安二十四年（219 年）秋，刘备属下的文臣武将联名上书汉献帝，请封刘备为汉中王，要求“以汉中、巴、蜀、广汉、犍为为国，所署置依汉初诸侯王故典”[②]。其中“键为”即南中地区。这表明，刘备从称汉中王时起，便把南中认定为其的治下之地。而刘备向献帝请封汉中王的理由，则是当时曹氏政治军事集团的存在严重威胁到了东汉王朝的生存。“今社稷之难，急于陇、蜀，操外吞天下，内残群寮，朝廷有萧墙之危，而御侮未建，可为寒心。”[③]因此，在汉室江山面临的巨大危机面前，身为皇族后裔的刘备，决定义无反顾地承担起捍卫刘氏皇权的重任，称王并非为了一己之私，而是为了使延续近四百年的汉室江山继续存在下去。这样解释，刘备的一切军事行动与政治行为就被赋予了捍卫汉室江山的神圣的合法性。

---

① 方国瑜著，秦树才、林超民整理：《云南民族史讲义》，云南人民出版社 2013 年版，第 100 页。
②③〔晋〕陈寿：《三国志》，中华书局 1965 年版，第 885 页。

建安二十五年(220年),汉献帝禅让江山支配权于曹丕,曹丕建立魏朝。曹丕能顺利由魏王变成魏帝,很大程度上得益于曹操丰硕的政治遗产。曹丕的称帝行为不仅令其取代了刘氏君临天下的地位,还导致东汉王朝谢幕,曹氏魏朝出场。而这使得刘备汉中王的身份陷入了存弃纠结的困境之中。刘备的汉中王在名分上是汉献帝册封,那么当汉献帝禅让皇位于曹丕之后,汉献帝刘协从东汉王朝的皇帝转变为魏朝的山阳公,在此历史情境下,刘备的汉中王将何去何从?

刘备的汉中王爵位,是由东汉皇帝刘协所封。而在刘协禅让皇位于曹丕之后,即刘协本人通过禅让仪式,承认曹丕是比他更适合做皇帝的人选之后,刘备汉中王身份的合法性亦丧失殆尽,除非他接受新皇曹丕的册封。但很显然,刘备断然不会接受曹丕的册封,继续做汉中王。所以,刘备不会如孙权一般向曹丕上书称臣。不过,若刘备挥师北伐,推翻曹丕,重建汉室江山,又非一朝一夕可以完成。在此时期,刘备汉中王的名分会处于尴尬之地。在这样的历史情境中,似乎刘备称帝成了唯一可行的方案。据陈寿在《三国志》中的记载,刘备与曹丕均有生而不凡的异象描写。这为二人以后的称帝作出了铺垫。刘备幼时,居住的屋"舍东南角篱上有桑树高五丈余,遥望见童童如小车盖,往来者皆怪此树非凡,或谓当出贵人。先主少时,与宗中诸小儿于树下戏,言:'吾必当乘此羽葆盖车。'……身长七尺五寸,垂手下膝,顾自见其耳"①。曹丕出生时,也"有云气青色而圆如车盖当其上,终日,望气者以为至贵之证,非人臣之气"②。这两段描写反映了刘备和曹丕二人的超凡脱俗,透露出其日后必定面南背北君临天下。

在汉献帝禅让皇位之前,曹氏集团已经在有意剪除刘氏皇族的势力,建安十九年(214年),"十一月丁卯,曹操杀皇后伏氏,灭其族及二皇子"③。建安二十一年(216年),曹操进号魏王的当年,"是岁,曹操杀琅琊王熙,国

① 〔晋〕陈寿:《三国志》,中华书局1965年版,第871—872页。
② 〔晋〕陈寿:《三国志》,中华书局1965年版,第57页。
③ 〔南朝宋〕范晔:《后汉书》,中华书局1965年版,第388页。

除”[1]。即使是其他幸存下来的刘氏诸王，在曹氏的控制范围内也无力反抗，无法重振汉室江山。有兵有地盘的刘备成为重树汉王朝旗帜的不二人选。此时的刘备还需要一个充足的理由来上尊号。曹丕称帝，建元黄初。刘备所在的汉中国“或传闻汉帝见害，先主乃发丧制服，追谥曰孝愍皇帝”[2]。刘备属下群臣听到汉献帝被害的消息之后，纷纷上书刘备，言及益州早有异象，预示当有天子出于此地。“数有气如旗，从西竟东，中天而行，图、书曰‘必有天子出其方’。加是年太白、荧惑、填星，常从岁星相追。近汉初兴，五星从岁星谋；岁星主义，汉位在西，义之上方，故汉法常以岁星候人主。当有圣主起于此州，以致中兴。时许帝尚存，故群下不敢漏言……臣闻圣王先天而天不违，后天而奉天时，故应际而生，与神合契。愿大王应天顺民，速即洪业，以宁海内。”[3]

益州[4]地现异象，当出皇帝之说，早有传言，而这一预言直接影响到汉灵帝中平年间刘焉选择担任州牧的地区。刘焉是西汉景帝子鲁恭王的后裔，少年出仕，因其身份是刘氏宗族之故，受封中郎官衔。又因为其师司徒祝恬的丧事，辞官奔丧。后来，刘焉以“贤良方正”再次进入仕途，历任雒阳令、冀州刺史、南阳太守、宗正、太常等官职。当时，汉灵帝在位，宠信宦官，朝纲不振，政治秩序紊乱，东汉王朝已现日落西山之态。刘焉上书灵帝，对当时的政治乱象给出了建议：当下“四方兵寇，由刺史威轻，既不能禁，且用非其人，以致离叛。宜改置牧伯，选清名重臣以居其任”[5]。刘焉的初衷是求交趾牧远离中原，逃避现实社会中的战乱纷争。时任侍中的董扶私底下对刘焉说“‘京师将乱，益州分野有天子气。’焉闻扶言，意更在益州”[6]。由此，益州（巴蜀）空间就被赋予了潜在的皇权合法性。刘焉请封去有潜在“天子气”的益州，这一举动说明刘焉有王霸之志、振兴汉室的意图。刘焉上书中所言的

---

① 〔南朝宋〕范晔：《后汉书》，中华书局1965年版，第388页。
② 〔晋〕陈寿：《三国志》，中华书局1965年版，第887页。
③ 〔晋〕陈寿：《三国志》，中华书局1965年版，第887—888页。
④ 文中益州与益州郡不同，益州是指巴蜀，益州郡是南中诸郡之一。
⑤ 〔宋〕司马光编著：《资治通鉴》，中华书局1965年版，第1887页。
⑥ 〔晋〕陈寿：《三国志》，中华书局1965年版，第865页。

“用非其人”，直指当时官场的弊病：“刺史、太守，货赂为官，割剥百姓，以致离叛。”[①]而根治这一弊病的良方在刘焉看来，是多用重用刘氏宗族中人。此时，恰逢益州、并州、凉州等地发生政治恶性事件。刘焉的建议因此被汉灵帝采纳，刘焉本人得偿所愿，获封益州牧，同时董扶也获封蜀郡西部属国都尉一职，随行刘焉赶赴巴蜀任上。这里透露出了一个历史信息，任命益州牧的同时任命州下属国的都尉，显示了当时益州地区的稳定与否和边疆各族群有密切的关联。

当时，尽管汉献帝已经禅让皇位于曹丕，在形式上宣布刘氏失德，已经不配做天子，汉室江山气数已尽，理应让贤；曹氏德配天地，当为天子，上尊号，魏王朝应当兴盛。但实际上，“刘氏之德未泯，忠义之徒未尽，何言其亡也？汉苟未亡，则魏不可取。今以不可取之实，而冒揖让之名，因辅弼之功，而当代德之号，欲比德尧、舜，岂不诬哉！”[②]因此在曹丕称帝之后，忠于汉室者依然大有人在。这些人认为，当时天下局势处于“今上无天子，海内惶惶，靡所式仰”[③]的境地，此时亟需另立新君，对抗曹魏，中兴汉室。刘备就是在这样的历史情境中，于成都称帝，诏告天下，蜀汉政权延续自东汉王朝，并向上天祈祷：“惟神飨祚于汉家，永绥四海！”[④]既然刘备建立的蜀汉政权的合法性来自对东汉王朝法统的继承，那么，蜀汉政权在其自己的角度，绝不是偏居一隅的地方割据政权，而是汉王朝的再次中兴。这样有利于蜀汉政权在与魏、吴并立的历史环境中赢得王朝正统合法性的地位，因为三国政权建立后于职官方面，“魏与吴、蜀多依汉制”[⑤]。如此一来，与曹丕“相比较而言，刘备称帝的条件较为有利”[⑥]。在“研精六经，尤善书札，颇晓天文”[⑦]的谯周看来，蜀汉与曹魏二政权均具有王朝的正当性，只不过曹魏是“肇建之国”而蜀

---

① 〔晋〕陈寿：《三国志》，中华书局 1965 年版，第 865 页。

② 〔晋〕袁宏：《两汉纪》下，中华书局 2017 年版，第 590 页。

③ 〔晋〕陈寿：《三国志》，中华书局 1965 年版，第 888 页。

④ 〔晋〕陈寿：《三国志》，中华书局 1965 年版，第 889 页。

⑤ 〔唐〕杜佑：《北宋版通典》，上海人民出版社 2008 年版，第 560 页。

⑥ 杨民：《秦汉西晋中央与巴蜀地方关系研究》，巴蜀书社 2011 年版，第 146 页。

⑦ 〔晋〕陈寿：《三国志》，中华书局 1965 年版，第 1027 页。

汉是“因余之国”。彼此之间“并争于世而为仇敌”[①]。此处，蜀汉作为“因余之国”，其中的“余”便是指如前所述的“刘氏之德未泯，忠义之徒未尽”。“因余之国”要战胜“肇建之国”，条件有二：其一，有“高贤卿者”；其二，天下局势变动。如果“民志既定，则难动也”[②]。

因此，蜀汉政权拥有的来自东汉王朝正统性的政治资源，也是对蜀汉政权的一种羁绊。“由于‘复兴汉室’是蜀汉政权维系民心、赢得政治支持的重要原因，蜀汉王朝不得不以北伐中原、恢复东汉统一王朝疆域为政治旗号”[③]，这使得蜀汉政权不能偏安于西南一隅，必须以恢复在中原的统治为行动目标。在刘备、诸葛亮执政时期王朝正统合法性的存在，自然是有利于蜀汉发展的优势条件，但在蜀汉后期，却变成了蜀汉政权巨大的负担，特别是后主刘禅宠信重用宦官黄皓时期，蜀汉朝廷无力也无心北伐。

第二节　刘备去世后蜀汉的危机及其化解

汉昭烈皇帝刘备伐吴兵败，退还白帝城。经此一役后，刘备心身均遭受了巨大的打击，从此一病不起，随着病情日渐沉重，自知时日无多。章武三年（223 年），刘备托孤于诸葛亮。面对刘备将太子刘禅与蜀汉政权予己的重托，诸葛亮涕泣誓言：“臣敢竭股肱之力，效忠贞之节，继之以死！”[④]刘备清楚当时蜀汉面临着严重的生存危机，尽管诸葛亮才华盖世，但要扭转这样的困境也绝非易事。关键之处在于诸葛亮需要具有蜀汉内政外交的支配权力，在诸葛亮表示要为蜀汉鞠躬尽瘁死而后已之后，刘备诏敕刘禅：“汝与丞相从事，事之如父。”[⑤]这意味着诸葛亮得到了蜀汉建立者刘备的授权，在刘禅继位之后，拥有决定内政外交的支配权力。

---

①② 〔晋〕陈寿：《三国志》，中华书局 1965 年版，第 1029 页。

③ 彭丰文：《先秦两汉时期民族观念与国家认同研究》，中国社会科学出版社 2016 年版，第 341 页。

④⑤ 〔晋〕陈寿：《三国志》，中华书局 1965 年版，第 918 页。

刘禅继位后，改元建兴，下诏“封亮武乡侯，开府治事。顷之，又领益州牧。政事无巨细，咸决于亮”[①]。这样，从建兴元年(223年)起，“诸葛亮成为蜀汉政治军事的决策人”[②]。此时，蜀汉正处于内忧外患加剧的生死存亡时刻。当时魏、蜀、吴三足鼎立。魏与蜀二国均称其政权是东汉王朝正统性的继承者，因此彼此之间的暴力战争不可避免。对于吴国，诸葛亮是冀之以盟友的。这在其著名的《隆中对》中，已经明确定性：孙吴“此可以为援而不可图也”[③]。在既定方针下，诸葛亮寻求与吴国缓和紧张关系，共同对付曹魏。当时国内边疆地区“南中诸郡，并皆叛乱”[④]。这次叛乱“对实现诸葛亮为刘备制定的‘西和诸戎，南抚夷越’进而以成霸业的长远计划造成了很大的威胁，甚至蜀汉以四川为立国之本的根基也有被动摇的危险”[⑤]。因此，南中叛乱是诸葛亮不得不认真对待的重大事件。而此次叛乱背后有着孙吴的支持，吴交趾太守士燮“诱导益州豪强雍闿等，率郡人民使遥东附”[⑥]孙吴政权。雍闿为了向孙权表忠心，把蜀汉任命的益州郡太守张裔绑架并遣送到了东吴。同时，孙权任用昔日益州牧刘璋的儿子刘阐“为益州刺史，处交、益界首”[⑦]。这一举措无疑是企图以刘阐特殊的“政治身份”来达到从内部破坏蜀汉政权稳定团结的目的。面对这样的局势，诸葛亮不得不把与孙吴缓和关系，重新确立联盟关系置于工作中亟待处理的位置，优先于处理南中的叛乱。因为蜀、吴消解紧张关系，重新结盟之后，孙权会重新思考是否应该给予南中反叛蜀汉政权的地方豪强以支持。

从当时三国并立的形势来看，孙吴也是渴望与蜀汉缓解紧张关系，重新缔结盟约的。因为结盟之事关系到吴国的生存。正如魏国大臣刘晔对三国并立局势的判断：“今天下三分，中国十有其八。吴、蜀各保一州，阻山依水，

---

①④ 〔晋〕陈寿：《三国志》，中华书局1965年版，第918页。

② 何兹全：《三国史》，人民出版社2011年版，第160页。

③ 〔晋〕陈寿：《三国志》，中华书局1965年版，第912页。

⑤ 方铁主编：《西南通史》，中州古籍出版社2003年版，第164页。

⑥ 〔晋〕陈寿：《三国志》，中华书局1965年版，第1192页。

⑦ 〔晋〕陈寿：《三国志》，中华书局1965年版，第870页。

有急相救,此小国之利也。今还自相攻,天亡之也。"[①]吴、蜀联盟,事关两国的存亡。既然如此重要,在刘备兵败,退守白帝城之后,"吴王孙权请和,先主累遣宋玮、费祎等与相报答"[②]。不过孙权其人"性多嫌忌"[③],刘备去世后,对蜀汉新君能否振兴国家存疑,难免在亲蜀还是亲魏之间犹豫不决。

诸葛亮派遣得力干将邓芝出使吴国,意在重新确立蜀、吴间的联盟关系。邓芝到吴国后,孙权一直不召见邓芝。邓芝向孙权提交了求见信,信中言明:"臣今来亦欲为吴,非但为蜀也。"[④]一语击中孙权的要害,孙权当即召见邓芝。见面之后,孙权坦言心中的疑虑与犹豫:"孤诚愿与蜀和亲,然恐蜀主幼弱,国小势逼,为魏所乘,不自保全,以此犹豫耳。"[⑤]看来,孙权是想和蜀结盟,通过结盟来与曹魏抗衡的,不过,担心蜀汉的幼主非治国之才,这样,蜀汉在强魏面前能否自保尚且存疑,如何能作为盟友来共同抗衡曹魏呢?邓芝从容应对,首先表示钦佩孙权本人的才干,接着指出蜀汉的实际执政者是一代人杰诸葛亮,打消孙权对蜀汉能否自保的疑虑。进一步分析蜀、吴的地理优势,提出两国结成联盟后,进可攻、退可守。如若孙权倒向曹魏,曹魏必然会要求孙权献吴太子入魏做人质,吴国敢不答应的话,曹魏必定兴师讨伐,届时蜀汉也会乘机顺流而下扩展疆土。如果出现上述情况,吴国必亡。孙权听完后,沉默良久,承认邓芝所言非虚。孙权借机反问邓芝,如果吴、蜀两国成功灭魏,其后两国平分天下可行否?邓芝当即表明态度,坚决捍卫蜀汉的王朝正统性,蜀汉欲求天下一统,而非裂土割据。"夫天无二日,土无二王,如并魏之后,大王未深识天命者也,君各茂其德,臣各尽其忠,将提枹鼓,则战争方始耳。"[⑥]孙权听邓芝说完后大笑,当即同意两国缔结盟约,并派遣使臣报聘于蜀汉。孙权此问,当有其潜在的意图。孙吴是三国之中,意图割据保全既得利益最明显者。魏立国于禅让,表明是天命所归,自然会以王朝天下的大一统秩序为施政理想。而蜀建立之始,源于汉室气数未尽,

① 〔晋〕陈寿:《三国志》,中华书局1965年版,第447页。
②④⑤ 〔晋〕陈寿:《三国志》,中华书局1965年版,第1071页。
③ 〔晋〕陈寿:《三国志》,中华书局1965年版,第1149页。
⑥ 〔晋〕陈寿:《三国志》,中华书局1965年版,第1072页。

刘备要中兴汉王朝，自然也是以谋求一统天下为目标。后主刘禅为帝，虽然实际上的执政者是诸葛亮，但不知此时蜀汉的理想目标是否变化，故此孙权会有此一问。如果蜀汉在联合孙吴灭魏成功之后，同意平分天下，意味着蜀汉政权的奋斗目标已经与刘备时代大不相同。一个锐意进取积极进攻曹魏的蜀汉，比一个意图割据自保的蜀汉，在事实上让孙吴觉得更安全。因为蜀汉不断北伐，曹魏必然会集中精力来应对，而无暇顾及孙吴，这样会让孙吴的生存空间变得更加安全。

邓芝出使吴国，完成重新结盟的历史重任，也彰显了蜀汉立国的宗旨。蜀汉政权是东汉王朝的继承者，以恢复东汉王朝大一统的天下秩序为目标。诸葛亮在修复蜀、吴联盟的同时勤修内政，“抚百姓，示仪轨，约官职，从权制，开诚心，布公道”①，蜀汉内政大治。蜀汉内外环境得到改善后，诸葛亮把注意力转移到了南中，决定着手解决南中的叛乱问题。通过平定南中豪强大姓的造反行为来树立蜀汉政权作为东汉王朝继承者的正当合理性。

第三节　七擒孟获的历史事实与历史书写

刘焉、刘璋父子主政益州时期，“对南中真正能控制的地区，主要是犍为属国和益州郡”②。建安十九年(214 年)，刘备取代刘璋占据了益州，遂向南中地区扩展势力，先后派遣邓方与李恢治理南中。刘备相较刘焉、刘璋父子对南中的管辖范围有所扩大，“但真正能控制的地区仅有朱提、益州、牂牁三郡，越嶲郡则被当地夷帅所控制。永昌郡置吏未久，通往蜀地的道路亦被阻绝”③。此时，蜀汉尚未完全控制南中地区。

刘备驾崩后，“越嶲叟帅高定元杀郡将【军】焦璜。举郡称王以叛”④。建

---

① 〔晋〕陈寿：《三国志》，中华书局 1965 年版，第 934 页。

② 方铁主编：《西南通史》，中州古籍出版社 2003 年版，第 162 页。

③ 方铁：《方略与施治：历朝对西南边疆的经营》，社会科学文献出版社 2015 年版，第 448 页。

④ 〔晋〕常璩著，任乃强校注：《华阳国志校补图注》，上海古籍出版社 1987 年版，第 240 页。

兴元年(223年)夏,“牂牁太守朱褒拥郡反”[①],益州郡大姓雍闿拥兵反叛,并且绑架太守张裔遣送至孙吴。这一行为显然是在向孙权邀功,同时是在否定蜀汉对南中的管辖权。吴主孙权册封雍闿为永昌太守,并派遣前任益州牧刘璋的儿子刘阐居于交州与益州的交界处。孙权这一系列企图染指南中的行为,无疑增强了当地豪强对抗蜀汉的决心。当时的情况是,在刘备去世“一年之间,越巂、益州、牂牁三郡相继脱离蜀汉,仅朱提郡仍被蜀汉控制,永昌郡大姓吕凯与府丞王伉则闭境坚守”[②]。面对南中如此乱局,诸葛亮“以新遭大丧,故未便加兵”[③]为由,暂缓南征,而先选择与孙吴修好。建兴二年(224年),诸葛亮教化百姓“务农殖谷,闭关息民”[④],逐渐恢复、提升了蜀汉国力。

蜀汉政权是东汉王朝的继承者,儒学是东汉王朝的“国宪”[⑤],儒学的核心思想是礼治。因此,为表示对大行皇帝的尊敬,丧期不得动刀兵,正是对东汉王朝价值观的践行。在处理好内政外交之后,南中地区的叛乱成为诸葛亮亟待解决的问题。魏、蜀两国均以东汉王朝的继承者自居,只不过一是禅让法统,一是中兴法统。可以说,诸葛亮南征是王朝天下秩序建构的一部分。因为“三国纷争之时,统治者心目中之主要目标,在于巩固地盘,进而争夺天下”[⑥]。诸葛亮在北伐曹魏之前,需要稳定实际管辖区域,这样一来,南中的叛乱就变得不能容忍。王朝行政建置有内郡、边郡之分别,边郡即是设置于王朝边疆地区的郡级行政机构。当时“西南地区西部和南部的郡县属于边郡的范畴”[⑦],南中边郡的不稳定会影响北伐大业。诸葛亮在《隆中对》中,明确提出蜀汉政权在北伐前的建设发展方针:“西和诸戎,南抚夷越,外结好孙权,内修政理”[⑧]。诸葛亮亲自率军南征,表明其对此次平叛行动极为

---

① 〔晋〕陈寿:《三国志》,中华书局1965年版,第894页。
② 方铁:《方略与施治:历朝对西南边疆的经营》,社会科学文献出版社2015年版,第448页。
③ 〔晋〕陈寿:《三国志》,中华书局1965年版,第918页。
④ 〔晋〕陈寿:《三国志》,中华书局1965年版,第894页。
⑤ 参阅林聪舜:《儒学与汉帝国意识形态》,上海人民出版社2017年版。
⑥ 周一良:《魏晋南北朝史札记》,中华书局2015年版,第40—41页。
⑦ 方铁主编:《西南通史》,中州古籍出版社2003年版,第136页。
⑧ 〔晋〕陈寿:《三国志》,中华书局1965年版,第913页。

重视。同时，这也是一次重新在南中地区恢复王朝控制边疆并建立统治秩序的行动。

南中反叛者，不仅仅是不愿臣服的问题，更是对蜀汉政权正统性的蔑视。例如，听闻刘备去世，雍闿作乱于益州郡，都护李严曾写一份长信予雍闿，试图劝解使其幡然悔悟，重新归附蜀汉。但雍闿对此仅有简短的回复，并且公然质疑蜀汉政权的王朝正统性："'盖闻天无二日，土无二王，今天下鼎立，正朔有三，是以远人惶惑，不知所归也。'其桀慢如此。"[①]如若不能重新恢复统治益州郡等南中诸郡，蜀汉的王朝性将荡然无存。因为边郡是设置于王朝疆域边缘性区域的郡级行政机构，"是一种典型的政治地理空间"[②]。蜀汉如果丧失了王朝性，就意味着政权存在陷入了是否具有合法性的巨大困境之中，还如何奢谈北伐曹魏？

建兴三年（225 年）春，诸葛亮分兵三路，南下平叛。马忠率军伐牂牁郡，李恢进兵益州郡，诸葛亮亲自统兵讨伐越嶲郡。雍闿得知消息，率部众前来援助高定元，不料双方反而起了内讧，高"定元部曲杀雍闿及士【庶】等，孟获代闿为主"[③]。不久高定元兵败被斩杀，马忠攻破牂牁郡，李恢被南中叛军围困于昆明，设计脱困之后，"与亮声势相连"[④]。在南中平叛这一历史事件中，一个关键的人物从幕后走到了台前。此人正是孟获，正是有了孟获，才有了流传千古的"七擒孟获"故事。

孟获在南中一带颇有威望，"为夷、汉所服"[⑤]。这句话透露出如果能降伏孟获，使孟获臣服，就可以得到拥戴孟获的夷、汉诸民众的臣服。因此，使孟获心悦诚服，是平定南中进而使其长治久安的关键所在。诸葛亮设计生擒孟获后，派军卒带领其参观军营，然后询问孟获的观后感。孟获答曰："向

---

① 〔晋〕陈寿：《三国志》，中华书局 1965 年版，第 1047 页。

② 周平：《论边疆的国家属性——我国边疆若干基本问题析论》，《云南行政学院学报》2014 年第 6 期。

③ 〔晋〕常璩著，任乃强校注：《华阳国志校补图注》，上海古籍出版社 1987 年版，第 241 页。

④ 〔晋〕陈寿：《三国志》，中华书局 1965 年版，第 1046 页。

⑤ 〔晋〕陈寿：《三国志》，中华书局 1965 年版，第 921 页。

者不知虚实，故败。今蒙赐观看营陈，若只如此，即定易胜耳。”[①]孟获此番言论，注定他会二次被俘，他太低估他的对手了。诸葛亮听闻孟获所言，笑着命部下释放孟获，令其整军再战。先后对战七次，孟获被擒七次。诸葛亮第七次擒住孟获，依然令军卒释放孟获，直言其可以继续领兵再战。孟获“止不去，曰：‘公，天威也，南人不复反矣。’”[②]在孟获臣服后，南中叛乱得到了平息。孟获言语中称诸葛亮代表天威，可以看作对雍闿所说“天无二日”的回应。当时，以雍闿为首的一众人等是不承认蜀汉政权具有代表天的资格的。而孟获在此明确承认了诸葛亮治下的蜀汉政权是有资格代表天的，蜀汉皇帝刘禅是天子，即认同了蜀汉的王朝天下秩序的合法性。由此，益州、永昌、牂牁、越嶲等南中四郡重现和平，蜀汉主导的王朝秩序在南中得以恢复。

诸葛亮代表蜀汉政权，对南中四郡进行了重新划分，改益州郡为建宁郡，从建宁郡与永昌郡二郡中，分出一部分另设云南郡，又从建宁郡与牂牁郡二郡中，分出一部分设置了兴古郡。这样，建宁郡、永昌郡、云南郡、牂牁郡、兴古郡五郡再加上行政区划没有变化的朱提郡与越嶲郡二郡，合称南中七郡。

在此次南征行军前，马谡感激诸葛亮提携之恩，一路相送。诸葛亮借机向马谡询问此次南征有什么好的建议。马谡分析了南中叛乱的原因，并献上良策。“南中恃其险远，不服久矣，虽今日破之，明日复反耳。今公方倾国北伐以事强贼。彼知官势内虚，其叛亦速。若殄尽遗类以除后患，既非仁者之情，且又不可仓卒也。夫用兵之道，攻心为上，攻城为下，心战为上，兵战为下，愿公服其心而已。”[③]诸葛亮虚心听取马谡的建议，以攻心战为作战指导方针，七擒七纵孟获，使其心悦诚服，“获等心服，夷、汉亦思反善”[④]。这样一来，孟获率众部落诚心归附于蜀汉政权。可以说，南中叛乱平息得益于合理的攻心策略。七擒孟获是否为真实的历史事件，又或只是回忆的历史书

①② 〔晋〕陈寿：《三国志》，中华书局 1965 年版，第 921 页。

③ 〔晋〕陈寿：《三国志》，中华书局 1965 年版，第 983 页。

④ 〔晋〕常璩著，任乃强校注：《华阳国志校补图注》，上海古籍出版社 1987 年版，第 241 页。

写，这对于七擒孟获事件本质上要传递的历史记忆来说并不重要。需要传承的重要的历史记忆是，诸葛亮治理南中，因地制宜，“其治策已有分类统治的早期意识，施治后也取得良好的效果。蜀汉对南中诸族的治策十分高明，可说是超越时代数百年，这是南方历代的少数民族，对诸葛亮深为怀念和崇敬的主要原因”[①]。诸葛亮开明、正确、因地制宜地治理南中，不仅是诸葛亮智慧的表现，更是其作为政治家的非凡远见。

南中叛乱平息后，诸葛亮“皆即其渠率而用之”[②]。对此，部下建议派驻官员来治理南中。诸葛亮回应属下的疑问并分析解释了不派驻官兵的益处。“若留外人，则当留兵，兵留则无所食，一不易也；加夷新伤破，父兄死丧，留外人而无兵者，必成祸患，二不易也；又夷累有废杀之罪，自嫌衅重，若留外人，终不相信，三不易也。今吾欲使不留兵，不运粮，而纲纪粗定，夷、汉粗安故耳。”[③]诸葛亮决定“不留官兵”，依靠本地的豪帅们来治理南中的施政方针，是审时度势、深思熟虑的结果。这一决策是在被南中夷、汉民众素来信服的首领孟获保证臣服于蜀汉政权，永不再叛的历史情境中作出的。在前现代国家社会结构中，“对群体的忠诚一定是通过对领袖的忠诚来强化的”[④]。当时的历史事实是，南中夷、汉民众忠诚于孟获，而诸葛亮通过七擒七纵，获得了孟获的忠诚。由此，通过递进联系，诸葛亮亦获得了南中夷、汉民众的忠诚，这也是诸葛亮千百年来在西南地区被民众敬仰爱戴的原因。如果当时诸葛亮委任官吏、派驻军队留守在南中，那么南中的形势会不会有再大的动乱，实未可知。在南中四郡发生针对蜀汉政权的叛乱行为时，虽然叛乱的诸豪帅并不互相归附，但是他们面对诸葛亮的大军会采取联合方式以抗争。如雍闿率一众部曲前来支援高定元。这是因为，诸豪帅在各自的郡中，都拥有支配权力。他们之间的联合，正是为了维持彼此拥有的支配权力（特权）。“如果一项特权为所有精英所共同拥有，那么，不仅所有的精英会联合起来去维持这一特权，而且特权的共享本质可能会

① 方铁：《方略与施治：历朝对西南边疆的经营》，社会科学文献出版社 2015 年版，第 448 页。

②③ 〔晋〕陈寿：《三国志》，中华书局 1965 年版，第 921 页。

④ ［英］罗素：《权威与个人》，储智勇译，商务印书馆 2012 年版，第 17 页。

使这一特权转型为一种权利。”[①]诸葛亮在南中叛乱平息后，重用以孟获为首的当地诸郡的豪帅，正是允许南中诸部的精英人物们继续拥有特权，享受权利的英明之举。正是有了此举，才可以保障南中的局势安定，使得南中不仅是蜀汉的边疆区，也是北伐曹魏的稳定的后方。诸葛亮重用南中诸郡豪帅治理南中的英明策略，除与其本人非凡的才华相关外，也与当时蜀汉政权秉持的王朝秩序有关。汉文帝二年（前178年）的一道诏书，颇能彰显王朝秩序的精髓：“朕闻古者诸侯建国千余，各守其地，以时入贡，民不劳苦，上下欢欣，靡有违德。”[②]因此，王朝秩序使得边疆地带的“夷狄”长期臣服，主要靠的“并非武力征服，而是文化驯服”[③]。只有在边疆诸部落公然反叛时，王朝才会兴以刀兵，一旦战乱平息，随即恢复以文化说服、治理边疆。诸葛亮的南中治理策略，正是王朝秩序治下，王朝控制、治理边疆模式的体现。

综上，本章从王朝天下大一统秩序观中去探究诸葛亮七擒七纵孟获，即平定南中叛乱事件的历史情境，由此探讨、分析边疆稳定与否如何关乎王朝的稳定和发展。“历史研究的目的是让历史进程变得清晰，也即意味着必然要从历史演化过程中找出某些‘规则性’。”[④]在这里，这个规则性就是历代王朝天下秩序中，王朝因为自身的稳定和发展而对边疆地区的控制和治理。对边疆的控制首先需要边疆地区精英人物的认同和臣服，同样，对边疆地区的治理需要边疆地区精英人物的配合甚至是执行。出于历史、文化、地理的原因，王朝必须倚重边疆地带的精英人物来控制和治理边疆。而其中的关键之处在于边疆地区精英人物对王朝文化的认同。“处于中心地带的文化作为帝国的文化，覆盖了那些处于边缘的文化，且总是以极少数精英作为其

---

① ［美］道格拉斯·C. 诺思、［美］约翰·瓦利斯、［美］巴里·R. 温格斯特：《暴力与社会秩序——诠释有文字记载的人类历史的一个概念性框架》，杭行、王亮译，上海人民出版社2017年版，第46页。

② 〔汉〕班固：《汉书》，中华书局1964年版，第115页。

③ 雷戈：《秦汉之际的政治思想与皇权主义》，上海古籍出版社2006年版，第293页。

④ ［法］雅克·勒高夫：《历史与记忆》，方仁杰、倪复生译，中国人民大学出版社2010年版，第140页。

承载者，但它代表了整个社会的认同。"[①]因此，以王朝控制边疆视域探究诸葛亮七擒孟获是符合王朝历史时代的历史情境，也是合乎传统中国历史发展脉络的合理性解释。

---

① [德]扬·阿斯曼：《文化记忆：早期高级文化中的文字》，金寿福、黄晓晨译，北京大学出版社2015年版，第156页。

第十二章　刘渊汉国建立发展过程中的骑兵因素探究

晋惠帝永兴元年(304 年)刘渊起兵建立汉国政权,拉开了我国中古时期内迁中原的诸游牧部族逐鹿中原,建立中原王朝模式政权的序幕。因此,刘渊起兵不仅仅是北方民族史研究的重点领域,也是中国古代史研究的重点领域。迄今为止,学界关于刘渊起兵事件的论著[①]甚多,其中不乏对刘渊起兵这一历史事件的来龙去脉进行详细论述的作品。从历史发展的脉络来看,刘渊起兵建立汉国政权是在司马氏晋室江山的政治秩序已经失序,天下再次陷入混战的历史情境中,为了重新构建稳定的政治秩序而作出的历史抉择。试图在中原重新建立政治秩序,显然要适应自秦汉王朝以来中原已经通行的政治文化准则。而刘渊精通儒学经典,通晓兵书战策,兼武艺出众,并出身于匈奴单于之家,拥有天然指挥骑兵的优势。这样一来,刘渊便成为难得的可以重新建构政治秩序的人才。由刘渊本人的才华以及其认同的政治文化,再加上当时的天下乱局,不难理解刘渊何以要建立中原王朝式的政权。目前学界尚无专门探讨骑兵因素在这一重大历史事件中所起作用与产生影响的论著。因此,本章在充分借鉴前人研究成果的基础上,依据历史文献史料对这一问题进行探索,进而认为骑兵因素是影响刘渊起兵建立汉国的重要因素之一。

---

① 例如林幹:《匈奴史》,内蒙古人民出版社 2007 年版;陈序经:《匈奴史稿》,中国人民大学出版社 2007 年版;周伟洲:《汉赵国史》,广西师范大学出版社 2006 年版;陈勇:《汉赵史论稿——匈奴屠各建国的政治史考察》,商务印书馆 2009 年版。其他论著在此不作一一叙述。

第一节　刘渊起兵决策中的骑兵因素

晋惠帝时期，皇族司马氏内部为争夺统治权力，诸王之间争斗不断，进而演变成了历史上著名的“八王之乱”事件。永兴元年（304 年），并州刺史东嬴公司马腾与安北将军王浚联合起兵，麾下“众余十万”[①]，对成都王司马颖展开进攻。司马腾与王浚的联军中有为数众多的乌桓、鲜卑骑兵。鲜卑、乌桓骑兵“劲速如风云”[②]，战斗力十分惊人，为司马颖所惧怕。面对乌桓、鲜卑骑兵势不可挡的进攻，司马颖发出“何易可挡邪？”[③]的感叹。当时，在司马颖身边一直无法脱身回归左国城的刘渊（字元海），借此良机献策于司马颖，“……请为殿下还说五部，以赴国难”。“……且东胡之悍不逾五部，愿殿下勉抚士众，靖以镇之，当为殿下以二部摧东嬴，三部枭王浚，二竖之首可指日而悬矣。”[④]司马颖听其所言，很是欢喜，遂“拜元海为北单于、参丞相军事”[⑤]。这样，刘渊以奉司马颖征召匈奴骑兵的命令为由，“回并州召集匈奴五部的骑兵前来支援”[⑥]司马颖与政敌之间进行战争。

早在刘渊于邺郡辅佐司马颖时，留守匈奴单于庭左国城的匈奴上层贵族们便进行了密谋，暗中推举刘渊为匈奴五部大单于，图谋起兵反抗晋朝，复兴呼韩邪昔日的伟业。以匈奴左贤王刘宣为首的匈奴上层贵族作出此决策的依据，笔者认为有以下两点：其一，晋“惠帝失驭，寇盗蜂起”[⑦]，司马氏诸王刀兵相见，骨肉相残，天下政治秩序混乱，这样的局势在刘宣等人看来正是“此天厌晋德，授之于我……方当兴我邦族”[⑧]。其二，他们对匈奴五部骑兵强悍无比，令人生畏的战斗力充满自信，认为其“皆一当晋十”[⑨]。因此，匈奴五部骑兵是此次起兵反晋的核心军事力量。匈奴是我国古代北方著名的

①②③④⑤⑧〔唐〕房玄龄等：《晋书》，中华书局 1974 年版，第 2648 页。

⑥　林幹：《匈奴史》，内蒙古人民出版社 2007 年版，第 175 页。

⑦　〔唐〕房玄龄等：《晋书》，中华书局 1974 年版，第 2647 页。

⑨　〔唐〕房玄龄等：《晋书》，中华书局 1974 年版，第 2649 页。

游牧部族之一，常年居无定所，“逐水草迁徙”①。其族人自幼“能骑羊，引弓射鸟鼠；少长则射狐兔，用为食。士力能弯弓，尽为甲骑”②。由上述史料可知，匈奴是全民皆可为骑兵的游牧部族。游牧部族的骑兵，“骑马而行、机动灵活……运用各种弓箭在远处就能轻易地将箭排山倒海式地直接射向他们的敌人”③。对于匈奴骑兵超强的战斗力，晋朝官吏深以为忧，侍御史西河郭钦曾上疏奏曰：“戎狄强犷，历古为患。”④陈留人江统作《徙戎论》，其中提及匈奴骑兵的战斗力“过于西戎。然其天性骁勇，弓马便利，倍于氐羌”⑤。正是因为匈奴骑兵可能具有高于其他游牧部族骑兵的战斗力，成都王司马颖才会放刘渊回归左国城，寄希望于刘渊召集匈奴五部骑兵为己所用，来对抗司马腾麾下的乌桓、鲜卑骑兵。

尽管当时刘渊起兵有上述两点的优势条件，但是为了争取更为有利的局面，刘渊在回归左国城，于刘宣等人的拥立之下，任匈奴五部大单于，二十天时间里便汇集了五万多人马的形势下，依然决定派骑兵支援司马颖。刘渊派遣“左于陆王宏帅精骑五千，会颖将王粹拒东嬴公腾”⑥。刘渊的这一决定，可以暂时避免同所有混战的司马氏诸王为敌，而且可以反之利用晋室宗族诸王之间的混战来发展扩大自己的势力。

当时，以刘渊为大单于的匈奴五部，不仅拥有第一流的骑兵，也拥有第一流的军事统帅和将领。刘渊的才干不亚于其先祖冒顿，并且刘渊自幼勤奋好学，“春秋左氏传、孙吴兵法，略皆诵之，史、汉、诸子，无不综览……学武事，妙绝于众”⑦，这一点是冒顿所不及的。刘渊的四子刘聪，文武双全，“十五习击刺，猿臂善射，弯弓三百斤，膂力骁捷，冠绝一时”⑧。新兴太守郭颐征

①② 〔汉〕司马迁：《史记》，中华书局 2014 年版，第 3483 页。

③ ［美］巴菲尔德：《危险的边疆：游牧帝国与中国》，袁剑译，江苏人民出版社 2011 年版，第 1 页。

④ 〔唐〕房玄龄等：《晋书》，中华书局 1974 年版，第 2549 页。

⑤ 〔唐〕房玄龄等：《晋书》，中华书局 1974 年版，第 1534 页。

⑥ 〔宋〕司马光编著：《资治通鉴》，中华书局 1956 年版，第 2746 页。

⑦ 〔唐〕房玄龄等：《晋书》，中华书局 1974 年版，第 2645—2646 页。

⑧ 〔唐〕房玄龄等：《晋书》，中华书局 1974 年版，第 2657 页。

辟刘聪为主簿，“任以郡事。举良将，为骁骑别部司马”[①]。后来，刘聪“累迁右部都尉，善于抚接，五部豪右无不归之”[②]。河间王司马颙曾上表请封刘聪为赤沙中郎将。刘渊跟随成都王司马颖在邺郡时，刘聪恐怕司马颖加害其父，于是亡奔邺郡。司马颖拜其为“右积弩将军，参前锋战事”[③]。由此可见，刘聪具有杰出的军事才能。刘渊的族子刘曜，勇武过人，“铁厚一寸，射而洞之，于时号为神射”[④]，同时博览群书，尤其喜好学习兵书战策，常常自比乐毅、萧何、曹参诸人。刘聪并不以为其的自比不恰当，反而赞许刘曜可与汉光武帝刘秀、魏武帝曹操二人相媲美。

晋朝宗室司马氏之间的内讧，致使天下民怨沸腾，烽烟四起，战火几乎遍布神州。拥有杰出军事指挥官与强大骑兵部队的匈奴五部集团，紧紧抓住时机，在以刘渊为首的上层贵族的带领下，作出了起兵反抗晋朝建立汉国政权的重大决策。

第二节　刘渊政治联盟中的骑兵因素

内迁中原的匈奴五部众，奉刘渊为大单于起兵反晋建立割据政权之后，亟待思考、解决的问题是寻找志同道合的志士共同反抗晋朝，也就是寻找推翻晋朝统治的政治联盟对象。匈奴上层贵族对政治联盟对象的首选是与匈奴同样来自北方草原的其他游牧部族。刘宣等人希望可以拉拢东胡苗裔乌桓和鲜卑，因此在刘渊欲派骑兵攻击乌桓和鲜卑骑兵，解司马颖之危时极力劝阻：“晋人奴隶御我，今其骨肉相残，是天弃彼而是使我复呼韩邪之业也。鲜卑、乌桓，我之气类，可以为援，奈何击之！”[⑤]匈奴单于写给汉朝的国书中，

① 周伟洲：《汉赵国史》，广西师范大学出版社 2006 年版，第 68 页。
② 〔唐〕房玄龄等：《晋书》，中华书局 1974 年版，第 2657 页。
③ 〔唐〕房玄龄等：《晋书》，中华书局 1974 年版，第 2658 页。
④ 〔唐〕房玄龄等：《晋书》，中华书局 1974 年版，第 2683 页。
⑤ 〔宋〕司马光编著：《资治通鉴》，中华书局 1956 年版，第 2747 页。

曾提及“定楼兰、乌孙、呼揭及其旁二十六国，皆以为匈奴。诸引弓之民，并为一家”[①]。汉文帝予匈奴的国书中也提及，“长城以北引弓之国，受命单于”[②]。可见，昔日匈奴组建的游牧政权中，包含诸多的草原氏族与部落。因此，刘渊重建政权后，便积极招募、吸收其他内迁中原的游牧部族为己所用。同时，刘渊精通儒家经典，“为晋人所服”[③]。当时的士族子弟如王浑、王济、王弥等均与刘渊相交甚厚。这样一来，中原对晋朝司马氏不满的士族子弟与普通百姓也纷纷前来归附刘渊。

刘渊于永兴元年（304 年）在西河郡离石自称汉王，起兵反晋，打出复兴刘氏汉朝的旗帜后，一时间四方豪杰纷纷前来归附，“上郡四部鲜卑陆逐延、氐酋大单于徵、东莱王弥及石勒等并相次降之，元海悉署其官爵”[④]。这些前来归附的一众豪杰大多精通骑兵战法。据历史文献资料记载：鲜卑骑兵“兵利马疾，过于匈奴”[⑤]。文献史料中没有关于氐酋大单于徵骑射的记载，不过根据同样属于氐族酋长的“骁武善骑射”[⑥]的苻洪、“勇果便弓马”[⑦]的苻健、“击刺骑射，冠绝一时”[⑧]的苻生等人来判断，氐酋大单于徵应该也是一位骑射技艺了得的游牧部族首领。王弥出身于俸禄二千石的官宦士族之家，“弓马迅捷，膂力过人”[⑨]，在青州一带有“飞豹”之称。魏晋南北朝时期，“各族融合不是表现为直接汉化，而是表现为杂胡化，甚至居少数地位的汉人，久之也胡化了”[⑩]。以王弥为例，中原士族在魏晋南北朝时期胡化的表现之一，便是对骑射之术的精通不亚于来自草原的游牧部族。又如石勒，据文献史料记载，为羯族人即羯胡，“其先匈奴别部羌渠之胄”[⑪]，其出生时有异象。石勒

① 〔汉〕司马迁：《史记》，中华书局 2014 年版，第 3501 页。
② 〔汉〕司马迁：《史记》，中华书局 2014 年版，第 3508 页。
③ 〔唐〕房玄龄等：《晋书》，中华书局 1974 年版，第 2648 页。
④ 〔唐〕房玄龄等：《晋书》，中华书局 1974 年版，第 2650 页。
⑤ 〔南朝宋〕范晔：《后汉书》，中华书局 1974 年版，第 2991 页。
⑥ 〔唐〕房玄龄等：《晋书》，中华书局 1974 年版，第 2867 页。
⑦ 〔唐〕房玄龄等：《晋书》，中华书局 1974 年版，第 2868 页。
⑧ 〔唐〕房玄龄等：《晋书》，中华书局 1974 年版，第 2872 页。
⑨ 〔唐〕房玄龄等：《晋书》，中华书局 1974 年版，第 2609 页。
⑩ 田余庆：《拓跋史探》，生活 · 读书 · 新知三联书店 2003 年版，第 154 页。
⑪ 〔唐〕房玄龄等：《晋书》，中华书局 1974 年版，第 2707 页。

"长而壮健有胆力，雄武好骑射"[①]。"魏晋的羯胡是杂胡的一种"[②]，石勒出身的羯是"以羯为名的并州杂胡共同体"[③]。

刘渊汉国的杂胡是魏晋时期杂胡化的缩影，在当时的历史环境下，杂胡化是民族融合的表现形式之一。杂胡部众的骑射技艺与内迁中原的草原游牧部族相当。在刘渊汉国发展壮大的过程中，"有越来越多的六夷部落归附"[④]，这里的六夷应该包括内迁中原的游牧部族与杂胡，也可以认为是精通骑射技艺的民众即组成刘渊汉国精锐骑兵的主干。因为"六夷的任务是主战争"[⑤]，所以刘渊汉国设置有单于台的管理机构专门负责管理六夷，"'单于台'是统治六夷部落的一种军事机构"[⑥]，其职官除大单于外，有"单于左右辅，各主六夷十万落，万落置一都尉"[⑦]，"六夷十万落包括六夷的酋豪上层和为统治阶级服兵役的士众及其家属，这些人是从少数部落地区征调而来的"[⑧]。与拥有精锐骑兵的六夷结盟，对刘渊汉国的生存、发展是至关重要的。

侍中刘殷、王育曾上疏进谏刘渊，劝刘渊不要偏安一隅，应该积极派兵，主动进攻："鼓行而南，克长安而都之，以关中之众席卷洛阳，如指掌耳。"[⑨]当时关中的形势是"关中之人百余万口，率其少多，戎狄居半"[⑩]，从西汉时期开始，氐人逐渐迁徙至"河西走廊及关中边缘地区"[⑪]，东汉末三国时期，曹魏"先后派官吏将氐人强行向关中及陇右地区迁移"[⑫]。迁徙至关中的游牧部族中，"羌人数量及实力仅次于氐人"[⑬]，所以"晋初关中的少数民族主要的是

---

① 〔唐〕房玄龄等：《晋书》，中华书局 1974 年版，第 2707 页。
② 陈勇：《汉赵史论稿——匈奴屠各建国的政治史考察》，商务印书馆 2009 年版，第 189 页。
③ 陈勇：《汉赵史论稿——匈奴屠各建国的政治史考察》，商务印书馆 2009 年版，第 190 页。
④ 周伟洲：《汉赵国史》，广西师范大学出版社 2006 年版，第 66 页。
⑤ 马长寿：《北狄与匈奴》，广西师范大学出版社 2006 年版，第 109 页。
⑥⑧ 马长寿：《氐与羌》，广西师范大学出版社 2006 年版，第 34 页。
⑦ 〔唐〕房玄龄等：《晋书》，中华书局 1974 年版，第 2665 页。
⑨ 〔唐〕房玄龄等：《晋书》，中华书局 1974 年版，第 2650 页。
⑩ 〔唐〕房玄龄等：《晋书》，中华书局 1974 年版，第 1533 页。
⑪⑫ 安介生：《民族大迁徙》，江苏人民出版社 2011 年版，第 89 页。
⑬ 安介生：《民族大迁徙》，江苏人民出版社 2011 年版，第 102 页。

氐、羌”①。在刘殷、王育的建议中，用来席卷晋都洛阳的关中之众，应该就是迁徙于关中的氐、羌等族的部众。

汉河瑞二年(310年)，刘渊立氐酋大单于单徵之女为皇后，这表明刘渊对与以氐、羌为主的六夷之间的政治联盟是高度重视的。故而在“匈奴五部建国之初，与氐、羌为主的六夷携手，一度形成强大的武力，主导了北部中国的政局”②。一旦这一政治联盟解体，匈奴五部集团建立的汉国，其生存将受到威胁。刘聪主政匈奴五部汉国时期，发生了刘乂(刘渊皇后单氏子)案，在这一事件中，匈奴五部贵族“滥杀氐、羌酋长等，引起汉国内少数民族十余万人的反抗”③。氐、羌部众精于骑射，平日里“以射猎为事”④，化身骑兵则“日行数百，来如风雨，去如绝弦”⑤。因此，这一事件使匈奴五部汉国损失了相当数量的精锐骑兵部队，严重危及了汉国政权的生存和发展，使汉国政权与以氐、羌为首的六夷之间的政治联盟趋于流产。

石勒和王弥在依附刘渊之前，都曾各有自己的势力存在。刘渊在世时，二人尚有所收敛，但均怀有割据称雄一方的壮志。刘聪时期，二人互相图谋，企图吞并对方，最终石勒设计杀死了王弥，兼并了王弥的部众。⑥ 刘聪为此斥责石勒。这样，以石勒为首的杂胡羯部众与匈奴五部汉国之间的政治联盟，也因为此事件名存实亡了。

匈奴五部与氐、羌、羯胡六夷之间政治联盟的瓦解，使得汉国政权丧失了为数众多的精锐骑兵部队，对其的生存发展产生了巨大的不利影响。

---

① 马长寿:《北狄与匈奴》,广西师范大学出版社2006年版,第118—119页。
② 陈勇:《汉赵史论稿——匈奴屠各建国的政治史考察》,商务印书馆2009年版,第188页。
③ 周伟洲:《汉赵国史》,广西师范大学出版社2006年版,第102页。
④ 〔南朝宋〕范晔:《后汉书》,中华书局1974年版,第2875页。
⑤ 〔南朝宋〕范晔:《后汉书》,中华书局1974年版,第2880页。
⑥ 事详见周伟洲:《汉赵国史》,广西师范大学出版社2006年版,第75—76页。

第三节　汉国政权发展中的骑兵因素

匈奴五部以刘渊为首起兵建立汉国政权后，在发展壮大的过程中，需要面对的敌人不仅仅是晋朝的军队，更多的是同样来自北方草原的其他游牧部族骁勇善战的骑兵敌人。

东汉和帝时，北匈奴在南匈奴与东汉军队的联合攻击下溃散。余部的一支远遁西方，其余的或是并入南匈奴，或是融入乘势崛起于北方草原的鲜卑部落之中。“与匈奴不同的是，鲜卑是一个跨部落统治下的松散联盟”[①]。东汉安帝时，“鲜卑邑落百二十部”[②]，向东汉朝贡获取赏赐并遣人质入京。鲜卑部落松散的各自为政，源于东胡被匈奴击溃后，匈奴为防止东胡东山再起，对东胡余部乌桓和鲜卑采取了分而治之的策略，在以匈奴为首组建的引弓之国政治共同体中，“跨部落的领导权是单于及其二十四‘万骑’的职责，鲜卑的领导权被限制在部落首领的层面”[③]。由此，鲜卑部落一直处于松散状态，无法统一。匈奴淡出北方草原后，鲜卑崛起，分为宇文鲜卑、段部鲜卑、慕容鲜卑、拓跋鲜卑等几大部。刘渊在起兵后，虽然积极招募鲜卑骑兵为己所用，但是仅能招募到鲜卑的一部分。更多的鲜卑部落在势力强大后，会变成匈奴五部集团的政治对手，后来扼制匈奴五部汉国政权发展的主要阻力，正是来自鲜卑的拓跋部骑兵。

据《魏书·序纪》记载，鲜卑拓跋部“自始祖以来，与晋和好，百姓乂安，财畜富实，控弦骑士四十余万”[④]。刘渊起兵称汉王后，时任晋朝并州刺史的东嬴公司马腾向鲜卑拓跋部的猗㐌求助，拓跋部骑兵“十余万骑……大破渊

---

① 〔美〕巴菲尔德：《危险的边疆：游牧帝国与中国》，袁剑译，江苏人民出版社 2011 年版，第 106 页。

② 〔南朝宋〕范晔：《后汉书》，中华书局 1974 年版，第 2986 页。

③ 〔美〕巴菲尔德：《危险的边疆：游牧帝国与中国》，袁剑译，江苏人民出版社 2011 年版，第 107 页。

④ 〔北齐〕魏收：《魏书》，中华书局 1974 年版，第 6 页。

众于西河、上党”[①]。司马腾部将聂玄与刘渊军战于大陵，大败而还。刘渊族子建威将军刘曜攻陷太原、泫氏、屯留、长子、中都等地。汉元熙二年（305年），司马腾又派遣司马瑜等将进攻刘渊部，刘渊派出麾下武牙将军刘钦等六军抵御之，四战四捷。继而“刘渊攻司马腾”[②]，司马腾不得已，再次求援于鲜卑拓跋部。拓跋猗㐌“以轻骑数千救之，斩渊将綦毋豚，渊南走蒲子”[③]。这段史料不免夸大了鲜卑拓跋部对刘渊作战的功绩，不过，从另一侧面却可以反映出拓跋骑兵作战彪悍勇猛，实是匈奴五部汉国的劲敌。

在并州一带，对刘渊汉国具有威胁的还有杂胡骑兵。东嬴公司马腾自晋阳至邺郡后，刘琨留守晋阳与刘渊之汉国政权所在地离石，二者相距仅三百多里。于是，“琨密遣离间其部杂虏，降者万余落”[④]。这些投降刘琨的杂胡骑兵，对刘渊汉国构成了新的威胁。由于北部有拓跋骑兵与刘琨部杂胡骑兵的威胁，刘渊转而南进，攻掠晋朝郡县，“遂进据河东，攻寇蒲坂、平阳，皆陷之。元海遂入都蒲子，河东、平阳属县垒壁尽降”[⑤]。晋怀帝永嘉二年（308年）冬十月，刘渊“即皇帝位，大赦境内，改元永凤”[⑥]。汉永凤二年（309年）冬十月，刘渊“复大发卒，遣聪、弥与刘曜、刘景等率精骑五万寇洛阳”[⑦]，这次大举进攻洛阳，展示了刘渊汉国辖下精锐骑兵部队彪悍的战斗力。

当时北方“坐镇在并州北部的刘琨、幽州的王浚，势力最强”[⑧]，对匈奴五部汉国政权最具威胁。刘琨依靠鲜卑拓跋部来征讨刘渊汉国，刘渊称帝后，刘琨遣子刘遵为质入拓跋部。铁弗匈奴刘虎与白部鲜卑听从刘聪号令，进击并州新兴、雁门二郡。拓跋猗卢派出精骑两万相助刘琨。后拓跋部发生变故，“卢及兄子根皆病死，部落四散”[⑨]。刘遵“与箕澹等帅卢众三万人，马

---

① 安介生：《民族大迁徙》，江苏人民出版社2011年版，第6页。

② 〔北齐〕魏收：《魏书》，中华书局1974年版，第6页。

③ 〔北齐〕魏收：《魏书》，中华书局1974年版，第6—7页。

④ 〔唐〕房玄龄等：《晋书》，中华书局1974年版，第1681页。

⑤ 〔唐〕房玄龄等：《晋书》，中华书局1974年版，第2650页。

⑥⑦ 〔唐〕房玄龄等：《晋书》，中华书局1974年版，第2651页。

⑧ 周伟洲：《汉赵国史》，广西师范大学出版社2006年版，第69页。

⑨ 〔唐〕房玄龄等：《晋书》，中华书局1974年版，第1684页。

牛羊十万，悉来归琨，琨由是复振，率数百骑自平城抚纳之”[①]。石勒进攻乐平，太守韩据向刘琨求援，刘琨“命澹领步骑二万为前驱”[②]，刘琨自领后续部队。石勒设伏兵大败箕澹和刘琨部。刘琨兵败不能自守，此时鲜卑段部的段匹磾邀请刘琨共同复兴晋室。

鲜卑段部当时强盛的原因之一，“就是段氏始终奉晋正朔专与石勒之流相对抗”[③]。晋怀帝时，鲜卑段部“务勿尘为单于，匹磾为左贤王，率众助国征讨”[④]起兵反叛晋朝的割据势力。由此，刘琨凭借鲜卑段部继续维护晋朝统治，攻击匈奴五部的汉国政权。段匹磾之父务勿尘常协助幽州刺史王浚进攻石勒部。王浚曾派遣部将祁弘“帅鲜卑段务尘等十余万骑讨勒，大败勒于飞龙山，死者万余”[⑤]。这样一来，继鲜卑拓跋部骑兵之后，鲜卑段部骑兵又成为扼制刘渊汉国发展的强劲之敌。

石勒的政治、军事才能均不在刘渊之下。石勒设计诱降了刘渊屡招不至的乌桓张伏利度部众，刘渊于是封石勒“督山东征讨诸军事，以伏利度众配之”[⑥]，伏利度部两千多人的乌桓骑兵遂成为石勒麾下的精骑。刘渊派刘聪攻取壶关时，石勒“率所统七千为前锋都督”[⑦]，由此可见石勒作战之骁勇。汉元熙五年(308 年)，刘渊派遣“抚军将军聪等十将南据太行，辅汉将军石勒等十将东下赵、魏”[⑧]。石勒“陷冀州郡县堡壁百余，众至十余万，其衣冠人物集为君子营”[⑨]。君子营即石勒麾下的谋士团，可见石勒志向高远，心存王霸之志。

在这样的形势下，以石勒为首的羯胡骑兵对匈奴五部汉国政权的发展壮大有着十分重要的作用。尤其是在石勒兼并王弥部众后，实力大增，成了一个举足轻重的政治军事集团，可以影响当时的政治格局。石勒能为匈奴五部汉国所用，则汉国政权便可发展壮大；如果石勒不愿为其所用，匈奴五

---

①② 〔唐〕房玄龄等:《晋书》，中华书局 1974 年版，第 1684 页。

③ 马长寿:《乌桓与鲜卑》，广西师范大学出版 2006 年版，第 169 页。

④ 〔唐〕房玄龄等:《晋书》，中华书局 1974 年版，第 1710 页。

⑤⑨ 〔唐〕房玄龄等:《晋书》，中华书局 1974 年版，第 2711 页。

⑥⑦ 〔唐〕房玄龄等:《晋书》，中华书局 1974 年版，第 2710 页。

⑧ 〔宋〕司马光编著:《资治通鉴》，中华书局 1956 年版，第 2782 页。

部汉国政权便会面临极大的生存困境。

综上所述，骑兵是以刘渊为首的匈奴五部贵族决定起兵建立汉国政权决策时所倚仗的重要因素之一，也是刘渊汉国在寻求政治联盟对象时首要考虑的因素之一。在汉国政权建立之后，骑兵成为刘渊汉国政权发展扩张的利器，同时是其他游牧部族以效忠晋室为名，用来扼制刘渊汉国发展壮大的有效武器。当然，骑兵因素只是刘渊汉国政权建立发展过程中的一个必要条件。刘渊汉国政权能够建立的主要原因仍是当时的历史环境。

第十三章　刘渊宗汉立国的历史意义

匈奴是传统中国历史上第一个统一蒙古草原的政治军事共同体，代表着草原游牧文化正式成为中华文明形成来源中的重要文化之一。其在中国历史上有着独特的重要地位，学界关于匈奴的论著中佳作也是非常之多[①]。从史书记载匈奴的传记来看，冒顿无疑是使匈奴走进中国王朝正史的标杆性人物。那么匈奴历史人物中堪与冒顿相媲美的另一个杰出人物，则应该是刘渊。刘渊是中国王朝正史给予书写立传的第一个匈奴人。刘渊著名于史的事件，是建立了具有开创性的政权“汉”国，这一创举拉开了北方民族入主中原建立王朝政权的序幕。刘渊作为南匈奴单于一族的后裔[②]，在起兵反晋之时，并没有把恢复匈奴政权模式作为目标，反而以复兴汉王朝为目标，选择建立中原王朝政治体系。从传世的历史文献来看，究其原因，显然不只是汉王朝国祚长久，天下民众心向往之这么简单。“汉”国号可以招揽人心自然是历史事实，但也只是历史表象。刘渊宗汉立国，实质上是政治文化认同的前提下，构建政治秩序行为正当性的表现。这是因为，不同地域、政治文化氛围中的政治秩序形态是不同的。跨越地域边疆之后，政治文化会发生交汇融合。正如拉铁摩尔所言，游牧民族深入中原后，社会结构会向非游

① 如马长寿：《北狄与匈奴》，广西师范大学出版社 2006 年版；林幹：《匈奴史》，内蒙古人民出版社 2007 年版；陈序经：《匈奴史稿》，中国人民大学出版社 2007 年版；周伟洲：《汉赵国史》，广西师范大学出版社 2006 年版；陈琳国：《中古北方民族史探》，商务印书馆 2010 年版；陈勇：《汉赵史论稿》，商务印书馆 2009 年版；武沐：《匈奴史研究》，民族出版社 2005 年版，等等。

② 关于刘渊的身世，学界尚无定论。本文采用刘渊为南匈奴单于后裔说。

牧化转型。[1] 而社会结构转型不可能不影响到政治文化的认同，进而影响到政体的建设。这涉及南单于一族在南迁中原、融入中原王朝政治秩序后的政治身份变化，刘渊本人的成长历程以及其学识和交友圈，匈奴族裔对中原传统文化的吸收、借鉴等诸多因素。因此，刘渊借乱世以兴汉为名建立政权的动因是具有其研究价值的。本章拟在充分借鉴前辈学人成果的基础上，以传统中国时代的移民政治文化为视角，通过梳理分析史料，来探讨刘渊在八王之乱时期作出兴汉抉择的历史事实。

第一节　超凡魅力型首领的多重政治身份

历史研究的主要对象是人，刘渊作为本章主要的研究对象，其本人的出身、经历及所处的时代背景，对本章的书写逻辑展开而言无疑是至关重要的。同为南匈奴单于后裔的刘宣对刘渊的评价极高，将其品评为具有超凡魅力的首领。刘渊"姿器绝人，榦宇超世"[2]，是常人所远远不及的，在匈奴上层贵族中，无人能出其右，故而其是复兴匈奴霸业的希望所在。

本章中的"'超凡魅力'将用于指称个人的某种品质，而正是由于这种品质，他被看做不同寻常的人物，被认为具有超自然或超人的、至少是特别罕见的力量和素质。这些力量和素质为普通人不可企及，而且被认为出自神圣来源或者被当做楷模，在此基础上，有关的个人则被视为'领袖'"[3]。传统中国的正史中，具有超凡魅力的领袖（皇帝），为数并不少。西汉王朝的创立者刘邦无疑是其中之一。刘邦从出生之前起，就笼罩着神圣性，其母"刘媪尝息大泽之陂，梦与神遇。是时雷电晦冥，太公往视，则见蛟龙于其上。已而有身，遂产高祖"[4]。无独有偶，数百年后，宣称要兴复汉王朝的刘渊，其出

---

① 〔美〕拉铁摩尔：《中国的亚洲内陆边疆》，唐晓峰译，江苏人民出版社 2010 年版，第 349 页。
② 〔唐〕房玄龄等：《晋书》，中华书局 1974 年版，第 2647 页。
③ 〔德〕马克斯・韦伯：《经济与社会》，阎克文译，上海人民出版社 2010 年版，第 351 页。
④ 〔汉〕司马迁：《史记》，中华书局 2014 年版，第 436 页。

生之前的神迹与刘邦出生前的神迹颇为相近，只是更加详细、丰富、精彩。

> 豹妻呼延氏，魏嘉平中祈子于龙门，俄而有一大鱼，顶有二角，轩髻跃鳞而至祭所，久之乃去。巫觋皆异之，曰："此嘉祥也。"其夜梦旦所见鱼变为人，左手把一物，大如半鸡子，光景非常，授呼延氏，曰："此是日精，服之生贵子。"寤而告豹，豹曰："吉征也。吾昔从邯郸张冏母司徒氏相，云吾当有贵子孙，三世必大昌，仿像相符矣。"自是十三月而生元海，左手文有其名，遂以名焉。[①]

上述记载刘渊神迹的史料来源于大唐宰相房玄龄与中书侍郎褚遂良监修的《晋书》。当时的皇帝唐太宗李世民亲自参与《晋书》的编撰工作，曾"自著宣、武二帝及陆机、王羲之四论，于是总题云御撰"[②]。由此可知，《晋书》是可以代表唐太宗李世民的史观与价值评判尺度的。而刘渊出生前的神迹作为一种历史记忆被以书面化的形式呈现出来，不可能没有得到李世民的同意。在《晋书》中，刘渊因为"名犯高祖庙讳，故称其字焉"[③]。因此，如果李世民不同意，关于刘渊出生神迹的历史记忆显然不会出现在《晋书》中。那么这段史料显然有其特殊的历史意义。与刘邦相对比，关于刘渊出生神迹的这段史料描述，是很典型的中原王朝创始之君受命于天的传说叙事模式。陈序经认为："《史记》《汉书》《后汉书》记载匈奴风俗，没有述及匈奴妇女拜神祈子。这种传说当然是受汉族文化影响的结果。"[④]刘母呼延氏一族是匈奴族群中仅次于单于挛鞮氏的贵族。而且"挛鞮氏单于世娶呼延等氏女为'阏氏'"[⑤]。而祈求神灵赐子是中原习俗，这意味着刘母呼延氏的日常生活行为中已经融入了很深的中原文化烙印。刘父豹是南匈奴单于于扶罗之子。而刘豹言，有卦师给他算出其当有优秀杰出的子孙，三代之内，必然会

---

① 〔唐〕房玄龄等：《晋书》，中华书局 1974 年版，第 2645 页。
② 〔后唐〕刘昫：《旧唐书》，中华书局 1975 年版，第 2463 页。
③ 〔唐〕房玄龄等：《晋书》，中华书局 1974 年版，第 2644 页。
④ 陈序经：《匈奴史稿》，中国人民大学出版社 2007 年版，第 424 页。
⑤ 马长寿：《北狄与匈奴》，广西师范大学出版社 2006 年版，第 54 页。

使刘家发达昌盛。这番言语，与中原的官宦之人已经没什么差别了。从春秋至汉魏，相人术已经成为构成社会精英文化的一部分[①]，不只是问吉凶，对社会精英们来说，更关注的是前程如何。《三国志》转引了《魏书》记载的魏武帝曹操少年时，被当时名士桥玄预测前程的往事。“太尉桥玄，世名知人，睹太祖而异之，曰：‘吾见天下名士多矣，未有若君者也！君善自持。吾老矣！愿以妻子为托。’由是声名益重。”[②]曹操先祖父是宦官曹腾，东汉王朝在经历党锢之祸后，宦官群体深受天下士人的鄙视。桥玄是当时名士，其以善识人而誉满天下。可想而知，桥玄之言辞对曹操个人的发展前途影响很大。于扶罗故去后，南单于位并非由其子继承。这样一来，刘豹看相的原因中，自然有其对前程感到忧虑的存在。相师之言，道出了刘豹的希望在未来。那么，从出生之前起，刘渊身上就潜藏着多重文化的基因。而刘渊所属的南匈奴单于家族，在其出生前，由于不断地南迁，政治身份已然发生了大转变。

汉宣帝时期，匈奴政权五单于并立，相互厮杀。呼韩邪单于被其兄郅支单于击败。左伊秩訾王建议呼韩邪向汉王朝求助，“称臣入朝事汉”[③]，只有这样才可以生存。呼韩邪思量再三，决定采纳左伊秩訾王的建议。汉宣帝大喜，对呼韩邪单于“宠以殊礼，位在诸侯王上，赞谒称臣而不名”[④]。有了西汉王朝这样强大的后援，呼韩邪最终战胜了郅支单于，成为匈奴唯一的单于。汉元帝初年，在匈奴发生饥荒时，“汉诏云中、五原郡转谷二万斛以给焉”[⑤]。此时，汉王朝与匈奴的关系由两强并立，转变为匈奴向汉王朝表示臣服。这样，匈奴单于的政治身份就多了一重含义，汉王朝的属臣。在表示臣服后，匈奴单于往往会将自己的儿子送来做人质。纳质成为“边疆民族政权和西汉王朝保持藩属关系的重要保证之一”[⑥]。

东汉时期，匈奴彻底分为南、北两部分。建武二十五年(49 年)，匈奴

---

① 参见祝一平：《汉代的相人术》，台湾学生书局 1990 年版。
② 〔晋〕陈寿：《三国志》，中华书局 1964 年版，第 2 页。
③ 〔汉〕班固：《汉书》，中华书局 1964 年版，第 3797 页。
④ 〔汉〕班固：《汉书》，中华书局 1964 年版，第 3798 页。
⑤ 〔汉〕班固：《汉书》，中华书局 1964 年版，第 3700 页。
⑥ 李大龙：《汉代中国边疆史》，黑龙江教育出版社 2014 年版，第 50 页。

“南单于复遣使诣阙，奉藩称臣，献国珍宝，求使者监护，遣侍子，脩旧约”[①]。建武二十六年(50 年)，东汉王朝派遣中郎将段郴、副校尉王郁帮助南单于在五原郡西部塞八十里处设立了单于庭。这一行动正是应南单于请求“使者监护”而为之的。南单于庭在汉郡的设置，使得东汉王朝对匈奴南单于具有了实质性的控制与管理。匈奴南单于的政治身份也从实际意义上变成东汉王朝的臣子，同时匈奴最高统治者的政治身份依然存在。此时，南单于的政治身份具有了双重性。

南匈奴内附后，东汉王朝掌控了南单于继任的话语权。中平五年(188 年)，南匈奴内讧，羌渠单于被杀，匈奴国人不认同羌渠单于之子于扶罗继任单于位，另立单于。于扶罗赶到洛阳，向当时的皇帝汉灵帝申诉，请求得到支持与认可。此时的南单于几乎等同于中原王朝政府委任的封疆大吏，这一现象有助于具备继承南单于资格者很好地融入王朝政府官僚群体之中。曹魏时期，刘豹被册封匈奴左部帅之职。这一任命可以看作匈奴贵族正式融入中原政权体制。与此同时，南单于一族改姓刘氏，“大约始于曹魏时期”[②]。而匈奴贵族要真正融入中原政治秩序中，离不开学习中原的主流文化。据《后汉书・儒林列传》记载，“建武五年，乃脩起太学……悉令通孝经章句，匈奴亦遣子入学”[③]。由此可知，早在汉光武帝时期，匈奴贵族子弟便已进入东汉王朝的最高学府太学学习儒家经典。所以，《晋书》中记载匈奴贵族大多通晓儒学是可信的，毕竟他们接触儒家经典已有二百年的历史了。此时在魏晋做官的匈奴贵族已经深受政治精英文化的熏陶，故而会有刘豹找相师预测前程之事。

汉王朝自从汉武帝时起，便以儒家经典为主要意识形态来指导政府治理国家。孝道是儒家思想的核心之一，东汉进入仕途的主要方式便是举孝廉。刘母亡故时，刘渊年方七岁，顿足捶胸，号啕大哭，“哀感旁邻，宗族部落

---

① 〔南朝宋〕范晔：《后汉书》，中华书局 1965 年版，第 2943 页。
② 周伟洲：《汉赵国史》，广西师范大学出版社 2006 年版，第 2 页。
③ 〔南朝宋〕范晔：《后汉书》，中华书局 1965 年版，第 2545—2546 页。

咸共叹赏”[①]。年纪幼小的刘渊就是至情至孝之人。此事使得刘渊初次闻名于以司空太原王昶为首的一众名士圈中。刘渊自小好学，跟随上党崔游学习期间，于诗书经传，孙吴兵法，皆有所涉略。其成年之后，文武双全，尤其武艺，“妙绝于众”[②]。当时，“有屯留崔懿之、襄陵公师彧等，皆善相人，及见元海，惊而相谓曰：‘此人形貌非常，吾所未见也。’于是深相崇敬，推分结恩。太原王浑虚襟友之，命子济拜焉”[③]。从这些史料记载的事件来看，青少年时期的刘渊便已经融入了并州士人圈之中，而且颇有影响力，成为当时公认的、颇具潜力的政治精英。

因此，对于南迁中原的南匈奴单于一族来说，到了超凡魅力型首领刘渊的时代，他不再是具有自南匈奴单于因为移民中原，融入中原王朝政治秩序中所具有的双重性政治身份，而是具有了多重政治身份。刘渊的多重政治身份中，其一为有继承南匈奴单于资格者；其二，接任其父曾经担任的左部帅之职，为晋室臣子；其三是士人群体中的政治精英。

第二节　支配权力角逐下的移民骑兵

魏元帝咸熙年间，刘渊以任子身份居住在京师洛阳，受到实际上掌控支配权力者晋王司马昭的赏识和优待。魏晋禅让之后，王浑多次向晋武帝司马炎极力推荐刘渊。

> 帝召与语，大悦之，谓王济曰：“刘元海容仪机鉴，虽由余、日磾无以加也。”济对曰：“元海仪容机鉴，实如圣旨，然其文武才干贤于二子远矣。陛下若任之以东南之事，吴会不足平也。”帝称善。孔恂、杨珧进曰：“臣观元海之才，当今惧无其比，陛下若轻其众，不足以成事；若假之

---

① 〔唐〕房玄龄等：《晋书》，中华书局1974年版，第2645页。

②③ 〔唐〕房玄龄等：《晋书》，中华书局1974年版，第2646页。

权威，平吴之后，恐其不复北渡也。非我族类，其心必异。任之以本部，臣窃为陛下寒心。若举天阻之固以资之，无乃不可乎！"帝默然。[①]

通过这段史料可以看出，晋武帝司马炎很赏识刘渊，认为其可以做晋室的由余与金日磾。与刘渊交好的王济认为，刘渊才华盖世，是不可多得的栋梁之臣，希望朝廷可以委其以重任。而在孔恂和杨珧看来，刘渊除了才华之外，还有一个隐藏着的政治身份，即潜在的支配权力竞争者。这一政治身份，对刘渊今后的个人发展以及传统中国历史的发展都是至关重要的。

"后秦凉覆没，帝畴咨将帅"[②]，上党李憙时任司隶校尉，乘此良机，继王济之后再次向司马炎推荐刘渊为将率兵平叛。李憙极言刘渊军事才能出众，同时麾下又有骁勇善战的匈奴骑兵，定能一举荡平秃发树机能的叛乱。面对李憙的力荐，孔恂再次极力阻止。在孔恂看来，刘渊的上述优势，却是对晋王朝最大的威胁。司马炎斟酌再三，决定弃用刘渊。刘渊仕途受阻，心灰意冷，对晋王朝已不抱希望。

后王弥从洛阳东归，元海饯弥于九曲之滨，泣谓弥曰："王浑、李憙以乡曲见知，每相称达，谗间因之而进，深非吾愿，适足为害。吾本无宦情，惟足下明之。恐死洛阳，永与子别。"因慷慨歔欷，纵酒长啸，声调亮然，坐者为之流涕。[③]

晋室之齐王司马攸当时恰好在九曲，听闻刘渊与王弥及众宾客宴饮之事，派遣属下前去打探消息，并上书晋武帝司马炎，言辞间希望尽早除去刘渊，否则恐怕其会割据并州一带。王浑听之进言，以己身力保刘渊。实际上，司马攸的上书中不无合理之处。刘渊在并州一带的士人群体中颇具威望，俨然稳居中心之位。刘渊在悲愤的自白中也提及了这一点，王浑、王济

①② 〔唐〕房玄龄等：《晋书》，中华书局 1974 年版，第 2646 页。

③ 〔唐〕房玄龄等：《晋书》，中华书局 1974 年版，第 2646—2647 页。

父子和李憙等人正是因为“乡曲”之谊，才力荐、力保刘渊。同时，刘渊还具有常人无法企及的杰出才干、中原世家大族所无的精锐骑兵。这几点优势确实不能不令人生出畏惧之心。

众所周知，魏得国于汉，晋得国于魏。虽然这三朝之间的轮换，形式上是以禅让制和平交接支配权力来完成的，但是，实际层面上却是强大武力致使支配权力发生流转的。东汉末年，曹丕如果没有手握重兵，如何能使得汉献帝禅让江山。同理，司马炎如果不是有强大的军力，如何能替换魏帝。因此，孔恂等人极力阻止司马氏重用刘渊的诸臣，是在担心刘渊变成另一个曹操或司马懿。而这正是刘渊多重政治身份中隐性的政治身份——支配权力强有力的竞争者。

晋王朝建立后，“帝惩魏氏孤立之弊，故大封宗室，授以职任”[①]。同时，司马炎设计司马氏宗室诸王可以有统兵权，“封诸王，以郡为国。邑二万户为大国，置上、中、下三军，兵五千人；邑万户为次国，置上军、下军，兵三千人；邑五千户为小国，置一军，兵五百人”[②]，想以此来护卫晋朝皇帝对支配权力的永久掌控。

可惜，天不遂人愿，正是司马炎赋予宗室诸侯王的权力，致使西晋王朝成了传统中国历史上的短命王朝之一。“帝疾笃，未有顾命。勋旧之臣多已物故”[③]，当司马炎在没有安排好后事的情况下驾崩之后，西晋王朝外戚与宗室之间围绕谁来掌控支配权力展开了一连串的内讧，而围绕权力的角逐离不开强大武力的支撑。

从东汉王朝中后期时起，南迁中原的游牧移民部众成为帝国骑兵的主要兵员。[④] 东汉末年，政治秩序崩溃后，游牧移民骑兵更是成为军阀割据称雄的有力武器。袁绍起兵时，就倚重游牧骑兵，将其作为争霸天下的利器。“吾南据河，北阻燕、代，兼戎狄之众，南向以争天下”[⑤]。曹操统一北方后，三

---

①② 〔宋〕司马光编著：《资治通鉴》，中华书局 1956 年版，第 2493 页。
③ 〔宋〕司马光编著：《资治通鉴》，中华书局 1956 年版，第 2599 页。
④ 〔美〕陆威仪：《早期中华帝国：秦与汉》，王兴亮译，中信出版社 2016 年版，第 143 页。
⑤ 〔晋〕陈寿：《三国志》，中华书局 1964 年版，第 26 页。

郡乌桓成为其麾下的天下名骑。同时，析分南匈奴为五部，任命匈奴上层贵族分别担任部帅之职，其中刘渊父刘豹“为左部帅，部族最强”①。这样做的目的，自然是更好地控制匈奴部众。

刘豹去世后，刘渊接任了左部帅之职。晋武帝太康末年（289 年），改任北部都尉。晋惠帝初年（290 年），再次改派，“以刘元海为离石将兵都尉”②。周伟洲认为：“将兵都尉一职，不见记载，其在离石，且云‘将兵’，很可能是晋朝所派至离石领兵监督匈奴五部的职官。也就是说，此职有一定的实权，掌握一定的军队，非五部都尉的虚衔可比。”③正如史料中所说的，刘渊“明刑法，禁奸邪，轻财好施，推诚接物，五部俊杰无不至者。幽冀名儒，后门秀士，不远千里，亦皆游焉”④，游牧移民部众与幽、冀地区的儒生名士纷纷前来归附的盛况，最有可能发生在刘渊担任离石将兵都尉一职时期。也就是在担任将兵都尉期间，刘渊凭借个人才干，迅速积累了雄厚的政治资本。

晋惠帝外祖父杨骏以辅政之名掌控支配权力时，任命刘渊为建威将军、五部大都督，并册封汉光乡侯的爵位。其目的自然是拉拢刘渊为己所用。刘渊后因匈奴五部众中有人叛逃至塞外，被罢免官职。惠帝后贾氏联合楚王司马玮尽灭太后杨氏一族。这一宫廷政变引发了司马氏诸王内讧的八王之乱。成都王司马颖出镇邺郡，上表请封刘渊为“行宁朔将军，监五部军事”⑤，以此招揽刘渊至麾下。由于，刘渊文武兼备，才干冠绝于当世。因此，成都王司马颖很是器重其，委以重任。“自邺悬秉国政，事无大小，皆先关谘，以渊为太弟屯骑校尉。”⑥

当时，正值八王之乱高潮期，左国城以刘宣为首的匈奴贵族密谋，推举刘渊为大单于，认为“今司马氏骨肉相残，四海鼎沸，兴邦复业，此其时矣”⑦，并派呼延攸前往邺郡，禀告刘渊。司马颖军政大事皆需刘渊谋划，因此刘渊暂时无法脱身回归左国城，只得命呼延攸先行返回，并转告刘宣，以声援司

---

① 〔宋〕司马光编著：《资治通鉴》，中华书局 1956 年版，第 2391 页。
②⑥ 〔清〕汤球：《十六国春秋辑补》，齐鲁书社 2000 年版，第 4 页。
③ 周伟洲：《汉赵国史》，广西师范大学出版社 2006 年版，第 49 页。
④⑤⑦ 〔唐〕房玄龄等：《晋书》，中华书局 1974 年版，第 2647 页。

马颖为名召集匈奴五部及杂胡人马。

八王之乱后期，实质上争夺王朝支配权力的双方是成都王司马颖与东海王司马越。双方为了战胜彼此，迫切需要拥有压倒对方的武力。由此，自汉王朝时起南迁中原的游牧移民便成为他们急需的强大后援。

司马越的弟弟并州刺史司马腾与幽州刺史王浚联兵进攻邺郡，王浚军中的乌桓、鲜卑骑兵尤其骁勇善战。面对乌桓、鲜卑骑兵快如疾风的进攻，司马颖心生恐惧之感，竟意欲避之锋芒，弃城而逃。苦于困在邺郡不能脱身返还左国城的刘渊紧紧地抓住了这一良机，匈奴五部的精锐骑兵成为他名正言顺脱身的借口。

> 元海说颖曰："今二镇跋扈，众余十万，恐非宿卫及近都士庶所能御之，请为殿下还说五部，以赴国难。"颖曰："五部之众可保发已不？纵能发之，鲜卑、乌丸劲速如风云，何易可挡邪？吾欲奉乘舆还洛阳，避其锋锐，徐传檄天下，以逆顺制之。君意何如？"元海曰："殿下武皇帝之子，有殊勋于王室，威恩光洽，四海钦风，孰不思为殿下没命投躯者哉，何难发之有乎！王浚竖子，东嬴疏属，岂能与殿下争衡邪！殿下一发邺宫，示弱于人，洛阳可复至乎？纵达洛阳，威权不复在殿下也。纸檄尺书，谁为人奉之！且东胡之悍不踰五部，愿殿下勉抚士众，靖以镇之，当为殿下以二部摧东嬴，三部枭王浚，二竖之首可指日而悬矣。"颖悦，拜元海为北单于、参丞相军事。①

这样，刘渊口衔王命以正当身份返还了左国城。同时，由上述史料可以看出以下几点：司马颖与刘渊关系密切，刘渊是司马颖麾下极为重要的谋臣良将。司马氏诸王之间的内讧惨烈，兵强马壮成为掌控王朝支配权力的基础。南迁中原的游牧部族中，"鲜卑、乌桓起兵，所支持的是司马越；匈奴起

① 〔唐〕房玄龄等：《晋书》，中华书局 1974 年版，第 2647 页。

兵，所支持的是司马颖"①。

这些游牧移民部族骑兵深度参与司马氏诸王之间的混战，在客观上"促进了融合着游牧族群骑兵与农业社会官僚行政体系的国家的建立"②。

第三节　重构政治秩序的正当性

当年正是由于秦汉之际的中原战乱，"诸秦所徙适戍边者皆复去，于是匈奴得宽，复稍度河南与中国界于故塞"③。随后冒顿又侵入燕、代之地，诱发了西汉王朝初期的边疆危机。同样，晋室的八王之乱使得王朝政治秩序崩溃，整个北方陷入了刀兵战火之中。

刘渊回归左国城之后，在以刘宣为首的匈奴贵族的拥戴下，任匈奴大单于。在短短的二旬之间，"内迁匈奴及杂胡纷纷投附"④，五部部众发展到了五万人。此时，王浚部将祁弘率领鲜卑骑兵进攻邺城，司马颖不敌，弃城南逃洛阳。刘渊以"吾与其有言矣"⑤之因，决定派兵阻击鲜卑骑兵，以救司马颖。刘宣极力劝阻，并进言刘渊："今司马氏父子兄弟自相鱼肉，此天厌晋德，授之于我。"⑥此时起兵，应该建立什么样的政治秩序模式，成为亟需解决的问题。而政治秩序的重建必须有合理的正当性，才能国运长久。

刘宣等人认为，方今天下大乱，又有刘渊这样才德盖世的英雄，正是上天要让匈奴复兴之时，所以应该"复呼韩邪之业"，同时联合鲜卑、乌桓诸部为盟军。实际上，刘宣的主张在当时的历史情境下几乎不具有可行性。首

---

① 田余庆：《东晋门阀政治》，北京大学出版社 1989 年版，第 30 页。
② ［美］陆威仪：《分裂的帝国：南北朝》，李磊译，中信出版社 2016 年版，第 141 页。
③ 〔汉〕司马迁：《史记》，中华书局 2014 年版，第 3492 页。
④ 周伟洲：《汉赵国史》，广西师范大学出版社 2006 年版，第 51 页。
⑤⑥ 〔唐〕房玄龄等：《晋书》，中华书局 1974 年版，第 2648 页。

先看刘宣口中的呼韩邪单于。匈奴历史上的呼韩邪单于一共有两位[①],由传世史料可知,这两位单于无疑都是在身处困境之时,请求归附汉王朝,以求获得资源来自保和发展。因此,两位呼韩邪单于执政时期的匈奴无论在形式上还是在实际层面上,已经不是曾经与中原王朝对等的政治体,而是转变为汉王朝藩属。如果要恢复冒顿时代的草原帝国,则需出塞返回草原。在长城以南的并州建立冒顿时代的政权形态,显然是不可行的。因为游牧民族在内迁中原后,会不可避免地发生社会转型,生活习俗和行为趋同于中原民众。[②] 其次再看以鲜卑、乌桓为援说。秦王朝建立之初,"东胡强而月氏盛。匈奴单于曰头曼,头曼不胜秦,北徙"[③]。此时,东胡实力强于匈奴,冒顿曾为质于东胡。冒顿成为单于时,故意示弱,使得"东胡初轻冒顿,不为备。及冒顿以兵至,击,大破灭东胡王,而虏其民人及畜产"[④]。东胡彻底被击溃,余部潜逃,化为乌桓与鲜卑二部。乌桓以山为族名,"俗善骑射,随水草放牧"[⑤]。乌桓与匈奴生活习性相同,但灭国之仇,却不可不报。乌桓实力转强时,曾"发掘匈奴单于冢,将以报冒顿所破之耻"[⑥]。而鲜卑拓跋部常常协助司马腾、刘琨等与刘渊部作战。因此,匈奴与乌桓、鲜卑二部相互为敌的历史颇为久远,相生相杀数百年,在草原游牧空间中是竞争对手,融入中原王朝政治秩序之后依然如此。由此可见,刘宣的政治主张在当时注定是无法现实的图景。

刘渊面对晋王朝政治秩序崩溃后的天下乱象,赞同刘宣起兵割据的主张,但在政权形态方面,则认为应该建立中原王朝式的政治秩序。

> 当为崇冈峻阜,何能为培塿乎!夫帝王岂有常哉?大禹出于西戎,文王生于东夷,顾惟德所授耳。今见众十余万,皆一当晋十,鼓行而摧

① 两位呼韩邪单于,一位是在西汉时期归附汉朝,另一位则是在东汉时期归附汉朝。两位呼韩邪单于与两汉王朝的交往事实,详见《汉书》《后汉书》等文献记载。参阅林幹:《匈奴史》,内蒙古人民出版社 2007 年版,第 59—68 页。

② [美]拉铁摩尔:《中国的亚洲内陆边疆》,唐晓峰译,江苏人民出版社 2010 年版,第 322 页。

③ 〔汉〕司马迁:《史记》,中华书局 2014 年版,第 3492 页。

④ 〔汉〕司马迁:《史记》,中华书局 2014 年版,第 3494 页。

⑤ 〔晋〕陈寿:《三国志》,中华书局 1964 年版,第 832 页。

⑥ 〔晋〕陈寿:《三国志》,中华书局 1964 年版,第 833 页。

乱晋，犹拉枯耳。上可成汉高之业，下不失为魏氏。虽然，晋人未必同我。汉有天下世长，恩德结于人心，是昭烈崎岖于一州之地，而能抗衡于天下。吾又汉氏之甥，约为兄弟，兄亡弟绍，不亦可乎？且可称汉。追尊后主，以怀人望。①

这段史料清晰地再现了刘渊当时的政治意图。在刘渊看来，夏之大禹、周之文王均不是中原人士。建功立业，帝王无问出处，有德之君居之中原是天意。而精兵锐骑在刀兵四起的乱世中，是建功立业的基础。如今，这两者齐聚于刘渊之身，正是他大显神威，开创万世基业之时。那么，刘渊何以要延续汉祚，以兴汉为政治旗帜？

在匈奴单于向汉王朝皇帝形式上奉藩之后，“有威名于百蛮”②的草原霸主的权威已然在逐渐消退。“匈奴日削，不能取复”③是当时的历史事实。到东汉末年，“2 世纪后期，南单于丧失其权威的事态是越来越深刻而严重的”④。刘渊作为超凡魅力型首领的存在，被匈奴以刘宣为首的上层贵族认为是上天要匈奴中兴的预设。匈奴中兴要实现什么，对此刘宣是有期望的。乘乱起兵是为了摆脱“晋为无道，奴隶御我”⑤的悲惨境地。之后怎么做，刘宣也只是提出“复呼韩邪之业”。但令刘宣等人怀念的是“昔我先人与汉约为兄弟，忧泰同之”⑥的地位，而要实现刘宣等人的期望，必须制定符合当时形势的路线与方针。

因此，刘渊在深思熟虑、审时度势之后，作出了“追尊后主”，以“兴汉”为旗帜的历史抉择。刘渊的成长环境以及他的人生经历，已经无可辩驳地使得中原王朝的政治文化融入了他的意识之中。所以对他而言，起兵割据必须要有正当的理由，接下来建立的政权才具有正当性。起兵前，刘渊在晋王朝的政治秩序中拥有重要的政治身份。故而他起兵绝不是要做晋王朝的叛臣，而是要成为中兴汉王朝的功臣。汉魏禅让背后是强大武力的胁迫，魏晋

---

① 〔唐〕房玄龄等：《晋书》，中华书局 1974 年版，第 2649 页。

②③ 〔汉〕班固：《汉书》，中华书局 1964 年版，第 3797 页。

④ ［日］谷川道雄：《隋唐帝国形成史论》，李济沧译，上海古籍出版社 2011 年版，第 27 页。

⑤ 〔唐〕房玄龄等：《晋书》，中华书局 1974 年版，第 2648 页。

⑥ 〔唐〕房玄龄等：《晋书》，中华书局 1974 年版，第 2647 页。

禅让也是如此。刘渊以兴汉来对抗晋室，自然在道德方面已居于有利位置。刘渊决定以兴汉为旗帜后，从离石迁居左国城。返回左国城对刘渊来说是意义重大的。东汉中期以后，在南单于任免的问题上，汉帝很有话语权。南单于在某种意义上是汉王朝政治秩序中地位很高的藩王身份。刘渊返回左国城后。据史料记载，“远人归附者数万”[①]。这些“远人”自然不是“晋人”，而是心怀汉室者。而这正印证了刘渊前面所说的汉室国运长久，恩德广播于天下的论断。刘渊在左国城称汉王与刘备在成都称汉中王，实质上是相同的。刘备属汉室宗亲疏枝，刘渊只是“汉室之甥”。同时，二人均是在国家社稷蒙尘，不得不挺身而出的形势下称王的。刘渊的祭天文书，言辞恳切，动容处使人不禁潸然泪下，言称汉王绝非为一己之私，而是“大耻未雪，社稷无主，衔胆栖冰，勉从群议”[②]的壮举。刘渊冠冕堂皇的言辞行为背后是对中原王朝政治文化的认同以及为即将建立的政治秩序谋求正当性的意图。

刘渊在左国城南郊设坛祭天，并“立汉高祖以下三祖五宗神主而祭之”[③]，通过郊祀和宗庙来昭告天下，汉王朝将再次中兴。刘渊的这一系列举动，震惊了晋王朝上下。在当时的中原政治文化中，郊祀对于王朝的正当性有着无可替代的意义。因为祭天礼仪是皇帝与上天之间的对话，人们以此仪式来证明皇帝是受上天委任而具有统治天下和民众的权力。[④] 魏晋时期，有一段时间皇帝是不亲自执行郊祀仪式的。[⑤] 在刘渊称汉王之后，晋室怀帝亲自执行郊祀活动，这无疑是对刘渊汉国建立的回应。[⑥] 晋怀帝以此来昭告天下，司马氏依然是秉天承命的拥有者。在有君主的社会中，仪式彰显君主本人具有超自然地位，以此来证明其政权具有的正当性。[⑦] 这样一来，刘渊的汉与晋都宣称各自的政权拥有上天所授予的统治权力，二者展开了对王

---

① 〔唐〕房玄龄等：《晋书》，中华书局 1974 年版，第 2647 页。

②③ 〔唐〕房玄龄等：《晋书》，中华书局 1974 年版，第 2650 页。

④ ［日］渡边信一郎：《中国古代的王权与天下秩序——从日中比较史的视角出发》，徐冲译，中华书局 2008 年版，第 82 页。

⑤ ［日］金子修一：《古代中国与皇帝祭祀》，肖圣中等译，复旦大学出版社 2017 年版，第 108 页。

⑥ ［日］金子修一：《古代中国与皇帝祭祀》，肖圣中等译，复旦大学出版社 2017 年版，第 109 页。

⑦ ［美］大卫·科泽：《仪式、政治与权力》，王海洲译，江苏人民出版社 2015 年版，第 63 页。

朝政治秩序正当性的竞争。此时，任何一个无意中出现的偶然事件都可以成为印证，构建政治秩序正当性，证明天命所归的例证。例如，“永嘉三年，刘渊徙平阳，于汾水得白玉印，方四寸，高二寸二分，龙纽。其文曰：有新宝之印，王莽所造也。渊以为天授，改永凤二年为河瑞元年”[①]。从历史事实角度来说，刘渊宗汉立国是南迁中原的游牧移民第一次将中原王朝式政治秩序作为建立政权的模式。这表明当时无论是中原人士还是游牧移民，如果要逐鹿中原，取得支配天下的权力，必须认同中原王朝政治文化，以中原王朝式的政治秩序为建立政权的模式，只有这样才能获得建立王朝政治秩序的正当性。

当然，刘渊的汉国政权有着为数不少的游牧文化的印记。如：以游牧民众组成的骑兵作为征战、角逐天下的主力军队。统治集团的核心成员大都也是游牧移民出身的人。同时，设有不同于中原官僚体系管理游牧民众的机构。[②] 而这些也已经不同于游牧民在草原空间中所设立的机构，其是在移民政治文化下出现的融合着不同文化因素的管理机构。

综上，八王之乱时期刘渊以兴汉为名建立政权立国的重要历史事件，归根究底绝不仅仅是刘渊为了招揽人心的权宜之举。这一历史抉择是多重原因促成的。首先是刘渊本人文武兼备，傲视群雄的杰出才华。其次是南单于家族南迁中原后，在王朝政治秩序中，有了新的不同于草原空间中的政治身份，到刘渊这一辈更是具有了多重政治身份。再次是匈奴部众强悍的骑兵部队，使得刘渊集团有了乘势起兵的机会。此外，还有一个非常重要的原因就是刘渊认同中原王朝的政治文化，并获得了当时部分士族人物的支持和拥戴。与此同时，刘渊建立的汉国政权中依然保留着大量的草原政治文化的因素。这是南匈奴族裔移民中原后形成的独特的移民政治文化，其包含融合了中原政治文化与草原政治文化的诸多因素。而这正是民族间融合、中华民族文明一体多元性的历史表现。

---

① 〔北魏〕郦道元著，陈桥驿校证：《水经注校证》，中华书局 2007 年版，第 162 页。

② 周伟洲：《汉赵国史》，广西师范大学出版社 2006 年版，第 165—169 页。

参考文献

一、史料

〔北齐〕魏收:《魏书》,中华书局 1965 年版。

〔北魏〕崔鸿撰,〔清〕汤球辑补,聂溦萌、罗新、华喆点校:《十六国春秋辑补》,中华书局 2020 年版。

〔北魏〕郦道元著,陈桥驿、叶光庭、叶扬译注:《水经注全注》,贵州人民出版社 2008 年版。

〔春秋〕孙武撰,〔三国〕曹操等注,杨丙安校理:《十一家注孙子》,中华书局 2012 年版。

〔汉〕班固撰,〔唐〕颜师古注:《汉书》,中华书局 1974 年版。

〔汉〕贾谊撰,阎振益、钟夏校注:《新书校注》,中华书局 2000 年版。

〔汉〕刘向集录:《战国策》,上海古籍出版社 1985 年版。

〔汉〕刘向集录,范祥雍笺证,范祥雍协校:《战国策鉴证》,上海古籍出版社 2006 年版。

〔汉〕刘珍等著,吴树平校注:《东观汉纪》,中华书局 2008 年版。

〔汉〕司马迁撰,〔南朝宋〕裴骃集解,〔唐〕司马贞索隐,〔唐〕张守节正义:《史记》,中华书局 2014 年版。

〔汉〕许慎:《说文解字》,中华书局 2013 年版。

〔汉〕荀悦撰,张烈点校:《两汉纪》上,中华书局 2002 年版。

〔晋〕常璩著,任乃强校注:《华阳国志校补图注》,上海古籍出版社 1987

年版。
〔晋〕陈寿撰,〔南朝宋〕裴松之注:《三国志》,中华书局 1974 年版。
〔晋〕陈寿撰,〔南朝宋〕裴松之注,卢弼集解,钱剑夫整理:《三国志集解》,上海古籍出版社 2012 年版。
〔晋〕袁宏撰,张烈点校:《两汉纪》下,中华书局 2017 年版。
〔南朝宋〕范晔撰,〔唐〕李贤等注:《后汉书》,中华书局 1974 年版。
〔清〕程夔初集注,程朱昌、程育全编:《战国策集解》,上海古籍出版社 2013 年版。
〔清〕顾祖禹撰,贺次君、施和金点校:《读史方舆纪要》,中华书局 2005 年版。
〔清〕孙星衍等辑,周天游点校:《汉官六种》,中华书局 1990 年版。
〔清〕王先慎撰:《韩非子集解》,中华书局 2013 年版。
〔宋〕司马光编著,〔元〕胡三省音注:《资治通鉴》,中华书局 1956 年版。
〔宋〕王钦若:《册府元龟》,中华书局 1960 年版。
〔宋〕王应麟:《通鉴地理通释》,中华书局 2013 年版。
〔宋〕朱熹:《四书章句集注》,中华书局 2011 年版。
〔唐〕杜佑:《通典》,中华书局 1988 年版。
〔唐〕房玄龄等撰:《晋书》,中华书局 1965 年版。
〔唐〕李吉甫撰,贺次君点校:《元和郡县图志》,中华书局 1983 年版。
北京钢铁学院冶金系工农兵学员译注:《盐铁论译注》,冶金工业出版社 1975 年版。
程俊英、蒋见元:《诗经析注》,中华书局 1991 年版。
方诗铭、王修龄:《古本竹书纪年辑证》,上海古籍出版社 1981 年版。
何建章注释:《战国策注释》,中华书局 1990 年版。
缪文远:《战国策考辩》,中华书局 1984 年版。
徐元诰撰,王树民、沈长云点校:《国语集解》,中华书局 2002 年版。
许维遹:《吕氏春秋集解》,中华书局 2016 年版。
杨伯峻编著:《春秋左传注》,中华书局 2009 年版。

二、专著

[德]马克斯・韦伯:《经济与社会》第一卷,阎克文译,上海人民出版社 2009

年版。
[德]马克斯・韦伯:《经济与社会》第二卷,阎克文译,上海人民出版社 2010 年版。
[德]马克斯・韦伯:《儒教与道教》,洪天富译,江苏人民出版社 2010 年版。
[法]布罗代尔:《文明史纲》,肖昶等译,广西师范大学出版社 2003 年版。
[法]葛兰言:《中国文明》,杨英译,中国人民大学出版社 2012 年版。
[法]米歇尔・福柯:《规训与惩罚》,刘北成、杨远婴译,生活・读书・新知三联书店 2012 年版。
[法]亚历山大・莫瑞、[法]G. 戴维:《从部落到帝国——原始社会和古代东方的社会组织》,郭子林译,大众出版社 2010 年版。
[美]巴菲尔德:《危险的边疆:游牧帝国与中国》,袁剑译,江苏人民出版社 2011 年版。
[美]本杰明・史华兹:《古代中国的思想世界》,程钢译,江苏人民出版社 2008 年版。
[美]狄宇宙:《古代中国与其强邻:东亚历史上游牧力量的兴起》,贺严、高书文译,中国社会科学出版社 2010 年版。
[美]拉铁摩尔:《中国亚洲的内陆边疆》,唐晓峰译,江苏人民出版社 2010 年版。
[美]乔尔・S. 米格代尔:《社会中的国家:国家与社会如何相互改变与相互构成》,李杨、郭一聪译,张长东校,江苏人民出版社 2013 年版。
[美]杨美慧:《礼物、关系学与国家:中国人际关系与主体性建构》,赵旭东、孙珉译,江苏人民出版社 2009 年版。
[日]福原启郎:《魏晋政治社会史研究》,陆帅、刘萃峰、张紫毫译,江苏人民出版社 2021 年版。
[日]冈崎文夫:《魏晋南北朝通史》,肖承清译,中西书局 2020 年版。
[日]沟口雄三、[日]小岛毅主编:《中国的思维世界》,孙歌等译,江苏人民出版社 2006 年版。
[日]江上波夫:《骑马民族国家》,张承志译,光明日报出版社 1988 年版。

[日]王柯:《从“天下”国家到民族国家:历史中国的认知与实践》,上海人民出版社 2020 年版。

[英]阿兰·R. H. 贝尔:《地理学与历史学——跨越楚河汉界》,阙维民译,商务印书馆 2008 年版。

[英]伯特兰·罗素:《权力论》,吴友三译,商务印书馆 2012 年版。

[英]迈克尔·曼:《社会权力的来源》第一卷,刘北成、李少军译,上海人民出版社 2015 年版。

安介生:《历史民族地理》,山东教育出版社 2007 年版。

安介生:《民族与迁徙》,江苏人民出版社 2011 年版。

白国红:《春秋晋国赵氏研究》,中华书局 2007 年版。

晁福林:《春秋战国的社会变迁》,商务印书馆 2011 年版。

陈琳国:《中古北方民族史探》,商务印书馆 2010 年版。

陈序经:《匈奴史稿》,中国人民大学出版社 2009 年版。

崔明德主编:《中国古代和亲通史》,人民出版社 2007 年版。

董耀辉:《长城的崛起》,北京大学出版社 2012 年版。

段连勤:《北狄族与中山国》,广西师范大学出版社 2007 年版。

段清波等:《中国历代长城研究》,经济科学出版社 2019 年版。

高凯:《地理环境与中国古代社会变迁三论》,天津古籍出版社 2006 年版。

高润浩编:《中国古代军事谋略文化》,白山出版社 2012 年版。

葛剑雄:《统一与分裂——中国历史的启示》,中华书局 2008 年版。

葛剑雄:《西汉人口地理》,人民出版社 1986 年版。

葛剑雄:《中国人口史·第一卷　导论、先秦至南北朝时期》,复旦大学出版社 2002 年版。

顾德融、朱顺龙:《春秋史》,上海人民出版社 2003 年版。

顾颉刚:《郡与县》,载《顾颉刚学术文化随笔》,中国青年出版社 1998 年版。

管彦波:《民族地理学》,社会科学文献出版社 2011 年版。

韩茂莉:《中国历史农业地理》,北京大学出版社 2012 年版。

何天明:《中国北方草原古文化祭》,内蒙古大学出版社 2012 年版。

何兹全:《中国古代社会及其向中世社会的过渡》,商务印书馆 2013 年版。
后晓荣:《秦代政区地理》,社会文献出版社 2009 年版。
后晓荣:《战国政区地理》,文物出版社 2013 年版。
胡鸿:《能夏则大与渐慕华风——政治体视角下的华夏与华夏化》,北京师范大学出版社 2017 年版。
胡小鹏:《中国西北少数民族通史·东汉、三国卷》,民族出版社 2009 年版。
黄建英:《北方农牧交错带变迁对蒙古族经济文化类型的影响》,中央民族大学出版社 2009 年版。
黄朴民:《秦汉统一战略研究》,中国人民大学出版社 2007 年版。
黄朴民:《先秦两汉兵学文化研究》,中国人民大学出版社 2010 年版。
黄松筠:《中国古代藩属制度研究》,吉林人民出版社 2008 年版。
景爱:《中国长城史》,上海人民出版社 2006 年版。
军事科学院战争理论和战略研究部编:《中国古代经典战争战例》第 1 卷,解放军出版社 2012 年版。
雷戈:《秦汉之际的政治思想与皇权主义》,上海古籍出版社 2006 年版。
雷海宗:《中国的文化与中国的兵》,中国华侨出版社 2013 年版。
李大龙:《都护制度研究》,黑龙江教育出版社 2014 年版。
李大龙:《汉代中国边疆史》,黑龙江教育出版社 2014 年版。
李大龙:《汉唐藩属体制研究》,中国社会科学出版社 2006 年版。
李大龙:《两汉时期的边政与边吏》,黑龙江教育出版社 1996 年版。
李桂生:《诸子文化与先秦兵家》,岳麓书社 2009 年版。
李吉和:《中国西北少数民族通史·先秦卷》,民族出版社 2009 年版。
李晓杰:《东汉政区地理》,山东教育出版社 1990 年版。
李晓杰:《疆域与政区》,江苏人民出版社 2011 年版。
李孝聪:《中国区域历史地理》,北京大学出版社 2004 年版。
李逸友:《内蒙古历史名城》,内蒙古人民出版社 1993 年版。
李振宏、刘克辉:《民族历史与现代观念——中国古代民族关系史研究》,河南大学出版社 2010 年版。

林聪舜:《儒学与汉帝国意识形态》,上海人民出版社 2017 年版。
林幹:《东胡史》,内蒙古人民出版社 2007 年版。
林幹:《匈奴史》,人民出版社 2010 年版。
林剑鸣:《秦汉史》,上海人民出版社 2003 年版。
刘洪涛:《中国古代士兵生活与征战》,商务印书馆国际有限公司 1997 年版。
刘向东编:《中国古代军事典章制度》,白山出版社 2012 年版。
刘泽华:《中国的王权主义——传统社会与思想特点考察》,上海人民出版社 2000 年版。
刘昭祥、王晓卫:《军制史话》,社会科学文献出版社 2011 年版。
马长寿:《北狄与匈奴》,广西师范大学出版社 2006 年版。
马长寿:《氐与羌》,广西师范大学出版社 2006 年版。
马长寿:《乌桓与鲜卑》,广西师范大学出版社 2006 年版。
马大正、华立:《古代中国的北部边疆》,内蒙古人民出版社 1993 年版。
孟祥才:《先秦秦汉史论》,山东大学出版社 2011 年版。
木芹:《两汉民族关系史》,四川民族出版社 1988 年版。
彭丰文:《先秦两汉时期民族观念与国家认同研究》,中国社会科学出版社 2016 年版。
钱林书编:《续汉书郡国志汇释》,安徽教育出版社 2006 年版。
沈长云、魏建震、白国红、张怀通、石延博:《赵国史稿》,中华书局 2000 年版。
宋杰:《中国古代战争的地理枢纽》,中国社会科学出版社 2009 年版。
孙闻博:《秦汉军制演变史稿》,中国社会科学出版社 2016 年版。
谭其骧主编:《中国历史地图集》,中国地图出版社 1982 年版。
田继周:《秦汉民族史》,四川民族出版社 1996 年版。
田旭东:《古代兵学文化探论》,中国社会科学出版社 2010 年版。
田余庆:《秦汉魏晋史探微》,中华书局 2011 年版。
万昌华:《秦汉以来中央行政研究》,齐鲁书社 2002 年版。
王联斌主编:《中国古代武德通论》,白山出版社 2012 年版。
王明珂:《华夏边缘:历史记忆与族群认同》,社会科学文献出版社 2006

年版。
王明珂:《游牧者的抉择:面对汉帝国的北亚游牧族群》,广西师范大学出版社 2008 年版。
王绍东:《碰撞与交融:战国秦汉时期的农耕文化与游牧文化》,内蒙古大学出版社 2011 年版。
王仲荦:《魏晋南北朝史》,上海人民出版社 2003 年版。
王子今:《秦汉边疆与民族问题》,中国人民大学出版社 2011 年版。
王子今:《秦汉交通史稿》,中国人民大学出版社 2013 年版。
王子今:《秦汉时期生态环境研究》,北京大学出版社 2007 年版。
翁独健:《中国民族关系史纲要》,中国社会科学出版社 2001 年版。
武沐:《中国西北少数民族通史・秦、西汉卷》,民族出版社 2009 年版。
辛德勇:《秦汉政区与边界地理研究》,中华书局 2009 年版。
熊铁基:《秦汉军事制度史》,广西人民出版社 1990 年版。
薛瑞泽:《秦汉魏晋南北朝黄河文化与草原文化的交融》,科学出版社 2010 年版。
严耕望:《两汉太守刺史表》,上海古籍出版社 2007 年版。
严耕望:《中国地方行政制度史——秦汉地方行政制度》,上海古籍出版社 2007 年版。
阎步克:《察举制度变迁史稿》,中国人民大学出版社 2009 年版。
阎盛国:《秦汉招降战略战术研究》,人民出版社 2010 年版。
杨建新:《中国西北少数民族史》,民族出版社 2009 年版。
杨宽:《战国史》,上海人民出版社 1998 年版。
亦邻真:《亦邻真蒙古学文集》,内蒙古人民出版社 2001 年版。
余华青:《中国宦官制度史》,上海人民出版社 1993 年版。
余英时:《汉代贸易与扩张》,邬文玲等译,上海古籍出版社 2005 年版。
余英时:《士与中国文化》,上海人民出版社 2013 年版。
袁延胜:《中国人口通史东汉卷》,人民出版社 2007 年版。
翟学伟:《人情、面子与权力的再生产》,北京大学出版社 2013 年版。

张国硕:《先秦人口流动民族迁徙与民族认同研究》,大众出版社 2011 年版。
张久和主编:《内蒙古通史》第一卷,人民出版社 2011 年版。
张维华:《中国长城建置考》,中华书局 1979 年版。
张兴成:《两晋宗室制度研究》,上海古籍出版社 2013 年版。
张泽咸:《汉晋唐时期农业》,中国社会科学出版社 2003 年版。
赵鼎新:《东周战争与儒法国家的诞生》,华东师范大学出版社 2006 年版。
赵云田:《中国边疆民族管理机构沿革史》,中国社会科学出版社 1993 年版。
周长山:《汉代地方政治史论对郡县制度若干问题的考察》,中国社会科学出版社 2006 年版。
周清澍主编:《内蒙古历史地理》,内蒙古大学出版社 1993 年版。
周伟洲:《汉赵国史》,广西师范大学出版社 2006 年版。
周锡山:《汉匈四千年之战》,上海锦绣文章出版社 2012 年版。
周振鹤:《西汉政区地理》,人民出版社 1987 年版。
周振鹤:《中国地方行政制度史》,上海人民出版社 2014 年版。
周振鹤:《中国历代行政区划的变迁》,商务印书馆 1988 年版。
周振鹤编:《汉书地理志汇释》,安徽教育出版社 2006 年版。
朱子彦:《汉魏禅代与三国政治》,东方出版社 2013 年版。

三、学术论文

白国红:《关于中国第一支建制骑兵的思考》,《社会科学论坛》2006 年第 3 期。
陈金生、王希隆:《两汉边政中的质子述评》,《中国边疆史地研究》2008 年第 2 期。
杜晓宇:《试论秦汉"边郡"的概念、范围与特征》,《中国边疆史地研究》2012 年第 4 期。
盖山林、陆思贤:《内蒙古境内的战国秦汉长城遗迹》,载《中国考古学会第一次年会论文集(1979)》,文物出版社 1980 年版。
何天明:《东汉使匈奴中郎将探讨》,《北方文物》1990 年第 4 期。
何天明:《两汉北方重要建制"度辽将军"探讨》,《北方文物》1988 年第 3 期。

何天明:《两汉皇朝解决北方民族事务统治机构——“护乌桓校尉”》,《内蒙古师范大学学报(汉文哲学社会科学版)》1987 年第 1 期。
黄今言:《两汉边防战略思想的发展及其主要特征》,《中国边疆史地研究》2004 年第 1 期。
黄永美、徐卫民:《汉长城的修建、功能及现代意义》,《科学·经济·社会》2012 年第 3 期。
黄永美、徐卫民:《西汉西北地区长城内防功能初探》,《社会科学战线》2012 年第 10 期。
李大龙:《曹操对乌桓的征讨及其意义》,《史学集刊》2005 年第 3 期。
李逸友:《中国北方长城考述》,《内蒙古文物考古》2001 年第 1 期。
史念海:《秦始皇直道遗址的探索》,《文物》1975 年第 10 期。
唐晓峰:《鬼方:殷周时代北方的农牧混合族群》,《中国历史地理论丛》,2000 年第 2 期。
唐晓峰:《内蒙古西北部秦汉长城调查记》,《考古》1977 年。
特日格乐:《汉长城预警体系研究》,《内蒙古大学学报(哲学社会科学版)》2009 年第 5 期。
特日格乐:《浅谈汉长城边郡候望体系》,《秦汉史论丛》2009 年。
田余庆:《代北地区拓跋与乌桓的共生关系——〈魏书·序纪〉有关史实解析》,《中国史研究》2000 年第 3 期。
王绍东:《长城非“中国古代中原政权边界”论——以战国秦汉时期为视角》,《西安财经学院学报》2014 年第 1 期。
王文光、张曙晖:《两汉时期乌桓鲜卑的历史人类学研究》,《广西民族大学学报》2018 年第 4 期。
王子今:《汉代北边“亡人”的民族立场与文化表现》,《南都学刊》2008 年第 2 期。
王子今:《汉代河西长城与西北边地贸易》,载《长城国际学术研讨会论文集》,吉林人民出版社 1995 年版。
王子今:《交通史视角下的秦汉长城考察》,《石家庄学院学报》2013 年第

3 期。

王子今:《两汉军队中的胡骑》,《中国史研究》2007 年第 3 期。

王子今:《论汉文帝三年太原行》,《晋阳学刊》2005 年第 4 期。

王子今:《论西汉北边“亡人越塞”现象》,《暨南史学》第五辑刊。

王子今:《秦汉长城与北边交通》,《历史研究》1988 年第 6 期。

吴晓红:《汉代“河南地”移民开发及安边政策考略》,《宁夏社会科学》2010 年第 4 期。

晓克:《论新莽时期的汉匈关系》,《内蒙古社会科学》1991 年第 2 期。

肖瑞玲:《秦汉对北部边郡的开发》,《中国边疆史地研究》1996 年第 4 期。

谢绍鹢:《秦汉边郡概念小考》,《中国历史地理论丛》2009 年第 3 期。

张晋:《胡服骑射历史情境考察》,《中原文化研究》2019 年第 6 期。

张晋:《探析乌桓三次南迁中的骑兵因素》,《阴山学刊》2015 年第 2 期。

张晋:《乌桓三次南迁的历史情境再探》,《黑龙江民族丛刊》2019 年第 5 期。

张久和:《秦朝对古代内蒙古部分地区的统治和开发》,《内蒙古社会科学(汉文版)》2002 年第 3 期。

张久和:《战国时代燕、赵、秦诸国对今内蒙古部分地区的经略和管辖》,《内蒙古大学学报(人文社会科学版)》2002 年第 2 期。

张南:《论西汉长城边区的经济开发》,《内蒙古社会科学》1989 年第 3 期。

张韶梅:《西汉北拓边疆战略述论》,《军事历史研究》2012 年第 4 期。

赵志强:《秦末汉初北部边界考略》,《中国历史地理论丛》2011 年第 3 辑。

朱正勇:《西汉初期北部诸郡边界略考》,《中国历史地理论丛》2008 年第 2 辑。

四、学位论文

陈海建:《战国骑兵研究》,保存单位:山东师范大学,2011 年。

陈宁:《秦汉马政研究》,保存单位:苏州大学,2006 年。

冯浩:《先秦时期中原骑兵研究》,保存单位:河北师范大学,2011 年。

贾伟:《秦汉时期河南地及周边地区军事地理研究》,保存单位:内蒙古大学,2013 年。

刘昭祎:《长城与水的关系研究》,保存单位:北京建筑工程学院,2012 年。
刘争艳:《时空视野下的春秋战国长城》,保存单位:郑州大学,2011 年。
聂倩倩:《长城与秦朝政治经济再研究》,保存单位:苏州大学,2012 年。
任宝磊:《秦汉长城体系与民族关系研究》,保存单位:陕西师范大学,2010 年。
王俊梅:《秦汉郡县属吏研究》,保存单位:中国人民大学,2008 年。
王云云:《西汉时期内蒙古地区郡县设置和官吏的选拔》,保存单位:内蒙古大学,2011 年。
谢绍鹢:《秦汉西北边地治理研究》,保存单位:西北大学,2010 年。
杨晔:《试评拉铁摩尔的中国边疆史研究》,保存单位:复旦大学,2008 年。
袁怡:《秦皇汉武时期有关"新秦"与"新秦中"研究的几个问题》,保存单位:内蒙古大学,2007 年。
张海报:《陕北地区秦昭王长城研究》,保存单位:西北大学,2010 年。
张晋:《战国、秦汉时期中原骑兵、长城、边郡互为支撑的防御体系述论》,保存单位:内蒙古大学,2015 年。
赵志强:《秦汉地理丛考》,保存单位:陕西师范大学,2013 年。

图书在版编目(CIP)数据

战国至魏晋时期的边疆治理与文化认同研究 / 张晋著 .— 上海 ：上海社会科学院出版社，2022
ISBN 978-7-5520-4034-0

Ⅰ. ①战… Ⅱ. ①张… Ⅲ. ①边疆地区—行政管理—研究—中国—战国时代-魏晋南北朝时代 Ⅳ. ①D691

中国版本图书馆 CIP 数据核字(2022)第 252493 号

战国至魏晋时期的边疆治理与文化认同研究

著　　者：张　晋
责任编辑：陈慧慧
封面设计：黄婧昉
出版发行：上海社会科学院出版社
上海顺昌路 622 号　邮编 200025
电话总机 021-63315947　销售热线 021-53063735
http://www.sassp.cn　E-mail：sassp@sassp.cn
照　　排：南京前锦排版服务有限公司
印　　刷：上海颛辉印刷厂有限公司
开　　本：710 毫米×1010 毫米　1/16
印　　张：13.25
字　　数：193 千
版　　次：2022 年 12 月第 1 版　　2022 年 12 月第 1 次印刷

ISBN 978-7-5520-4034-0/D·673　　定价：66.00 元